中央文史研究馆馆员文丛

陶思炎 著

求索集
—— 民俗与文化研究

中华书局

图书在版编目(CIP)数据

求索集:民俗与文化研究/陶思炎著. —北京:中华书局,2018.11
(中央文史研究馆馆员文丛)
ISBN 978-7-101-13350-9

Ⅰ.求… Ⅱ.陶… Ⅲ.风俗习惯-中国-文集 Ⅳ.K892-53

中国版本图书馆 CIP 数据核字(2018)第 157689 号

书　名	求索集——民俗与文化研究
著　者	陶思炎
丛书名	中央文史研究馆馆员文丛
责任编辑	许旭虹
出版发行	中华书局 (北京市丰台区太平桥西里 38 号　100073) http://www.zhbc.com.cn E-mail:zhbc@zhbc.com.cn
印　刷	北京市白帆印务有限公司
版　次	2018 年 11 月北京第 1 版 2018 年 11 月北京第 1 次印刷
规　格	开本/920×1250 毫米　1/32 印张 14⅜　插页 2　字数 260 千字
印　数	1-2000 册
国际书号	ISBN 978-7-101-13350-9
定　价	82.00 元

目 录

自序 …………………………………………………… 1

浅谈扬州园林与文学 …………………………………… 1
神鬼世界与祖先崇拜 …………………………………… 15
魂瓶、钱树与释道融合 ………………………………… 61
祈雨扫晴摭谈 …………………………………………… 72
中国镇物文化略论 ……………………………………… 89
南京高淳的祠山殿和杨泗庙 …………………………… 107
试论乡野道教 …………………………………………… 128
祖道軷祭与入山镇物 …………………………………… 145
钟鼓·琴·琵琶
　　——中国吉祥乐器摭谈 …………………………… 153
石敢当与山神信仰 ……………………………………… 161
妈祖信仰略论 …………………………………………… 171
中在家花祭的文化隐义 ………………………………… 186

比较神话研究法刍议 …………………………………… 196
五代从葬品神话考 …………………………………… 208
试论神话的语言 ……………………………………… 220
论水难英雄 …………………………………………… 230
中国宇宙神话略论 …………………………………… 247
人鱼与孟姜女
　　——孟姜女原型探论 …………………………… 265

斗蟋蟀 ………………………………………………… 281
民间小戏略论 ………………………………………… 291
纸马探论 ……………………………………………… 304
七夕风俗的文化解读 ………………………………… 333
论民俗艺术学的研究 ………………………………… 343
荠菜花与上巳节 ……………………………………… 353
民俗艺术研究的历史回顾 …………………………… 362
从清明柳俗谈柳的文化象征 ………………………… 381
中国园林景观建筑中的民俗观 ……………………… 388
苏南傩面具略论 ……………………………………… 398
论苏南傩舞的艺术要素与文化象征 ………………… 424
中华传统节日的演变与传承 ………………………… 440

自　序

　　1968年我作为"知识青年"到江苏扬州地区插队务农，次年在当地报纸上发表了一首乡村生活的小诗，成为我公开发表作品的起始。后来我有幸到大学深造，先后学习了建筑学、文学、民俗学，获得博士学位之后，即以中国民俗文化的教学与研究作为自己的毕生事业。

　　在大学本科阶段，我开始尝试论文的写作，并在大三时，即1980年，首次在理论刊物发表文章。在近40年的学术探求中，我对民俗学、神话学、艺术学等学科尤为热衷，在国内外刊物先后发表了200余篇相关论文，今适逢《中央文史研究馆馆员文丛》的编辑出版，且从中选编30篇小作，以分册形式付梓，以就教于各位读者朋友。

　　本册以文史考察的视角，聚焦于中国传统文化的探究，定名为《求索集——民俗与文化研究》，其内容涉及民俗、艺术、文学、宗教、文化遗产等领域，既能在一定程度上反映著者的治学历程，同时也表达个人对民俗文化研究体系的学术理解。

  由于所选文章的发表年份从 1980 年到 2017 年，时间跨度较大，无法形成集中的专论，且以单篇排列的方式呈现在各位面前。不过我历来认为，写书、编书既是同自己心灵的对话，也是同学界与社会的交流，其过程不仅包含求真探索的执着，也带有文化发展的期待。我相信，《馆员文丛》的编辑出版在推进学术繁荣和文化传承方面定能发挥积极的作用。

陶思炎
2018 年 6 月 20 日
于金陵春晓书屋

浅谈扬州园林与文学*

扬州是我国著名的文化古城,春秋始筑邗江城,刘邦开国六年立兄刘贾为荆王,十二年继立刘濞为吴王,均都广陵,自此扬州始为江淮地区的政治中心。隋炀帝开凿运河后,扬州更成为沟通南北的交通要冲,于是以盐、铁、漕运和工艺品为特点的商业勃然而起,至唐代已成为内外贸易的都会,遂有"扬一益二"的谚称。[①]

扬州的造园史也相当悠久,最迟起于南北朝的刘宋朝。隋唐以后,由于商业的繁荣,富商大贾麇集,文人画师荟萃,更加上万民食盐业,[②]有足够的经济基础,于是造园之风日盛。隋代在扬州建有方圆三里的长林苑和内设十宫的长阜苑,唐代建有"花木鲜秀"的樱桃园和郝氏园。

---

*本文的资料参考了陈从周先生《扬州的园林》一文。
①见洪迈《容斋随笔》"唐扬州之盛"篇。
②汪中《广陵对》里有:"广陵一域之地,天下无事,则鬻海为盐,使万民食其业,上输少府,以宽农亩之力;以川渠所转,百货通焉。"

据载,至清康熙—乾隆年间,扬州大小园林已达百余处之多,因有"扬州以园亭胜"之说。① 扬州园林综合了南北两方的造园手法,有其独创一格之处,在中国建筑史上占有重要的位置。历代的文坛巨擘,特别是唐代的李白、高适、刘长卿、刘禹锡、白居易、李绅等,宋代的欧阳修、苏轼、王安石、秦少游等都到过扬州,并留下了优美的诗句。因此,扬州在中国文学史上同样也占有一定的位置。从扬州园林可以看到,文学与造园艺术有着不可忽略的密切联系。

文学是组成园景的重要材料

中国园林内的匾额、碑刻和对联,并不是一种无足轻重的装饰,而同花木竹石一样,是组成园景的重要材料,它们能造成古朴、典雅的气氛,并起着烘托园景主题或点题的作用。如果没有文学或文学语言,一切题额就根本无法依存,更谈不上能有画龙点睛之妙了。关于这点,《红楼梦》第十七回里也有记述:"若大景致,若干亭榭,无字标题,任是花柳山水,也断不能生色。"可见标题是园景中不可或缺的成分。应当指出的是,这些题额和对联常常是取自名家的诗句,并借助文学作品的意境而使园景生色。这在扬州园林里有着大量的例证。如名扬扶桑的"平山堂",就是从欧阳修的"远山来与此堂平"的诗句中提炼出

---

①《扬州画舫录》卷六引刘大观言:"杭州以湖山胜,苏州以市肆胜,扬州以园亭胜,三者鼎峙,不可轩轾。"

的。"小盘谷"内有一门洞,额曰"通幽",那是出自唐代常建《题破山寺后禅院》的诗句"竹径通幽处,禅房花木深";而"平山八景"之一的"法静晚钟",则是根据刘长卿《送灵澈》诗中"苍苍竹林寺,杳杳钟声晚"的意境概括的。在瘦西湖北岸有青山翠冈,据《尔雅·释山》,谓独者为蜀,因此"瘦西湖二十四景"中便有了"蜀冈晚照"的景名。在扬州,昔郑氏园"燕霞堂"有联云:"桃花飞绿水(李白),野竹上青霄(杜甫)";瘦西湖"春草池塘吟榭"对联为"碧落青山飘古韵(杜牧),绿波春浪满前陂(韦庄)";"绿荫馆"前为集陆游诗联"四面绿荫少红日,三更画船穿藕花";"锦泉花屿"的"绮霞楼"对联为"春秋多佳日(陶潜),山水有清音(左思)",等等。可见,这些题额和联句借助文学作品而使园景生色,文学实已成了一种造园手段和重要的组景材料。

此外,园林建筑中的壁画、砖刻、画栋、屏风、门扇裙板的木雕等,也常表现神话、仙话、历史故事和戏曲故事,有的还直接刻作诗文,它们均借助文学来丰富园景,并使之饶有风趣。如"寄啸山庄",虽是晚清之作,但较好地发扬了扬州园林雄健、豪放的传统。园内串楼的门窗隔扇上及复道的墙壁上,镌有曹操的《观沧海》、苏轼的《海市并叙》等诗文。造园者选取豪放派诗人的作品,不只是个人的偏爱,显然还为了烘托园景的雄健、开畅的特色。因此,诗文的选择与花种、石料的选取一样,表明了它们作为组景材料的性质。

同时，文学不仅以对建筑细部的影响来烘托和组成园景，而且对园景的布局、功能以及一些建筑样式也产生直接的影响。例如，戏曲在元代发展起来以后，看戏成了私家园林的一大功能，于是戏台、戏亭、看台等建筑应之而起，园景的布局和建筑样式也就随之而变。在扬州的"个园"，住宅正路大厅明间减去两根"平柱"以敞大空间为观戏之用；在"寄啸山庄"，池中建卧波水亭，为水上舞台，而楼廊、复道又作为看台。戏台和看台要有适宜的方位和相对距离，戏台要能充分发挥音响效果，看台有的也就是宴饮之处，园林设计既要满足上述功能要求，又要使看台、戏台的设置妥切地融合在整个园景之中。在这方面，"寄啸山庄"就是成功的一例。园景这种因功能增加而发生的变化，是与戏剧的产生、发展和普及密切相关的。戏剧作为文学的一种，对园景组合的影响，也就是文学对园景的影响。因此，戏亭在园林中的出现，又证明文学是园林艺术发展的一大要素，是组成园景的重要材料。

上古神话给造园艺术以灵感

上古神话是原始人集体的口头创作，是我国文学史上浪漫因素的源头；它不仅对文学创作产生了深远的影响，而且对艺术的其他领域，包括造园艺术也有着直接的影响。

《列子·汤问》和《楚辞·天问》里记述了这样的故事：在渤海的东面有一条大壑，名叫归墟。归墟里有五座神山,即:岱舆、员峤、方壶、瀛洲和蓬莱,山上有金台玉观,奇禽美树,是神仙们居住的地方。五座神山均由大龟背着,后龙伯国的一位大人因钓龟而拖走了两座神山,使岱舆、员峤沉于北极的洋底,因此在烟波浩渺的大海之中,只剩下三座神山……自秦汉以来,我国造园活动就形成了池中建岛的传统,以创造人间仙境。由于我国封建时代的私家园林的园主不是官僚就是富贾,他们希望身居闹市而又独享山林之趣,特别希望借以寄托脱俗、登仙的意愿,因而尽力在园中掘池蓄水,堆山筑石,以仿效海上神话。明末吴江人计成在总结造园艺术的著作《园冶》一书中写道:"池上理山,园中第一胜也,若大若小,更有妙境。……斯住世之瀛壶也。"①很显然,"池上理山"是为了仿效瀛壶,追求神话的意境。"池上理山"作为一种造园手法是有其生命力的,这种借神话而创造的意境至今仍能给我们以艺术的享受。

在扬州园林里有很多实例。如"棣园",原名就叫"小方壶";在"片石山房",独峰耸翠,秀映清池,颇类人间蓬莱;在瘦西湖中,堆有"浮梅屿"隆出水面;在彩虹卧波的红桥下,筑有"方壶岛屿";在"寄啸山庄",假山按《西游记》故事境界设计,并有大尺度的石山兀立池中,它以雄健挺拔,豪放不羁的风格表达了造园者在清代文禁之下,借助神话以"彰人欲"的愿望。

————————
①《园冶》第三卷"掇山"篇"池山"条。

神话给造园艺术以灵感,这不仅能从造园理论著作和实景中发现,在文学作品里也有记载。《红楼梦》第十八回贾探春题大观园诗中有"秀山明水抱复回,风流文采胜蓬莱"句,也是把神话的意境作为园景追求的目标和衡量的尺度。此外,在建筑装修的细部上也常有神话的因素。如屋脊的正吻和角梁头做成螭首,是以水中神兽来镇火;大门上衔扣环的兽头为铺首饕餮,以辟邪驱怪;落地罩上常雕有神山琼阁,仙人仙鹤,取材于神话和仙话故事。这些与神话相关的装修,同样一方面能反映出园主们崇神拜天、求仙访道的遁世意识,另一方面却又使园林建筑显得绮丽、生动而令人神往。有人把神话称作是文学的情人,美术和宗教的母亲,说它给文学以生命的源泉和诗歌的灵感,①还应该补充说,神话也给造园艺术以灵感,有了它,园林才显得幽美而更富诗意。

文学同绘画的结合
——"文人画"为园林设计提供蓝本

中国古代园林在园景设计方面主要取法于大自然,但不是对大自然的机械模仿,而是把天然山水经过提炼和概括,再重现于园林空间,因此它比大自然更集中、更典型、更富理想化。这种"虽由人作,宛自天开"的艺术创作还从"文人画"中吸取素材。文人画家往往参与造园工作,

---

①见袁珂《中国古代神话》第一章。

有的本身就是园主。明末的画家计成和石涛和尚就是颇负声望的造园里手,扬州的"影园"和"片石山房"至今还留有他们的杰作。清代"扬州八怪"之一的郑燮也曾参与造园,不仅他的诗书画"三绝"被复制成漆器成为厅堂内的艺术装饰,而且还亲自修复和扩建了"篠园"。[①] 另"小盘谷"里的"九狮图山"和"个园"里的"四季山"也均取法于"文人画"。如果谈及造园艺术,只承认绘画对它的影响,而不提及文学同它的关系,那无疑是片面的。因为,文人画自唐宋发展起来以后,就包含着浓郁的文学因素,诗情与画意的相互作用是不易分割的。正如宋代的苏轼所说:"味摩诘之诗,诗中有画;观摩诘之画,画中有诗。"在中国画里,梅、兰、竹、菊"四君子"与山水、峰石常为作画的对象,同时又是园景布置中不可缺少的成分,但这类题材的中国画,大多借助题诗以加强艺术效果。特别是自宋朝设画院,以画取士,以诗句命题作画以来,中国山水画与文学的有机联系就更其紧密。在有的山水画里,甚至诗情为主,画意为宾,如人们所熟知的"深山埋古寺"与"踏花归去马蹄香"等艺术趣谈,给人的感受也许首先是文学的因素。对于一些"文人画",我们往往很难一口断定它是"文学的绘画",还是"绘画的文学",正如《画墁集》卷一所引张浮休语:"诗是无形画,画是无形诗。"而这类的山水画却常为造园家在布置园景时所参用。古代欧洲也有

---

① 晏端书等《续纂扬州府志》卷五载:"拥绿园,邑人郑燮别业,在近浮沤馆,未久颓废。嘉庆间,燮从孙銮重就拥绿园修筑,植竹数区,颜其门曰篠园。"

"画是无声诗,诗为有声画"的说法,赫士列特在《泛论诗歌》一文中说:"画呈现事物本身,诗呈现事物的内涵。"中国的园林建筑作为一种艺术,它绝不是对自然事物本身的简单模仿,它的美学意义在于概括了大自然事物的内涵。《尔雅》释画曰:"画,形也。"追求境界的"文人画"有时成为园林设计的蓝本,并不是以形制胜,而是境界使造园者产生共鸣。因此,"文人画"成为园林设计的蓝本当有文学之功。

文学对园林地方风格的影响

这里且就园林绿化加以分析。

扬州园林的绿化在选种和布点方面有着明显的地方风格,集中表现在广植杨柳上。在扬州园林里,杨柳依山傍水多,触目皆是,故素有"绿杨城廓"之称。桃树、柳树等因民间信仰的因素,在南方的园林里多被看作不吉利的树种而加以排斥,然而在扬州园林里柳树却比比皆是。这首先是因为扬州的自然环境利于杨柳生长。《扬州画舫录》卷十三有这样的记载:"扬州宜杨,在堤上者更大,冬月插之,至春即活,三四年即长二三丈。"其次,它与文人骚客的偏爱相关。他们一再地咏柳,正是抒发自己的缠绵之情,如王文简诗中有"红桥秋柳最多情,露叶萧条恨远生"句,以及费轩《梦香词》中的"杨柳绿齐三尺雨,樱桃红破一声箫"等句。当然,杨柳的形象有助于联想到湖光的纤丽,能使瘦西湖一带的景致更富特色。历代文人曾写下了不少咏柳的诗句,这些诗句常被集为对联,布置在扬州园林之中。由于这些咏柳诗的存在,使扬州园林中的杨柳形象就更为触目。如"冶春诗社"的"冶春楼"对联为"风月万家河两岸(白居易),菖蒲翻叶柳交枝(卢纶)";"荷浦熏风"的"绿柳湾"对联为"金塘柳色前溪曲(温庭筠),玉洞桃花万树春(许浑)";"平冈艳雪"的"水心亭"对联为"杨柳风来潮未落(赵嘏),梧桐叶下雁初飞(杜牧)"等。此外,在园景名称中直接提到杨柳的有"平山八景"里的"翠岚春柳","瘦西湖二十四景"中的"绿杨城廓""长堤春柳"等。由于这些出于名家手笔的咏柳诗句,布置在扬州园林这个"两岸花柳全依水"的独特环境里,就更加突出了这种地方风格,而后人则竭力保持这种传统,以广植杨柳来追求古诗所创造的意境。从互为因果的关系看,文学对地方风格的保持和加强起了鼓励和推动作用。

此外,在莳花选种上,扬州园林也有其传统和特色;而这些传统的保持和特色的形成也同样是与文学密切相关的。首先谈谈芍药。《能改斋漫录》中"芍药谱"载:"扬州芍药名于天下,非特以多为夸也。其敷腴盛大而纤丽巧密,皆他州所不及。"《宋书》载徐湛之在瘦西湖一带建风亭、月观、吹台、琴室,当时已"果竹繁茂,花药成行"。可见早在公元五世纪的南朝,芍药已成了扬州园林的主要花种。李白的《送孟浩然之广陵》诗中有"烟花三月下扬州"句,也是指的芍药。南宋词人姜夔在其自度曲《扬州慢》

里有"二十四桥仍在,波心荡、冷月无声。念桥边红药,年年知为谁生"句,故后人又称二十四桥为"红药桥"。至清代,在"家家住青翠城闉"、"处处是烟波楼阁"的扬州,[①]栽花莳药更普遍成风。郑板桥有诗云:"千家养女先教曲,十里栽花算种田",可谓是当时真实的写照。其次再以琼花为例。所谓琼花实为聚八仙的变种,是扬州特有的名花,自宋以来也屡见于历代诗文。欧阳修有"琼花世无伦""曾向无双亭下醉,自知不负广陵春"的诗句;明代曹璿在《琼花集》中称琼花为"世传海内一本"。"海内孤株"的琼花绝世后,人们往往称聚八仙为琼花,并以此装点园庭,以显富贵。现在平山名胜中仍保存一株有二百多年历史的聚八仙,可见在造园活动极盛的清初,这些富有地方特征的花木是与园景组合在一起的。一千多年来,扬州因芍药、琼花而更为驰名,而这些名贵花种主要是用以点缀园景,并逐渐使园景形成了一种为"他州所不及"的地方风格。显然,这种风格的形成是与历代文人的歌咏分不开的。

比拟与联想的造园手法依存于文学语言

造园艺术常采用比拟和联想的手法,使意境更为深邃。扬州"个园"四季山的迭筑,是最好的实例。造园者用湖石、黄石、墨石、雪石别类叠砌,借助石料的色泽、叠砌

[①]见《扬州画舫录》谢溶生序。

的形体、配置的竹木,以及光影效果,使寻踏者联想到春夏秋冬四时之景,产生游园一周,如度一年之感。在墨石山前种有多竿修竹,竹间巧置石笋数根,以象征"春日山林"。湖石山前则栽松掘池,并设洞屋、曲桥、涧谷,以比拟"夏山"。黄石山则高达九米,上有古柏,苍翠同褐黄的色彩对比以象征"秋山图"。低矮的雪石则散乱地置于高墙的北面,终日在阴影之下,如一群负雪的睡狮,以比拟"冬山"。① 应当指出的是,这种借比拟而产生的联想,只有借助文学语言,借助文学作品创造的画面和意境,才能产生强烈的美感作用,才能因妙趣横生而提高园林艺术的感染力。因此,稍有文学素养的人,看到"春山"那墨石的深色,就会想到"春来江水绿如蓝"或"染就江南春水色"(白居易)一类的诗句;而见到荷池竹林边的"夏山",则会联想到"映日荷花别样红"(杨万里)或"竿竿青欲滴,个个绿生凉"的诗意;②看到红褐色的"秋山",就会想到"霜叶红于二月花"(杜牧)的佳句;而转身突见"冬山图"多则会产生"千树万树梨花开"(岑参)之感。在"夏山"中有十二洞室,其中有一"水濂洞",内中石笋倒悬,泉流露滴,游人至此会真切感到:"乳窟龙珠倚挂,萦回满地奇葩……几树青松常带雨,浑然象个

---

① 郭熙在《林泉高致》中云:"春山淡冶而如笑,夏山苍翠而如滴,秋山明净而如妆,冬山惨淡而如睡。"
② 见曹雪芹《红楼梦》第十八回。

人家。"①

"个园"四季山的叠掇有突出的艺术成就,成为扬州园林的一大特色。它采用的是比拟和联想的造园手法,而依存于文学的语言。从这个实例可以看出,文学不仅对园景的组成、风格的形成有较大的影响,而且造园的某些具体手法也少不了文学的因素。

文学是研究园林史的宝贵资料

中国园林是世界艺术宝库中的一颗明珠,它的发展和成熟有着相当悠久的历史,但现存完整的园林学专著却只有《园冶》一书。其他有关园林的资料,除了通志、府志、县志等史、地书籍里有所记载外,更多的则散见于历代文学作品中。我们根据文学作品对园景的描绘,仍可以推知当年园林的规模、组景的手法,以及造园活动的兴衰等。因此,文学作品就成了研究园林史的宝贵资料。

就拿园址的选择来说。造园一般叠山较易,蓄水为难,因此在选址时首先要考虑水源问题。东汉时,我国的造园活动就采取了"顺泉流而为沼"的办法,到唐代这一方法已融合在画意中而见之于诗歌,如贯休的《题某公宅》就有"地占百湾多是水,楼无一面不当山"的诗句,就是很好的一例。我们从扬州园林的某些实例可以看到,有些诗文甚至还能成为后世造园的借鉴。例如,外国近现代

---

①见吴承恩《西游记》第一回。

建筑理论中的流动空间手法,在我国古代园林建筑里早有运用。造园者利用建筑内部的曲折多变,使套房、楼、廊同假山、小院、石室等不同空间错综结合,以造成迷境,目前在扬州的"逸圃""个园"等处尚可见到。隋炀帝曾三幸江都,在扬州城北的观音山建有迷楼。唐代的冯贽在《南部烟花录》中写道:"炀帝于扬州作迷楼,凡役夫数万,经岁而成。楼阁高下,轩窗掩映。幽房曲室,玉栏朱楯,互相连属。帝大喜顾左右曰,使真仙游其中,亦当自迷也。"李绅在《宿扬州》诗里有"不须开口问迷楼"句,李商隐也写有《隋宫》诗谈及当时扬州的宫室。我国明清以后的私家园林是在唐代庄园别墅式园林的基础上演化而来的,大自然不存在复杂的流动空间可供模仿,因此关于隋代迷楼的描写可能成了园景空间设计的一种间接的参考资料。

多层空间的处理也是扬州园林的显著特点。在"寄啸山庄""个园""二分明月楼"等处,均有行空复道,使园景从平面丰富到空间。特别是"寄啸山庄"的复道保存还很完整,全长五十多丈,下廊依山临水,上廊时曲时伸,形成了一条独特的空中游览路线。瘦西湖旧景"荷浦薰风"的"浣香楼"有集唐诗对联"谷静秋泉响(孟浩然),楼深复道通(柴宿)"。在李贺的《秦宫诗》中有"飞窗复道传筹饮,十夜铜盘腻烛黄"句。另外,在唐杜牧的《阿房宫赋》里更有"复道行空,不霁何虹"的名句。多层空间的手法用于明清私家园林,很可能也是从这些文学作品中受到启发,因为我国没有论及这两种手法的建筑专著流传下来,同时这方面的建筑实例也不多见,所以有关文学作品是多少起了一点借鉴作用的。

通过上述两例的分析我们可以说,文学不仅是研究园林史的宝贵资料,而且也能够成为园景设计的参考。

文学对于造园艺术有着直接和间接的影响,对这个课题加以深入的探讨,无疑对文学史和建筑史的研究均有所裨益。当今园林艺术的园地需要文学的和建筑学的工作者去做更多的探究和总结,以使中华民族优秀的文化传统在社会主义新时期里进一步发扬光大,并以艺术的奇葩、硕果装点我们的生活。

(原刊于《南京师范学院学报》1980年第3期)

神鬼世界与祖先崇拜

　　神鬼世界是原始社会的精神文化创造,是初民借以调节自身与时空关系的代码,是人类在前逻辑思维支配之下企图对个体与群体的存亡、对自然世界与精神世界的离合加以认识和控制而创制的符号系统。它作为开放的思维机制的反映,甚至到了阶级社会仍得以不断地变易和丰富。

　　人类对自然、社会和己身的困惑,赋予了神鬼以无往不在、无时不有、无所不能的灵通,人们幻想,正是它们在冥冥之中监察、护佑着自己,并不断地赐予恩惠或降临灾祸。神鬼世界与人类世界的这种虚妄的利害关系诱发了初民的趋福避祸的功利心理,于是虔诚的信仰推演为崇拜的仪典,使飘忽不定的神鬼世界联系着世代相袭的民俗礼仪。

　　神鬼观念的发展使原始宗教由初期的自然崇拜演进为祖先崇拜。在天神、物魅、地祇、人鬼交混的神鬼世界中,祖先的精魂逐渐占据显赫的位置,在中国的传统文化中,在太平洋文化圈里,它甚至已具有超越诸神的至尊地位。对原始宗教的这一变化,吕思勉先生解释说:"盖古代社会,抟结之范围甚隘。生活所资,惟是一族之人,互相依赖。立身之道,以及智识技艺,亦唯恃族中长老,为止牖启。故与并世之人,关系多疏,而报本追远之情转切。一切丰功伟绩,皆以传诸本族先世之酋豪。而其人遂若介乎神与人之间。以情谊论,先世之酋豪,固应保佑我;以能力论,先世之酋豪,亦必能保佑我矣。凡氏族社会,必有其崇拜之祖先,以此。"[①]应当指出,祖先之介于神人之间,乃以灵魂观念为基础,以生死认识为契机,并经历了由图腾崇拜到女始祖崇拜、两性同体祖崇拜、男祖先崇拜的四个发展阶段。

祖先亡灵所依附的神鬼世界与自然世界、人类世界构成了虚拟的"三维空间",它们借助巫术而相互转合勾连。人们正是通过巫师和巫术手段而联结鬼神、祖先,并循此绝地通天,达到趋吉避凶的功利目的。祖先崇拜与巫术宗教息息相关,在血族国家中甚至发展为祖先、巫师、帝王的"三位一体",即三重身份系于一身,囊括了主宰社会生活的族权、神权和王权。不过,它还不同于封建社会至高无上的皇帝,在民危国难时他得施行巫术,为沟通神鬼世界,必要时还须准备杀生殉职。

―――――
① 《先秦学术概论》,中国大百科全书出版社,1985,第5—6页。

祖先崇拜在阶级社会里继续发展,它循着礼俗化、宗教化和艺术化的方向,深入到民间的生活之中,在行为、心理和语言等方面体现为风俗、信仰和民间文艺的形式。神鬼世界的幻想和对祖先的追怀在社会生活中留下了深刻而久远的影响,不仅先秦的圣贤们曾就此观风察俗,立说宣道,论法议政,就是在现当代,在中国的少数民族地区,在南岛土著民族中,在美洲的印第安部落里,甚至在汉族聚居地,依然能看到祖先崇拜的痕迹,不少已融入婚丧礼俗和岁时活动之中,也有不少仍然同祈福免祸的心理联结在一起,循此可探寻萨满式文化所赖以传承的思维基础。

一 神鬼世界的构成

神鬼是人类的虚构,它们被认作是视之不见,听之不闻,变化无穷,来去无碍的超自然之力。随着历史的发展,人类对自然世界的依赖程度和对神鬼世界的功利需求也不断变易,因而对神鬼的阐释历来是纷纭杂沓。

神,常被说成是自然的灵气;而鬼,则被认作人类的精魂。有时二者又相提并论,视作一体。

《礼记·祭法》云:"山林川谷丘陵,能出云,为风雨,见怪物,皆曰神。"

《荀子·天论》云:"列星随旋,日月递炤,四时代御,阴阳大化,风雨博施,万物各得其和以生,各得其养以成。不见其事而见其功,夫是之谓神。"

以上皆言神本自然之力,隐含着农业型社会的造神动因。

随着原始宗教由自然崇拜向祖先崇拜的演进,人的神化与神的人化更其鲜明,世俗的祖先、圣贤亦上升到神格。

《礼记·礼运》曰:"脩其祝嘏,以降上祖与其先祖。"《正义》曰:"上神谓在上精魂之神,即先祖也。指其精气谓之上神,指其亡亲谓之先祖。"①

《左传·庄公三十二年》载:"史嚚曰:'神,聪明正直壹者也。'"《礼记·乐记》曰:"幽则有鬼神。"注云:"圣人之精气谓之神,贤知之精气谓之鬼。"②

可见,祖先崇拜和尊贤崇圣之风,也对神的命定加以了调整。

道家承袭了神为自然之气的说法,强调气、神之间为母子关系,并认为鬼神与动静、天地相关。

《道法精微》曰"神不可离于气,气不可离于神,神乃气之子,气乃神之母,子母相亲如磁吸铁。刘真人曰:'非法非真非色,无形无相无情。本来一物冷清清,有甚闲名杂姓。动则鬼神潜伏,静时天地交并。视之不见听无声,默叩须还相应。'"③

此外,道家还从气生神论到天地分和人之生,反映出他们对原始信仰和神话材料的借取。

《大玄宝典·神灵天象章》曰:"气虚生神,神虚生化,

---

①《永乐大典》卷之二千九百四十八。
②《中文大字典·鬼部》,中华学术院印行本。
③《永乐大典》卷之二千九百四十八。

化虚生象,皆出太虚。太虚者,天地之中,无方无所,非气非形,其中有象,清而为天,浊而为地,清浊分而生人。"①

由于人是气化神生,人们把对神的理解又投射到人体自身。人虽有形神之分,而形体每一构造因活物而有阳之灵气,故也被视作神物。《上阳子》把人身之神划分为上、中、下三部,计二十四"景":"上部八景:发神、脑神、眼神、鼻神、耳神、口神、舌神、齿神。中部八景:肺神、心神、肝神、脾神、左肾神、右肾神、胆神、喉神。下部八景:肾神、大小肠神、胴神、股神、膈神、两肋神、左阴左阳神、右阴右阳神。"②

人体既为神,人影亦然。因形影不离,相照相守,人影亦含神秘的属性,并常成为施行巫术的对象。道士郭采真认为,影神有九,各有其名:"影神:一名右皇,二名魍魉,三名泄节枢,四名尺凫,五名索关,六名魄奴,七名灶囡,八名亥灵胎,九(鱼全食不辨)。"③

由此可知,神的概念在民间信仰中转易多变,它由自然之灵演化为祖先之灵、圣贤之灵;由太虚之气发展到人的形影,越来越表现出对人类自身的关心。

至于鬼,多说成人死后的魂魄所归。

《礼记·祭法》曰:"人死曰鬼。"

《礼记·祭义》曰"众生必死,死必归土,此之谓鬼。"

---

① 《永乐大典》卷之二千九百五十一。
② 《永乐大典》卷之二千九百四十八。
③ 《酉阳杂俎》前集卷之十一。

王充《论衡·论死》曰:"鬼者,归也;神者,荒忽无影者也。"

《论语·为政》曰:"非其鬼而祭之。"《集解》释曰:"人神曰鬼。"

鬼字在中国见诸文字较早,在殷商甲骨文上作"⿱甶人""⿱甶卩"等形,在李家崖文化(相当于殷商文化第二期)的陶文上作"⿱甶卩"形。①《说文》解曰:"人所归为鬼","鬼阴气贼害"。

死而成鬼的过程又被视作魂魄的分离升降。

"魂气归于天,形魄归于地"(《礼记·礼运》),"自儿而归于鬼也"(韩愈语)。

《礼记·檀弓》则曰:"骨肉归复于土,命也。若魂气,则无不之也。"

这一观念影响到后世的"形神说",在其他典籍中多有复现。

司马迁父子提出"形神离则死,死者不可复生,离者不可复反"的观点,②虽反对有鬼论,但承认死是形神的离异。《汉书》则另有他说:"精神者,天之有也;形骸者,地之有也。精神离形,各归其真,故谓之鬼。鬼之为言归也。"③《后汉书》亦有"夫人禀天地之气以生,及其终也,归

---

①见《文博》1987年第3期,第85页。
②《史记·太史公自序》,中华书局,1982,第十册第3292页。
③《汉书》卷六十七《杨王孙传》。

精于天,还骨于地"之论。①

鬼因是祖灵人魂,其地位并不比神卑下。《管子·侈靡篇》曰:"故知安危,国之所存,以时事天,以天事神,以神事鬼。"管子所构建的"时——天——神——鬼"的结构链,在一定程度上图演了时人对神鬼世界的基本认识,并想从这一世界中得到生民兴国的赐佑。

其实,鬼神多相提并论,难分彼此。

《管子·内业》四十九曰:"凡物之精,此则为生,下生五谷,上为列星,流于天地之间,谓之鬼神;藏于胸中,谓之圣人。"

《四书章句集注·中庸章句》曰:"程子曰:'鬼神,天地之功用,而造化之迹者。'张子曰:'鬼神者,二气之良能也。'愚谓以二气言,则鬼者阴之灵也,神者阳之灵也;以一气言,则至而伸者为神,反而归者为鬼。其实一物而已。"②

《朱子全书》曰:"气之方来皆属阳,是神;气之反皆属阴,是鬼。月自初三以后是神,十六以后是鬼。""神,伸也;鬼,屈也。""阴阳相感,都是鬼神。"③

在我国的一些少数民族中也常常神鬼不分,一而统之。如在盈江乌帕寨景颇族的"能尚"("官庙")里,供着二十多个鬼的象征物:其中有太阳鬼,主司人们的吃穿;天

---

① 《后汉书》卷五十二《崔瑗传》。
② 《中文大字典·鬼部》,中华学术院印行本。
③ 《古今图书集成·博物汇编·神异典》第十四卷。

鬼,主司五谷丰收;雷鬼,会击毁房屋,触死人畜,烧毁庄稼;风鬼,能刮倒大树、房屋、也能使六畜兴旺;阿崩腊、阿崩里,原是一对夫妇,因违反了天鬼意志,被贬为凹子鬼,主司狩猎和下雪;虹,是个女鬼,善于纺织,给人以衣服;灵速,是个阴谋暗算、掠夺别人的鬼;独眼山鬼,是个咬人最厉害的鬼;难当(月子鬼),会使妇女分娩时死亡;子戛(韭菜鬼),能保护庄稼不让人偷窃;乃模木沙,是个鬼头;拾滴(地鬼)是官家的鬼,主司人畜兴旺、五谷丰登,使人免病、免灾;此外还有一些官家先辈或村社、部落英雄的鬼。[①] 在这些"鬼"中有天神,有物魅,有人魂,亦有祖灵,但在称呼上浑然一体。

此外,在碧江的怒族中,"鬼"和"神"亦无明显的区别。他们祭祀的主要鬼神有十多种,其中有司昏迷、癫痫的岩神,司生育的"密欠于"(夜鬼),司风湿、关节炎、腰痛的"普于",司皮肤病的荨麻鬼,反诅咒的"衣于",惩罚不诚实的"玛曰",惩罚吃独食的"皮康于",杀魂的"梅于",此外还有"家鬼""痨病鬼""凶死鬼""天鬼"等。[②]

总之,鬼神观作为非科学思维的产物,虽多有歧见和异议,但依然联系着宗教、礼俗和历史,神鬼世界是人类世界的投影和折光。

神鬼世界有着复杂的内部结构,由于其构成元素的"分解""化合"能力,使其相互勾连转合,共生并存。这一

[①]桑耀华:《景颇族的原始宗教》,《世界宗教研究》1985年第1期。
[②]何叔涛:《碧江怒族的原始宗教》,《世界宗教研究》1985年第3期。

世界的基本构成元素是"神""鬼""人""祖"四种。其中祖先的亡灵,既视若神鬼,又与之不同;既与人相连,又与神鬼相合,是独具特性的一元。《礼记·郊特牲》曰:"万物本乎天,人本乎祖。"人、祖、与神、鬼成四元两对阵式。而"人"之作为基本元素,是神鬼世界得以构成的基础。《礼记·礼运》曰:"人者,其天地之德,阴阳之交,鬼神之会,五行之秀气也","故人者,天地之心也。"因此,正是"人"的存在,才使神鬼、祖灵的去来与利害在人们心理上产生实际的价值。神—鬼—祖—人四元素的连接,构成了"神鬼世界"结构的第一层。

由神、鬼、人、祖四元素又衍生出天、地、魂、魄四种。其中,神、鬼与天、地相连,古人所谓"天神""天鬼",均指神、鬼能上达于天。而人有三魂七魄,魂魄的聚合与分离,正是人的生存与死亡。子产曰:"魂魄,神灵之名,本从形气而有;形气既殊,魂魄各异,附形之灵为魄,附气之神为魂也。"[①]人死后,"魂气归于天,形魄归于地",[②]魂归于天,化为神灵;魄归于地,化为祖灵。因此,人、祖与魄相连,人、神与魂相依。人魄连鬼接地,而人魂则通鬼上天。由天—神—魂—人—魄—祖—地—鬼所勾连的八元结构链,是神鬼世界结构的第二层。

二层八元素间的相互联系,又衍生出"道""命""体""精"四种。天、地之会,乾、坤之合为"道";魄、地之连,产

[①]《左传·昭公七年》。
[②]《礼记·郊特牲》。

神鬼世界的层套式锁联结构图

生命观;魂、魄聚合,乃成形体;魂气通天,为"精"。这样由 天—道—地—命—魄—体—魂—精所环合的八元结构链,构成了"神鬼世界"结构的第三层。(见图)

三层结构链交叉套合,同心共轴,构成了神鬼世界的"层套式锁联结构"。这一结构的轴心就是"巫"。巫师和巫术作为中介和"化合"手段,使神鬼世界的诸元素间得以勾连和转合,从而使这一臆造的观念世界发生自身的定向运动,并构成各种宗教模式的信仰基础。

中国先秦时期的鬼神论、天命观、上帝说、道德论,以及后来的五行说、形神论等,都可以概括在"神鬼世界"的结构体系之中。只不过它们各自强调其一、两个元素,扩而大之,极言其神效异能,或以其中诸元为本,以求概括整个多元的世界。例如,用五行说释八卦配象,则云:"天一生水,在人为精;地二生火,在人为神;天三生木,在人为魂;地四生金,在人为魄,天五生土,在人为体。"[1]

此说从"水""火""木""金""土"五行入手推论"精""神""魂""魄""体"五元,再加上"天""地""人"三种,共涉八种元素,反映了对神鬼世界结构的借取和改造。

---

[1]《永乐大典》卷之二千一百九十。

神鬼世界的套层式锁连结构并非凝固的网络,每元素都是一个活泼的"变量",它们是在相互作用下而勾连再生的,因此这一世界具有开放的性质和稳定的趋势,成为人类思维和心理在一定发展阶段上的记录。

二 祖先崇拜及其性别转化

祖先崇拜是鬼神崇拜的固定化、血缘化和功德化。它以岁时定祭期,以血缘定亲疏,以功德定祭制,表现了人们对神鬼世界的审视和取舍。

从我国古代的史料看,在商、周的血族国度,国祖、族祖、家祖的祭祀是最大的国俗,上至天子,中至诸侯、大夫,下至士、庶,概莫能外。每年用于祭祖敬神的费用占年收入的十分之一,[①]且规定"丰年不奢,凶年不减","比时具物,不可不备。"(《礼记·祭义》)"天子以牺牛,诸侯以肥牛,大夫以索牛,士以羊豕。"(《曲礼下》)"庶人春荐韭,夏荐麦,秋荐黍,冬荐稻;韭以卵,麦以鱼,黍以豚,稻以雁。"(《王制》)至于祭先的地方,贵族有庙,王有七庙:始祖庙一,祧庙二,高祖、曾祖、祖、考,凡四庙。祧庙而外,皆一月一祭。[②]

从我国少数民族的调查材料看,祖先崇拜亦占据信仰

[①]《礼记·王制》:"祭用数之仂。"
[②]李安宅:《仪礼与礼记之社会学的研究》,商务印书馆,民国二十四年,第65页。

的中心地位。例如,贵州毕节县三官寨彝族的"近祖崇拜"为其他物灵崇拜所难企及,祖先在诸神信仰中地位最尊。当地人认为,人有三个魂,人死后一魂守坟,一魂招入"灵筒",供在"灵房",一魂送归祖源处,与祖宗欢聚永生。人死后,若不送魂到祖源就会变成鬼。在那里近期尚存的四十个大小祭祀与巫术仪式中,与近祖崇拜相关的约占二分之一;若从目前仍经常举行的较隆重的仪式看,在全部十几项中,以近祖崇拜为主要内容的信仰活动就占百分之八十以上。① 从世界民族学材料看,在位于南太平洋美拉尼西亚群岛的巴布亚新几内亚的各部落中,祖先崇拜是其主要的信仰。他们认为,祖先或精灵能决定部落前途之吉凶、战斗之胜败及收成之丰歉;祖先死去后仍然在部落里用他们的智慧指引活人行事。他们相信,祖先的头颅和木雕代表着祖先的存在和魔力,可以压邪镇祟。因此,有的部落把祖先的头颅供在屋内,有的部落则将祖先的遗体用红泥抹身,烤成盘膝而坐的木乃伊放在村边户外,以便经常向他报告村里发生的事情。在赛皮克河流域的部落,村中则建有"精灵之屋",里面放着祭祀用的假面和代表祖先的木雕,屋外则彩绘着巫师与祖先们的头像,以"禁闭精灵"。②

  应当指出,祖先崇拜伴随着社会的发展经历了图腾崇拜、女始祖崇拜、两性同体祖崇拜和男祖先崇拜四个阶段。

---

① 于锦绣:《彝族的"近祖崇拜"》,《世界宗教研究》1983 年第 2 期。
② 黄竹筠:《极乐鸟之国》,《世界知识画报》1984 年第 5 期。

图腾崇拜在原始宗教中具有前祖先崇拜的性质。图腾物一般是某种动物、植物或无生物,但在原始思维中,它们却成了神秘的圣物。原始人相信,自己的氏族与图腾之间有着血缘的联系,它们是氏族的祖先和保护神,因而产生了对它们的崇拜和禁忌。

　　我国属仰韶文化的氏族多以鱼为图腾,古越人以鸟和龙为图腾,夏以龙、蛇,商则以鸟。在少数民族中,鄂伦春族、鄂温克族和赫哲族信仰熊图腾,赫哲人把披熊皮的木人作祖先,称为"大老人";苗族、瑶族和畲族以狗为图腾,一般人家都保存一个龙头拐杖,称作"祖杖",作为图腾标志;海南岛黎族视猫为祖先,公猫为祖父,母猫为祖母,严禁杀害,死后安葬。① 此外,高山族派宛人以蛇为图腾,普米族、永宁纳西族以虎为图腾,傈僳族以动物中的虎(腊扒)、熊(俄扒)、猴(弥扒)、羊(阿赤扒)、鸟(业扒)、鱼(望扒)、鼠(亥扒)、蜜蜂(别扒)、蛇等九种,植物中的荞(括扒)、竹(马打扒)、木(拉古扒)、麻(直扒)、菌(党采扒)、菜皮六种,以及属于自然现象的霜(仪扒)、火(弥寺扒)等为图腾。②

　　贵州雷山县的苗族还以枫树为图腾,他们认为枫树是自己的祖先,于是常在村寨旁边,芦笙场侧栽种枫树,用枫树作中柱,定期为枫树烧香、叩头、献祭。当地有一传说讲,远古时有一颗大枫树,树上落下许多蝴蝶,这些蝴蝶生

---

①宋兆麟:《中国原始社会史》,文物出版社,1983,第十二章第二节。
②杨疏才等:《傈僳族简史》,1980年油印本,第107页。

下十二个蛋，孵出许多动物，其中包括人类。在举行"招龙"仪那天清早，各户家长须携一竹篮，带上四碗供品（米饭、鱼、蛋和酒），去专门敬枫树，同时将鸡蛋在枫树上敲碎，一半给枫树吃，一半留自己吃，以便能生育娃娃，保佑家人健康。麻料寨的地鼓必以枫树砍制，并认为木鼓即自己的祖先。① 由此可见，图腾崇拜与祖先崇拜有着密不可分的联系，是祖先崇拜的直接先导。

图腾崇拜产生于母系氏族时代，但在父系氏族社会中继续存在和发展，这一崇拜强化了氏族观念，决定了姓氏制度和通婚关系，成为血缘联系、族人繁衍和行为禁忌的信仰核心。由于图腾对于种的繁衍具有特殊的意义，同时妇女与生育过程具有实际的联系，于是出现了女始祖观念。最初是女始祖、图腾物浑然不分，然后才是女始祖崇拜和女神崇拜的独立形式。

女始祖崇拜发生于母系氏族社会，即考古学上的旧石器时代的晚期。在与图腾崇拜分化之后，最初它以女性生殖器的图像出现，然后演化为"肥胖女像"，即所谓"早期的维纳斯"。她们的特点是肥胖丰满，腹部膨大，乳房和臀部被夸大。过去在欧洲和西伯利亚的旧石器晚期遗址中多有发现，1986年我国考古工作者在辽西东山嘴村和牛河梁村发掘出五千年前的石砌祭坛、女神庙和积石冢，在我国首次出土了类似的女神裸像。据报道，东山嘴祭坛

---

① 宋兆麟：《雷山苗族的招龙仪式》，《世界宗教研究》1983年第3期。

发现的两件无头孕妇裸体陶像，残体分别高5厘米和5.8厘米，腹部隆起，臀部肥大，左臂弯曲，左手贴于上腹，阴部有三角记号，是典型的孕妇形象。另牛河梁遗址有女神头像出土，其大小与真人接近，眼珠用晶莹碧绿的圆玉球镶嵌，脸型与现代华北人相近，可判定为蒙古利亚人种。①

"早期维纳斯"与最初女神像的出现，反映了原始人对人口生产的神秘观念和现实关心。英国考古学者霍克斯（J.Hawkes）指出："多数的维纳斯（指肥胖女像）本质上并不是性欲的，而是表现生殖、丰收和生命延续这一基本观念的。"②因此，在"母神"崇拜中，生殖与再生的功能是原始人关注的焦点，并由此形成"女始祖"的观念。

女始祖有人工造像，亦有天然石像。例如摩梭人的女始祖和最高之神"巴丁喇木"，就是一尊天然石像。它位于海拔五千米的喇孜山的"喇孜尼可"岩穴。这座石像高约一米七，形似女性，头石下垂无数条微细的棱石，宛如女子蓬松的头发；头下有两个小孔，孔下突出一截，略若鼻、目；胸前有两个隆起的石包，极似女子的乳房；胸部两侧向外伸延，犹如人的臂膊；下部自成一体，两腿不分。这尊石像就是摩梭人、普米族和藏族几千年来顶礼膜拜的"巴丁喇木"女神。她主管繁衍、妇女的生育、妇女和婴儿的发

---

①见《光明日报》1986年7月25日第1版。
②转引自周庆基《"且"崇拜和祖先崇拜》，《世界宗教研究》1982年第1期。

育以及妇科病等,因此她年年受到隆重的朝拜。①

女始祖的崇拜在母权制时代是一普遍现象,我国云南省的许多少数民族都有关于女始祖的传说:如彝族传说他们来自女始祖"呼底古子",傈僳族传说来自女始祖"墨米",纳西族传说来自女始祖"车红吉吉美",哈尼族传说来自女始祖"奥玛"和"腊必腊衫",景颇族传说他们的女始祖是"木代",怒族传说他们的女始祖是蜂王变来的"茂英充"。②

女始祖的生育功能常归诸于与某些神的接触,由此而产生了"感生神话"。在中国古籍中多有记述:华胥踏巨人迹而生伏羲,女登与神龙接触而生炎帝,附宝见大电绕北斗而生黄帝,女节接大星而生少昊,庆都遇赤龙而生尧,握登见大虹而生舜,修己吞神珠薏苡而生大禹,姜嫄履神人之迹而生后稷(《帝王世纪》);简狄吞玄鸟卵而生契(《史记·殷本纪》);女修吞玄鸟卵而生大业(《史记·秦本纪》);单于女与狼交媾生子,后滋繁成国(《魏书·高车传》);哀牢夷沙壹触沉木而生龙子(《后汉书·哀牢传》)等。③ 此外,国外亦有"感生神话"的流传。例如,犹太童贞女玛利亚由圣灵感孕而生耶稣,阿兹特克的神女怀揣玉石,感孕而生太阳神,等等。

---

① 杨学政:《摩梭人和普米族、藏族的女神崇拜》,《世界宗教研究》1982 年第 2 期。
② 《人类学研究》,中国社会科学出版社,1984,第 254 页。
③ 参见宋兆麟《原始社会的石祖崇拜》,《世界宗教研究》1982 年第 1 期。

上述"感生神话"既有图腾崇拜的遗痕，又有故作神秘的人为成分，但突出了女始祖的观念，反映出祖先崇拜的对象由神物到神人的转化。

随着男性在两种生产中的作用被认识，女祖崇拜发展为两性同体祖的崇拜。例如，在阿兹特克人的原始宗教里，神是两性的。他们礼拜最勤的就是一种两性神，它以男性形象出现时叫"多约卡德古特里"，以女性形象出现时叫"多约卡西华特尔"，它有四个儿子：智慧神、记忆神、生育神和意志神。世界和人类是由记忆神和意志神创造的。① 可见，这个两性神就是他们的始祖神。

近年，我国考古工作者在辽东半岛后洼新石器时代遗址发掘出六件陶塑人头像，其中一件两面刻着人头，一面是女，一面是男，这些陶像也都反映着生殖崇拜和祖先崇拜的观念。② 其中的男女双面人像当是两性同体祖的表现。

此外，在我国彝族的祖先崇拜中，祖先被称作"阿普朵摩若"，即男女始祖的意思。"阿普"含祖父、祖先、葫芦之意；"朵"具有原先的、远古的、高大的、尊敬的等含义；"摩"义为雌性或女人；"若"专指男人。这样，"阿普朵摩"义为女始祖，而"阿普朵若"义为男始祖。在他们作为崇拜对象的祖灵葫芦中也包括男女始祖，夫妇死后灵魂可

---

① 虞琦：《阿兹特克文化》，商务印书馆，1986，第41—42页。
② 见《光明日报》1987年5月18日第1版。

招入同一个葫芦。① 这种男女始祖的合称、并魂,可视作两性同体的分化物。

男始祖的崇拜发生在父权制社会,它处于祖先崇拜发展最完备的阶段。此时的基本组织是父系氏族公社,它不同于母权制阶段纯粹以血缘为纽结的氏族组织,因此祖先的性质与资格也发生了很大的变化。祖先由女神向半人半神转化,生育的功能与灵魂观念、英雄行为或施行巫术、法术的本领结合在一起。这时作为崇拜对象的祖先分为固定的、永远祭祀的祖先和暂时的、轮流祭祀的祖先两类。前者是氏族或部落的酋长,以及对本族有特殊功绩的人物,例如被有虞氏、夏族、殷族、周族崇拜为古远祖先的黄帝、帝喾、鲧、冥、稷等;②后者多是近三代死去的祖先,即曾祖父母、祖父母、父母。在家祭中,男祖先于女祖,地位最尊。《礼记·郊特牲》曰:"男先于女,刚柔之义也;天先乎地,君先乎臣,其义一也。"男祖先的地位在封建礼制中甚至有了这样明确的规定。

祖先中的性别区分在少数民族的祭祀活动中亦有遗存。例如贵州省雷山县的苗族认为,人死后有三种灵魂:一种守墓地,与遗骨在一起;一种在家庭的神龛上,与后代一起生活;一种跟随老祖宗走了,在远祖生活过的地方。其中与家庭成员生活在一起的灵魂供奉在两个地方:第

---

① 普真:《彝族原始宗教的系统性》,《世界宗教研究》1985年第1期。
② 朱天顺:《中国古代宗教初探》,上海人民出版社,1982,第207页。

一是堂屋里的神龛,供奉本家的祖先,基本是父系血统的成员;第二是正门外边墙上的小神龛,供奉嫁出去的祖先,基本为母系成员,此外还有上门的男子和凶死的家庭成员。①

这种带有尊卑性质的祖灵区分主要是以性别、世系为转移的,它反映了父权制家庭的信仰特点。在这种社会背景中,祖宗神灵往往超越诸神而备受敬重,使自然之神黯然失色。普列汉诺夫曾判定,"父权制家庭的神就是祖宗的神灵"。② 祖先崇拜在这一阶段发展得最为完备,它导致了某些仪礼制度和民间习俗的形成,并影响到社会生活的许多领域。因此,祖先崇拜随着性别变化而出现的阶段性发展是社会进化的缩影,也反映了人们对神鬼世界不断加以认识与再建的过程。

三 祖先崇拜与巫术

巫术作为准宗教现象之一,源起于原始社会,它依靠幻想的"超自然力"对客体施行影响或控制。巫术在原始社会具有突出的文化功能,它在提高自信力,保持心理平衡与精神统一,克服恐惧和动摇,使乐观仪式化并显示有恒价值等方面发挥作用。马林诺夫斯基认为:"倘无巫术,原始人便不会胜过实际困难象他已经作得那样,而且

---

①宋兆麟:《雷山苗族的招龙仪式》,《世界宗教研究》1983年第3期。
②《普列汉诺夫哲学著作选集》第3卷,三联书店,1962,第396页。

人类也更不会进步到高级的文化。"①

巫术是具有实用性质的,它直接以"量的结果"为目的,其活动服务于人事,是"绝对为人类所有的单独特殊的力"。②马林诺夫斯基指出:"巫术属于人类,不但是因为巫术为人类所有,而且因为巫术底题材主要是人事的题材,如渔猎、园艺、贸易、调情、疾病、死亡之类。巫术用于自然界,不如用于人与自然界底关系或足以影响自然界的人事活动上为多。"③祖先崇拜是血缘观念和鬼神观念的派生物,尽管崇拜的对象有一部分是人为的创造而并非血亲祖先,还有一部分又转化为超越宗族的一般民间神灵,但祖先崇拜的信仰活动仍主要与人事相连,其中亦含有不少巫术的成分。

巫术一般由巫师施行,而一族一国最大的巫师往往就是该族、该国的酋长和国王。弗雷泽在对巫术与宗教的研究中指出:"在早期社会,国王通常既是祭师又是巫师","把王位称号和祭司职务合在一起,这在古意大利和古希腊是相当普遍的。在罗马和古罗马其他城市都有一个祭司被称之为'祭祀王'或'主持祀仪的王',而他的妻子则拥有'主持祀仪的王后'的称号。在共和体的雅典,第二位(就其重要性而言)地方长官(一年一选)也被称为王,

---

① 马林诺夫斯基著,李安宅译:《巫术 科学 宗教与神话》,中国民间文艺出版社,1986,第77页。
② 同上书,第61页。
③ 同上。

他的妻子也叫王后,两人的职务其实都是宗教方面的"①。在东亚,在中国,情况又有不同,巫师、帝王和祖先"三位一体",集神权、政权和族权于一身。巫师是神人联系的媒介,他靠施行巫术而通灵化神;祖先被看作具有非凡体力与智力的强人,他们的亡灵依然能护佑族人;帝王则通天绝地,以保风调雨顺、国泰民安。我国古代的黄帝、炎帝、尧、舜、禹等都具有这样的多重身份与神能。

汉字中的"王"本义就是通天绝地。《说文》引董仲舒言:"三画而连其中为王。三者,天、地、人。三通之者,王也。孔子曰:'一贯三为王。'"②李阳冰曰:"中画近上,王者则天之义。"③郑樵云:"盛,王本义也。象物自地而出羾盛也。"④戴侗曰:"或曰:能一下土谓之王。"⑤可见,王能上天下地,沟通天、地、人三界,起着巫师的作用。《字诂义府合按》云"炎帝以火德王,黄帝以土德王",⑥虽带五行观念,但说出了祖—王—巫的内在联系。

汉字中的"帝"字,也是巫术的记录,在甲骨文中写作"禘""禘""禘""禘"等形,丁山先生认为,这是"束茅为藉,以象征上帝。"⑦他并指出,甲骨文之"帝"与巴比伦之"禘"

---

① 弗雷泽:《金枝》第二章,中国民间文艺出版社,1987。
② 黄生撰,黄承吉合按:《字诂义府合按》,中华书局,1984。
③ 同上。
④ 同上。
⑤ 同上。
⑥ 同上。
⑦ 丁山:《中国古代宗教与神话考》,龙门联合书局,1961,第184页。

字"不特音形俱近,而且涵义相同",进而得出"殷人所奉宇宙大神的'上帝',可能是继承巴比伦的宗教仪式"的结论。①"帝"之巫风西来说尚少考古的实证,但丁山释帝为"束茅"要比王国维、郭沫若等释之为"蒂"更具民俗史的依据。《淮南子》载:"建木在都广,众帝所自上下。"这是一则巫术神话,其中的"建木"是通天的"宇宙之树",众帝缘此而登天。在具体的巫术仪式中,巫师是用象征的手法来演示这一神话信仰的:即束木象征宇宙之树,以作为通天的法具。"缘木"变为"束木",又演化为"焚木"。殷人烄祭祈雨之仪在甲骨文中多有记载,后世燎、柴、樵燎、烟祭等,均焚木升烟以为通天之术,其源皆与"帝"的观念相关,而最初的"帝",如炎、黄二帝,同时又是族人敬重的祖先。

我国古代祭祀上帝或先祖的礼仪是用器皿供奉双玉。"礼"字在卜辞中写作"豊",就表示这个意思。《酉阳杂俎》载有汉代对天神的祭祀:"汉竹宫用紫泥为坛,天神下若流火。玉饰器七千枚(一作枝),舞女三百人。一曰汉祭天神用二千杯,养牛五岁重三千斤。"②祭祖先、天神为何用玉供奉？曾慥《高斋漫录》中略有披露:"李宾王,番阳人,躬行君子人也。又善相。尝云郭林宗作玉管通神。"③可见,玉是巫术的法具,能作"通神"之用。《山海

---

① 丁山:《中国古代宗教与神话考》,龙门联合书局,1961,第184页。
②《永乐大典》卷之二千九百四十八。
③ 同上。

经》中多有埋玉镇邪之述,古代生子"弄璋"、佩玉,人死用玉石作饭唅,并以各种玉饰随葬,玉石在这些习俗中都是用作巫术的法具,古人借此寄托了通神获佑、镇邪化生的祈望。

《广异记》记述了一则《唐书·高宗本纪》所不载的鬼故事,其所言主要为玉鱼随葬一事:

> 高宗营大明宫宣政殿,始成,每夜闻十骑行殿左右,殿中宿卫者皆见焉,衣马甚洁。如此十余日,高宗乃使术者刘门奴问其故。对曰:"我汉楚王戊之太子也。"门奴诘问曰:"案《汉书》,楚王与七国谋反,汉兵诛之,夷宗复族,安有遗嗣乎?"答曰:"王起兵时,留我在长安。及王诛后,天子念我,置而不杀,养于宫中,后以病死葬于此。天子怜我,殓以玉鱼一双,今在正殿东北角。史臣遗略,是以不见于书。"门奴曰:"今皇帝在此,汝何敢庭中扰扰乎?"对曰:"此是我故宅,今既在天子宫中,动出颇见拘限,甚不乐,乞改葬我于高敞美地,诚所望也。慎无夺我玉鱼。"门奴奏之,帝令改葬。发其处,果得古坟,棺已朽腐,傍有玉鱼一双,制甚精巧。乃敕易棺椁,以礼葬之于苑外,并以玉鱼随之,于此遂绝。①

从故事的表面叙述看,楚太子乞改葬唯求玉鱼相随是感念汉天子的恩德,而从深层隐义看,它透露了以玉鱼从葬这

---

① 《古今图书集成·博物汇编·神异典》第三十九卷"杂鬼神部"。

一古俗的巫术性质,以及玉鱼在护尸退祟,超度亡灵方面的法具作用。玉鱼或其他玉饰的随葬,是向祖先供奉玉石的祀典在丧俗中的应用,通鬼神、接天地、佑子孙、转生死乃是施行这一巫术的真正动因。

祖先崇拜与巫术仪式的结合还产生了一些占卜活动。如彝族在正月初一到十五期间举行的"看花树"的巫术活动,就直接与祖先崇拜相关。

所谓"花树"指生长在阴间的象征人的命运的树,人从此树生,死后又复归是树。男女老幼皆可以这种巫术仪式卜问吉凶。仪式由"苏埃"(巫师)作,也可由掌握请神咒语和送魂指路诵词的人作。仪式中需选一人"下阴",条件是父母双全的男女青壮年,父母不全者不行,因为在阴间遇见父母,有被拉住不让回来的危险。道场设在人家的堂屋内,下阴人坐在凳上,脚踏两块新砖或洁净的石头上,帕子盖脸,不准咽口水,任其外流,双手合握一炷香。首先由念词人请神,所唱颂歌类似情词,参加者随之合唱,催促下阴人速去速归。此时下阴人双手旋转,等香抛出后,又双手拍膝不止,入于催眠状态,此时谓神已请到。念词人即按去祖宗处的路线,一站一站送下阴人到阴间花树生长处。有说此树由一老奶奶(女始祖)掌管,问知所看花树地点后,即述说"花树"生长情况,如树生何处,什么土质,是否茂盛,花开几朵(象征女儿),果结几个(象征儿子),花果生长得如何等。由此可卜知此人的命运好坏,儿女的命运与寿命等。在鸡快叫时,须马上念指路词引导下阴人归来,然后以冷水喷面使其苏醒,仪式遂告结束。①

与"看花树"相联系的还有"栽花树"的巫术活动。人们认为自己的命运与父母的命运息息相关,要改变父母的命运,就得为他们重栽花树。此仪式是在山上栽下一棵松柏类的常青树,如父母已亡,经常祭献就意味对花树的培养。若所栽"花树"长得茂盛,就可改变命运。②

从各地的民族学、人类学材料看,祖先崇拜与巫术活动多有相连。如在美拉尼西亚群岛,祖先的木雕像与敌人的头骨和野猪骨一起放在成年男子聚居的长屋里以镇邪;新赫布里底岛的南姆巴人把祖先的头骨或所作的模型供在家中;苗族"吃牯藏"的最后一天抱着男女祖先的偶像跳舞以求生育;有些汉族人家把祖宗牌挂在大门外以驱祟退煞;等等。

可见,涉及人事的祖先崇拜与涉及人事的巫术活动的结合,在人类社会的一定发展阶段上是一普遍的现象,它们强化了信仰中的"超自然力",表露了控制神鬼世界,求得生存的信心。

四 祖先崇拜的发展趋向

源起于原始社会的祖先崇拜在进入阶级社会之后并没有消亡,还在继续发展,并愈来愈显示出礼俗化、宗教化

---

①于锦绣:《彝族的"近祖崇拜"》,《世界宗教研究》1983年第2期。
②同上。

和艺术化的趋向。

礼俗化的进程主要体现在以婚、丧为主的人生礼仪方面,对祖先的崇拜与信仰融进了具体的民俗事象,成为生活中的风俗和惯习。《礼记·昏义》曰:"夫礼,始于冠,本于昏,重于丧祭,尊于朝聘,和于乡射。"可见,人生仪礼在整个礼制体系中具有举足轻重的地位。

祖先崇拜与丧俗的勾连最为突出,在葬式、墓制、随葬品、招魂术、护尸法与祭法等方面多有显露。

在葬法方面,旧石器晚期世界各地都有以赤铁矿粉末随葬的现象,死者的尸骨常因之而染成红色。在墨里群岛、新几内亚等地,死者被烟火熏烤成木乃伊,再被涂上红土。在原始部落的意识中,红色是血的象征,而血就是生命。[1] 广东连南瑶族在进行二次葬仪式中,改葬的头骨上不仅要杀鸡滴血,而且儿子还要刺破手指滴血其上。[2] 这些习俗已含有祖灵的观念,用红土和鲜血表示生者与死者的血肉联系,并寄托着让祖先保持生命,永生长存的愿望。在世界各族的"抟土作人"神话中,不少是说人由神用神血和泥土所作,披露出血与生命联系的原始信仰。这种神话信仰与祖先观念的结合一旦被加以应用,便形成了"饰红"的葬俗。

在葬式方面,种类繁多,有木葬、土葬、火葬、树葬、水

---

[1] 张寿祺:《旧石器晚期红土随葬及其原始宗教意识》,《世界宗教研究》1983年第2期。
[2] 宋兆麟:《原始社会史》,文物出版社,1983,第481页。

葬、天葬、岩隙葬、悬棺葬等，大多联系着归天返祖、转世化生的信仰。有些部落因崇拜祖灵而采取了某些极端的做法。例如，巴西的印第安人把死者葬在其生前居住的房间里，死者的亲属要放弃这个房间；而加拿大的印第安人"如有老人病且死，则弃之屋外"；①还有的印第安部落把死者遗体火化后，把骨灰保留下来，然后在追悼亡人的仪式上把骨灰吃掉；②在南洋群岛，则有吃死人肉的习俗，他们迷信吃了死者肉就能得到死者鬼魂的庇佑。③

在墓制方面，泰国西北山地瑶族对臆想的祖坟模型所进行的"安坟"仪式，具有突出的祖先崇拜的特点。

"安坟"仪式在人家中进行，首先由大司祭指示小司祭在屋里把祖坟模型做成一个叫"紫克庵"的房子。瑶人称之为"东厅"，灵牌、鬼枱之类的神棚就安放在这里。神棚内排列着作为供奉祖宗灵魂的几株带根的小茶树，用黏土覆盖其根部，周围做一圈高一米的四角形木栅栏。这就作为修复祖坟而修建的紫克庵。在仪式的准备中，司祭写出主办仪式家族已去世的先人名册，并把祖宗的名字写在长方形黄纸上，夹在破成一片片称作"隔犯符"的竹筒上，它与小茶树的根并排放着。紫克庵前放着许多卷成筒状的纸币，还放着猪肉和饼子，左右两侧有人捧着盛水的圆球。左边的水称作白虎水，意味着祖宗的灵魂；右边的水

---

① 《东方杂志》第十二卷第五号，第47页。
② 《民族译丛》1981年第5期，第61页。
③ 朱天顺：《中国古代宗教初探》，上海人民出版社，1982，第190页。

称作青龙水,意味着山中的鬼魂。修复祖坟的安坟仪式须请祖宗灵魂与山上鬼魂一道集会,因此司祭在仪式前要把白虎水和青龙水掺合,然后才进行正式的仪式。整个仪式按瑶文书资料记载有十五节,而日本学者白鸟芳郎先生经实地观察,记录为十二阶段:第一阶段,司祭祈祷祖灵与山鬼集合;第二阶段,拜祖灵,并让它们穿衣;第三阶段,向祖灵供献肉、酒、米、银钱,同时用蓍草卜吉凶,若两片叶都向上,表祖宗满意;第四阶段,司祭拿着写有祖先名字的黄纸蹲在紫克庵的四角祈祷;第五阶段,倒酒,第一杯犒劳从远方来的诸神;第六阶段,司祭向祖灵恳求,只听他的话,不闻旁人言,并请祖灵用饭;第七阶段,向祖宗报告家中发生的各种问题,并因此而修复祖坟,望得到祖上的佑助;第八阶段,向祖灵捧献酒与纸币,再投蓍草占卜,看各位鬼神是否满意;第九阶段,点燃上奏祖师爷的瑶文,呼唤天神,问仪式效果;第十阶段,恳求天神修复祖坟,盘古神被认作最尊敬的祖神和守护神;第十一阶段,念咒文,烧纸币,送祖灵;第十二阶段,拆紫克庵上的横木以及装饰桩子,送以祖灵为首的各种鬼神返回。①

举行仪式的瑶族实际上并没有祖坟,对两三代以前的祖先究竟安葬在哪里,他们几乎毫无印象,但以"安坟"仪式去"修复祖坟"却进行得非常庄严,仪式过程也比较繁缛。在那里,祖先崇拜不是通过实际的墓葬,而是通过观

---

① 白鸟芳郎:《瑶族文书和祭祀》,《民族译丛》1984年第4期。

念上的坟墓和仪礼体现出来的。可见,对祖灵和鬼神的信仰在民间习俗和社会生活中留有深长的投影。

在祭祀方面,礼俗亦纷繁复杂。在古代,祭先人的,有虞祭(用以安神位),行于既葬返哭的时候;有练祭,行于小祥,即死后十二月;有大祥,行于第二年之末;有禫祭,行于大祥后间一月,意思是澹然平安。此祭后,就完全除服了。① 在近代,"家祭为常之俗,大族有宗祠,春秋二仲或冬至,合祀通族之先,其高曾祖祢,又各祀于家。忌日诞日,惟祭亡者及其配。岁首、岁除、春、秋、冬时祭,则合祀,悬遗像。"②

在少数民族中,祭祖的仪式更其繁杂。仡佬族有"做斋"之仪,彝族有"指路""烧袱子""拨向山""做阴先"之俗,瑶族有"卦灯""和年"之礼,各族都有"扫墓"之习。

在有的国家,敬祖尊墓甚至成为法律,如菲律宾法典第四条曾写道:"尔曹当注意凛遵,毋扰害坟墓之安宁。凡过墓地及坟林,当对之表敬礼焉。"③

由上可知,祖先崇拜的礼俗化在丧葬方面表现得十分突出。而在婚俗方面,亦可看到这一进程,特别是其中"拜堂""告祖""庙见"等礼,与祖先崇拜有着直接的联系。

---

① 李安宅:《仪礼与礼记之社会学的研究》,商务印书馆,民国二十四年,第62页。
② 《首都志》卷十三引《江苏社会志》。
③ 罗罗译:《马来人种考略》,《东方杂志》第十五卷第十一号。

汉族在"拜堂"时,新人要向天地、祖宗跪拜。布依族姑娘出嫁时跪拜祖宗、父母、舅舅后才出门。她们在"拜堂"时,司仪在一旁念着吉语:"明灯点得闹洋洋,玉龙杯子摆桌方,上面祖宗来迎接,迎接新女配新郎,先拜天地,后拜华堂,夫妇交拜,百事齐昌。"①

"告祖"礼在有的民族婚俗中是隆重而庄严的礼仪。在湘西龙山县土家族地区,新郎接亲的前夜普遍兴告祖礼。行礼时,堂屋两边贴着红对联,神龛上面点着蜡烛,下面摆一张方桌,设一香案,桌上有鸡、鱼、肉、酒、粑粑、糖徼、果品等。堂屋中间也摆一张桌子,设一香案,两个香案前各铺有一床竹垫,上面折叠一床棉被,作为新郎叩拜之用。桌子两旁有礼生四个,赞礼生四个,歌童四个,还有一个引礼生。寨客都要拢场,家公家婆,舅父舅母,姨父姨母等,都兴给新郎插花披红。新郎穿长衫,挽帕头,引礼生引着他右边上,左边下,行三跪九叩之礼。仪式中有献香、献帛(钱纸)、献禽(鸡)、献鲤(鲤鱼)、献猪(猪头)、献酒等。每献一样,赞礼生要赞一段词,歌童唱一段歌。最后一项仪式是念告祖文。整个告祖礼前后约需两小时。②

"庙见"是古代婚俗。成婚三月,新妇择日庙见,祭于祖,祝曰:"某氏来作妇。"庙见之后,才算正式的妇,归于夫家的宗族。倘若未庙见而亡,则"不迁于祖,不祔于皇

---

① 见《苗岭风谣》总三期,第 57 页。
② 刘黎光搜集,见《苗岭风谣》总三期,第 67、91 页。

姑,……归葬于女氏之党。"①

有些民族的文身之俗亦同婚嫁和祖先观念相关。如我国川陕交界的巴山妇女就有文身遗俗。文身是表示女孩子已长大成人,可以出嫁的标志。同时,文身又为了在死后亡灵归返娘家时,能让祖先辨认出来。在他们的信仰中,未文身而出嫁的女子,死后将无处归魂。② 因此,文身既是女子待嫁的标志,又是祖先崇拜的记号,是一种变相的告祖仪礼。在巴布亚新几内亚等地,成年妇女的文身之俗同样具有这样的双重涵义。

此外,纳日人(纳西)在婚娶时有"请祖"之俗,由女方家长在火塘边主祭,向四周地上洒酒,呼唤祖先的名字,请他们回来与家人团聚。③

由于婚嫁是人生礼仪之本,涉及宗教与世系,因此融进较多的祖先崇拜的因素也就是很自然的了。

宗教化主要体现在祖偶和庙祭的发展,祖先崇拜的自然宗教性质带上了人为色彩,原始宗教开始了向民族宗教的过渡。

古代神话、传说中的祖先神都有偶像化的倾向,女娲、黄帝、大禹等都被做成偶像而供奉拜祭。其中女始祖女娲被称作"天母""地母"或"人祖奶奶",其偶像形式颇为多

---

① 李安宅:《仪礼与礼记之社会学的研究》,商务印书馆,民国二十四年,第54—55页。
② 向学其搜集,《乡土》报1987年第10期,第4版。
③ 宋兆麟:《纳日人的葬礼》,《世界宗教研究》1985年第2期,第141页。

样。在河南省西华县女娲祠曾雕有一座女娲木像,像高三尺余,盘腿而坐,浑身不挂一丝,仅在腰间缠有许多树叶。① 在汉代墓葬的画像石和画像砖上,女娲多雕成人首蛇身的形象。此外,还有把她塑成穿着布衣,一手抱一子在胸,一手提花篮的偶像。② 这样,民间求子祈嗣的企盼把造人的女娲祖改扮成了"送子娘娘"。除了女娲祠,还有女娲坟、女娲城、女娲庙会等,对她的膜拜已具有了民族宗教的性质。

把祖先制成木像或画像的实例还有不少。例如,在凯伊群岛就有粗糙的木刻祖先像,凡新生婴儿人家都在祖先偶像边挂一个挖空了、裂为两半又缝合起来的椰子,以暂时存放新生儿的灵魂,这样可不受妖邪侵袭,待孩子长大,身体健壮时,灵魂才永久住进自己的体内。③ 我国鄂伦春族、满族等也有木雕的或布扎的祖先神像,并对它们拜祭。在云南哀牢山的彝族,每家供奉一幅男女祖先的画像。在江苏泰兴县有的村庄仍保留祖先的木雕像,为村人所拜祭。这些偶像多是家祖、族祖或村祖,保留着原始宗教的遗风,但又是人为宗教的先声,当这种偶像神的信仰为大多数族人所接受,拥有较广的流传地域,并形成庙祭制度时,其性质就上升为民族宗教了。

对祖先神的庙祭也不乏其例。我国古代很早就已形

---

①《民间文学动态》总17—18期,第56、58页。
②同上。
③弗雷泽:《金枝》,中国民间文艺出版社,1987,第960页。

成宗庙的修祭制度,其中天子、皇族规模最巨。《沿革》曰:"唐虞五庙,夏后因之,至商而七,谓三昭三穆,与太祖之庙七也。周兼文武二祧,故九庙。洪武九年,于南京阙左始建太庙。其制:前为正殿,后为寝殿,俱翼以两庑。寝殿九间,一间为一室。中一室奉安德祖;东一室,懿祖;西一室,熙祖;东二室,仁祖;西二室,高庙。永乐迁都北京,建庙。东三室奉安文庙;西三室,仁庙;东四室,宣庙;西四室,英庙。而九庙已备,其后以次递为祧祔。"[①]如此庞大的宗庙制度早已超越原始宗教的简朴仪式,使对祖先的自发信仰转易成人为的神圣化对象。至于分散各地的禹王庙、女娲祠、伏羲庙、盘古庙等,其崇拜对象出自神话信仰,本身就具有民族性或地方性,作为各宗祠同敬共祭的先祖,其民族宗教的性质更为鲜明。

祖先崇拜的艺术化趋向主要体现在民间文艺之中,特别是在传说、史诗、神话故事、民间戏曲以及工艺美术等方面。

有关创世、造人的女娲始祖以及在文物发明、灾祸平夷、民族迁徙、惩恶克敌中涌现的男祖英雄,往往构成史诗、传说和故事所赞颂的中心。其中,史诗作为记述民族历史事件的"经典",常被认作祖先的遗教,其庄严的风格和隆重的气氛都与祖先崇拜联系在一起。

例如,侗族的远祖歌《嘎茫莽道时嘉》记述了始祖母

[①] 王三聘:《古今事物考》卷五,上海书店,1987年影印版,第89页。

萨天巴的神系。在侗语中,"萨"是"婆""祖母""母之母"以及"父之母""始祖母"的意思,"天"是"千"意,"巴"是"姑妈"意,"萨天巴"三字连译,即"生育千个姑妈的婆神"。"萨天巴"又称作"萨巴庆西",意思是"神殿上第一位的婆神"。她生天生地,用身上的汗毛、虱蛋、肉痣造了地上的植物、动物和人类。在萨天巴神系中尚有十二位女神:萨犹、松桑、萨当、萨可、萨样、金姑、宜美、姜妹、月姑、龙奴、萨央和杏妮,她们与萨天巴被侗家民间合称为"十三萨",即十三位圣祖婆。① 因此,该史诗主要表达了祖先崇拜的情感。从其表演形式看,虔诚的信仰、庄严的崇拜与丰富的艺术形式和手段结合在一块。史诗在演唱时,歌、舞、乐结合,既唱史诗,又用牛角号、海螺号、萨巴号、弦乐器、锣、鼓、镲等乐器,还戴着面具舞蹈。表演中唱白结合,各种歌体并用。这种史诗的表演往往是用在祭祀活动之中,体现了祖先崇拜的艺术化趋向。

其他史诗在题材与主题上亦多有类似,如瑶族史诗《密洛陀》,布努歌手称之为"撒密",意思是"母亲之歌""洛陀妈妈之歌"。② 密洛陀因风受孕,生九子或十二双男女神,造天地万物和人类。此外,白族《开天辟地》中的"老妈妈",满族萨满教神话中的"佛杂妈妈"等,也都是族人敬奉的始祖。

---

①过伟:《揭开女神之谜》,《神话新探》,贵州人民出版社,1986,第471页。
②洪玮:《瑶族神话类析与猜想》,见《神话新探》,贵州人民出版社,1986,第443页。

拿民间艺术中的傩戏来说，它多表现鬼神之事，是带有祖先崇拜性质的原始剧种。演员们戴着面具，装神扮鬼，以消灾逐疫。贵州省德江县土家族傩堂戏中的主要神祇为家先神，包括祖先神、土王神和八部大神；而彝族傩戏《撮泰吉》，意为"变人戏"，它演示祖先们走出森林，披荆斩棘，驯兽开荒，繁衍生育的过程。透过傩戏这块"活化石"，我们也能看到鬼神信仰和祖先崇拜在发展中所经历的艺术化过程。

五　祖先崇拜的功利动因

源起于原始社会的祖先崇拜是观念中的神鬼世界得以最后构成的一大基础。对神灵与诸神、群鬼的利害关系联系着人类福祸的信仰，是这一崇拜的最初起因。祖先崇拜能超越时代、社会的壁垒发展、留存，乃因人们借此寄托的功利心理没有被完全抹去。囿于精神与物质文明的程度，人们把家庭、血缘间的联系看作是社会联系的可靠基础，并且在观念上超越时空，虚守着自身与先祖感应联系的信仰。

眷恋追远，加强血缘联系是祖先崇拜的第一个功利动因。生活在氏族社会的原始初民，其生存手段、生产技艺及各种体力与智力的训导均有赖于自己的长辈，他们相信，先祖生前是英雄，死后则为鬼雄。这样，长辈先祖之灵就成为他们心目中强大而可靠的保护神。在他们的信仰中，这种保护的取得靠的是血缘联系，所有的祖先神仅护佑同血缘的后辈,对其他血族则漠不关心,甚至在血族间发生冲突时能加害对方。为了世世代代受到祖上的庇佑,于是慎终追远,崇拜和祭祀先祖。这种崇拜从精神领域加强了族人因同根共祖而生死与共的认识,促进了彼此间的紧密团合。东方民族的原始农业的发展靠的是人口增殖、土地开拓和工具改良。从人的因素看,它以内应力的聚合为保障。因此,祖先崇拜的潜在效能是适应了原始农业的发展,并导致了家族制的逐渐形成。

在古代中国,祖先崇拜的原始宗教情感与封建儒学的人伦观念的结合,出现了聚族而居和累世同居的家庭组织。这种组织靠祠堂、家谱、族田等加以紧固。祖先观念、血亲联系和农业立命是其赖以存在的基础。不过,阶级社会把对祖先的追念仪礼化,使之构成论地位、定尊卑的一个方面。《礼仪·丧服传》曰"禽兽知母而不知父,野人曰,父母何筭焉,都邑之士则知尊祢矣,大夫及学士则知尊祖矣,诸侯及其大祖,天子及其始祖之所自出。"它规定了阶级地位越高,其所追祀先祖的时代就越远,表明了原始宗教在发展改造中的阶级因素。

中国民间一般追祀的先祖为曾祖父母、祖父母、父母三代,而在原始时期则有更远的追念。从世界民族志材料看,一千多年前从波利尼西亚东部诸岛迁往新西兰的毛利人,始终把祖先崇拜看作自己信仰的中心。他们不论在演说、唱歌,还是致贺词的时候都念念不忘自己的祖先,他们相信,祖宗的英灵会继续指引他们,在他们追根寻源时,所追念的先祖竟能上溯四十代之远。① 此外，从巴布亚新几内亚的"精灵之屋"外部满绘着层层叠叠的祖先头像，亦可见其追念之远。

祈福获佑是祖先崇拜的第二个动因。人们在生产力极为低下的状况下，怀有对自然与社会诸现象的困惑，而传授知识、技艺，能获取各种食物的长辈则因此成为心目中的英雄。于是对他们的颂赞和追念逐渐变成了庄严的崇拜和祈求，祖先被上升到神格，赋予了对族人赐福降寿的灵性。这样，祖先崇拜的原始宗教活动与祈胜、求育、祈丰、求雨等功利性民俗心理贴合，成为东方俗民社会的一个文化现象。

例如，满族萨满教中的"家萨满"，是每年在收获季节举行的祭祀活动，它被称作"跳太平神"，又称为"跳家神"。此项祭祀由本姓氏家主主持，专为庆祝丰收、祈祷全家全族安康和颂扬祖先的功德而举行。在满族，所有的氏族都供有祖先的神灵，有的是用白粗布或纸画的持枪跃马的勇士或身穿鱼鳞盔甲的壮汉；有的是绸子条和一叠高丽纸；有的是一块黄色的方布等等。这样的神像和神物平时都放在祖宗匣内，敬放在西墙上的祖宗龛上，只能在一定的时候，经过祭祀活动，才能打开匣子举行跳神活动，以求祖上赐予下族安康。②

---

① 《民族译丛》1985 年第 4 期，第 79 页。
② 宋和平、魏北旺：《瑷珲富裕两地萨满文化调查报告》，《民族文学研究》1987 年第 3 期。

托拉杰人的催雨活动则是祖先崇拜的宗教情感与巫术行为的混合:在加林古亚的村子里,有一座著名族长的坟墓,他是现统治者的祖父。当土地严重干旱时,人们就来到这座坟前,把水洒在坟上,并说:"啊,祖父,可怜我们吧!如果您希望我们今年有吃的,请下雨吧!"然后在坟上挂一个装满水的竹筒,那筒底有一个小孔,水就从孔中不断地滴下。这竹筒总是被注满水,直到下雨淋湿了大地为止。①

其他民族中亦有类似的祈祖赐雨方式:迪拉果阿湾的巴龙加人祈雨时,通常将他们祖先的,特别是其中的孪生子的坟墓浇湿以作为一种求雨的巫术。②

在奥里诺科流域的一些印第安人部落中,死者的亲属经常在一年之后把他们的骨头挖出来烧化,并把骨灰撒向空中。他们相信,死者将把骨灰化作雨水作为他对葬礼的回报。③

非洲洛比人、卡赛纳人和赛努福人把带有祖先形象的饰物视作可以获佑的护符,他们相信,祖先的神灵拥有巨大的权利,它们同丛林一道充当着阴间众神与大地上人类之间的媒介。于是,他们把祖先的头像铸在铜脚环上,时时随身佩戴,以作护身得福的灵物。④

---

①弗雷泽:《金枝》,中国民间文艺出版社,1987,第108页。
②同上。
③同上。
④《民族译丛》1985年第5期,第58页。

此外，婚礼及岁时活动中的告祖、祭祖仪式，以及向祖偶求育的做法，也都出于祈祖庇护的心理。

免灾避祸是祖先崇拜的第三个功利动因。由于灵魂能给人带来利害和祸福，因而人们对祖先的崇拜亦交织着感谢与敬畏的情感。免灾避祸的心理与祈福获佑企盼的联系，成为这一源起原始宗教的活动得以长期流传的基础。民间的驱鬼、防疠、镇邪、退祟等信仰活动，也多与此相关。

在汉族地区门头悬挂祖宗牌，就同悬八卦、挂照妖镜、贴符篆，立泰山石敢当一样，意在避鬼驱祟，不使妖邪入室，以保家人安康。

太平洋地区土著人所流行的祖先人头崇拜，其主要作用也是压邪镇祟，不论是供奉人头、人头模型或木雕像、彩绘像，也不论是放在公所、长屋、村院，或埋于居室土下，都是企图借助祖灵来免祸避害。

在我国碧江怒族的原始宗教中，最大的鬼就是家鬼，它具有祖灵的性质，但往往祸及家人。因此，当病人垂危之际，就要祭祀家鬼。祭前要卜卦。男病人用竹签卦，女病人用刀卦。以卜卦结果定供献的牺牲，有时猪、羊、牛全都用上。祭祀活动要持续一整天。祭词包含着对家鬼的呼唤和恳求："我们杀鸡来祭你，你把病转给鸡吧！让我们用鸡命换人命。……我们宰羊来祭你，你把灾降给羊吧！让我们用羊魂换人魂……"如果病人大病未愈，终究死去，要举行名为"北莫中"的祭祀活动，以求死者的亡灵到另一个世界后消怨积德,不要祸及活人。"北莫中"的祭词大意是:"一切都让死者死去吧,不要遗留给家中的人。回到你爷爷那里去吧,回到你奶奶那里去吧,让你亲属平安吧!"亲友聚集后,为悼念死者一起跳舞,然后手拉手围成一圈,祭师用刀卦算出死者因得罪何鬼而亡,接着祭师唱告别歌以祈求死鬼莫留家中,莫惹祸患。①

祖先崇拜所包容的上述功利因素是其长盛不衰之由,它们以各种形式渗透进民间习俗之中,并对社会生活产生了潜在的影响。

六 遗存与影响

神鬼观念和祖灵信仰萌生于原始社会,但作为一种意识形态并没有随生产方式和阶级关系的变化而迅速消亡,它长期潜留在人们的精神世界里,并渗入到民间习俗之中。由于祖灵在神鬼世界的显要位置,祭祖祀先的活动成为中国民间岁时风俗中历时最久、次数最频的大项,从元旦、寒食、清明、夏至、七月半、十月朔、冬至到除夕,无不祭祖,使祖先崇拜构成了中国传统文化的一个突出方面。

元旦的祭祖最为庄重,从地方志材料看,我国各地都有元旦祭祀祖先的风俗。祭祀时,各家把祖宗们的牌位依次排列正厅,牲醴酒浆、纸马香帛都是整洁齐备,然后长幼依序上香跪拜毕,分别侍立供案两侧。有些思亲至切的子

①何叔涛:《碧江怒族的原始宗教》,《世界宗教研究》1985年第3期。

弟,矮凳侧坐,陪守通宵达旦而不辍。也有的人家在祭祖时,贴上木刻版画"俎豆馨香"以代替祖宗牌位。①

嘉庆十九年《萧县志》卷二载:"元旦五鼓起,肃衣冠,焚香礼神祇,祀祖先,男女序拜。"

光绪五年《武进阳湖县志》卷一载:"正月朔日元旦,食干柿及桔,曰'百事大吉'。……谒宗祠,悬先像于中堂,设果饵,朝夕馈献,凡三日。"

寒食节有行墓祭之俗,它形成于唐代开元年间,因士庶有不合庙飨者,乃上墓表其孝。据至顺三年《镇江志》卷三载,每逢寒食节"田野、道路士女遍满,皂隶、傭丐皆得上父母丘墓。马医夏畦之鬼,无不受子孙追养者。"

清明、七月半和十月朔被称为三大鬼节,其中清明以墓祭为主。

刘侗《帝京景物略》卷二载:"三月清明日,男女扫墓,担提尊榼,轿马后挂楮钱,粲粲然满道也。拜者、酹者、哭者、为墓除草添土者,焚楮定次,以纸钱置坟头……"

乾隆年间《句容县志》卷一载:"清明拜扫,先期治茔墓、公坟,值年轮办祭品,不过三牲。妇女新坟必往哭,三年而止。旧坟或往拜,或不往拜,一拜即归,从无有借祭扫之名为秉简赠芍之乐者。"

夏至虽值农忙,人亦不忘其祖,是日对祖先的祭拜是在家中进行的。嘉靖二十六年《江阴县志》卷四载:"夏至

---

① 殷登国:《岁时佳节记趣》,广西人民出版社,1987,第2页。

割腊肉,陈朱李,祀先于正寝。"

七月十五日中元节也是祭祖的大节之一,道、佛二教有拜地官和盂兰盆会之举,人家既祀先祭祖,又普度孤魂野鬼。

康熙二十六年《常熟县志》卷九曰:"中元祭先特谨。道书,中元为地官赦罪之辰,僧舍多举盂兰盆会。"

中元不仅祭人祖,也祭田祖。据乾隆《句容县志》卷一载:"中元烧纸钱,洒水饭于山畔,谓之'盂兰会'。演剧祀田祖,谓之'青苗戏',又谓之'平安戏',弭虫灾也……是日必设酒祀先人,谓之'进柴'。"

十月朔为下元节,大江南北都有上冢祀先之俗。

康熙《常熟县志》卷九曰:"十月朔再谒祭祀先。"

光绪《武进阳湖县志》曰:"十月朔曰'十月朝',上冢如清明。"

嘉庆《萧县志》卷二引旧志曰:"十月朔祭墓,剪纸为衣焚之,曰'送寒衣'。"

冬至亦是祭祖的节日,宋人吴自牧的《梦粱录》说这天"祭享宗烟,加于常节"。可见其盛。在苏北农村,至今有冬至祀先的遗俗,而满族人在冬至祭天仪式中亦顺便祭祖。

除夕是家人团聚之日,亦是祀神祭祖之时,或悬先像,或祭家祠,或供神龛,同换桃符、更春贴、饮守岁酒、插松柏枝、给压岁钱等事象一起,构成了"大年夜"的岁时风俗。

可见,敬祖祀先是岁时风俗中的大项,它贯穿始终,反复进行，为其他事象所难于企及。

人们把祖先崇拜的情感投之于诸神，使一些神名也带上了人祖的印记。如非洲的俾格米人信奉的是一神教，他们把这位天神称作"我们的父亲"。在中国的民间诸神中有萧公爷爷、晏公爷爷、床公、床婆、东王公、西王母、嫘祖、孟婆神、电母等，连八卦配象中的乾天坤地亦称之为"乾父坤母"。

祖先崇拜的极端发展还出现了一种"泛祖崇拜"现象，即各家族、各社群、各行业都追祀其祖。有国祖、族祖、村祖、寨祖、家祖及各业之祖，连巫师作法时，也供奉代表祖师的草人以作自己的护神。这种"泛祖崇拜"以民间各业的祖师崇拜最为突出。例如：理发业祖师——吕洞宾，裁缝业祖师——轩辕氏，蚕丝业祖师——嫘祖，织布业祖师——黄道婆，火腿业祖师——宗泽，木匠业祖师——鲁班，竹匠业祖师——泰山，酿酒业祖师——杜康，中医业祖师——华佗，茶叶行祖师——陆羽，染坊业祖师——葛洪，豆腐业祖师——乐毅，造纸业祖师——蔡伦，铁匠业祖师——李老君，中药行祖师——李时珍，梨园祖师——唐明皇，评话祖师——柳敬亭，占卜业祖师——鬼谷子，星相业祖师——柳庄，风水业祖师——刘伯温，制笔业祖师——蒙恬，制伞业祖师——鲁班，等等。

其中既有本行业创造发明的开拓者，也有牵强附会的人物。《金陵琐志》曾对此作出嘲讽："妓女祀管仲，优伶祀唐明皇，犹有不忘其始之意。至剃头匠祀关圣，以其用刀;铁匠祀老君,以其有炉,已属拟于不伦。最可笑者,酱园报赛必在颜鲁公祠,取盐、卤二字同音。伍髭须、杜十姨之讹,尚不至此。"① 可见,这种泛祖之祀在封建社会末期已发展到十分荒谬的地步。然而,它与原始的祖先崇拜有源流、始末的关系,是祖先崇拜的衍生物。

由祖先崇拜而引起孝子守墓行为至今影响犹存。《汉书》和《东观汉记》均载有孝子罹乱不徙,独守冢庐之事,以保其孝亲之道。② 时越千载,在今日中国的西部贫困地区,仍有不少农民为守祖坟而不舍饥荒之地,不肯外迁。

据报载,甘肃渭源县陡地沟村有60来户,300来口人,其地山遥路僻,不光灾害多,吃不饱,而且地下水含有过量的有害元素,大部分居民都因此患有大骨节的"水土病"。省里下决心,拨专款,欲把他们全部迁徙出去,可谁也不肯走。理由是:祖坟都在这山里头,活着的下去了,土里头的怎么办?为守祖坟,他们不怕缺吃少穿,也不怕病害祸患,并敢于用棍棒铁锹轰赶前来作动员工作的县里的干部。③

可见,祖先崇拜在当今社会主义初级阶段并未绝迹,

---

① 《金陵琐志·炳烛里谈》卷上。
② 《汉书》八十《淮阳宪王传》:"王有外祖母舅张博兄弟三人,后王上书请徙外家张氏于国,博上书愿留守坟墓,独不徙。"《东观汉记》十六:"汝南王琳十余岁丧亲,遭大乱,百姓奔逃,唯琳兄弟独守冢庐。"
③ 见《中国青年报》1987年10月16日。

在某些地区还留有相当的影响，甚至它仍旧主宰着那里人们的思想与生活。

祖先崇拜的理念与神鬼世界的迷信始终勾连在一起，没有神灵，神鬼世界则完全成了超自然的异己世界；而没有神鬼，人们则无需为吉凶福祸而对保护神祖灵敬畏跪拜。神鬼世界的虚构是祖先崇拜发展的精神基础，原始农业的发展和人们对小块土地的依赖则是其存在的经济条件，以血源定亲疏的家族组织是其极端发展的社会因素，封闭的生存空间和陈陈相因的社会习俗是其长期存留的土壤，安土重迁、奉行孝道则是其直接的结果。由于祖先崇拜是鬼神崇拜的固定化、血缘化和功能化，因而在整个神鬼世界中，唯有它在中国民间得以广泛而久远的承传。倘欲探悉中国的传统文化，祖先崇拜和民间信仰便是一扇不可或缺的窗口。

神鬼世界和祖先崇拜附丽于低水平的物质条件和不发达的精神文化之上，随着社会物质文明与精神文明程度的提高，它会因神秘因素的衰减和功能作用的淡化而逐渐趋向消亡。虽然其变化的速率和程度在不同国度、种族、地区、时期不尽一致，但经济的发展，文化的普及，人员的交流，思想的解放，都会打破各种自然与人为的封闭，指向开放，最终引起人的行为、习俗的变化和思维、心理的调整。神鬼观念和祖灵信仰只是人类思维发展中的暂时现象，与人类自身及其社会的一定发展阶段联系在一起。因此，从事神鬼世界与祖先崇拜的研究是一项人类认识自身的有意义的工作。作为一门反迷信的科学,这一研究将促进社会风俗的移易,从而彰显出对现实生活的参与作用。

(原为《神鬼世界与人类思维》第二章,黄河文艺出版社1990年3月版)

魂瓶、钱树与释道融合

魂瓶、钱树是在长江流域的汉晋墓葬中颇为习见的随葬物品,它们亦仙亦佛,亦圣亦俗,造型怪异,寓意迷离,其文化隐义与风俗功用至今少见可信的破译,已成为一个待解的千年之谜。

一 魂瓶揭秘

魂瓶的制作、应用主要在汉末至东晋时期,其质料为陶瓷,尤以青瓷为多。在造型上,它分罐身与顶盖两大部分:其罐身多堆塑鱼、鳖、龟、蟹、泥鳅、龙、蛇、铺首、辟邪、佛像等图形,而其顶盖则较为复杂,一般以亭台楼阙、角屋围墙、神兽飞鸟、佛像胡僧、胡伎乐器、家畜野兽、一大罐与四

图1 青瓷魂瓶

小罐等构成,其楼台有单层、双层与三层之分,布图密匝,且富动感(图1)。

魂瓶,又称作"谷仓罐",曾被附会为与生活资料相关的随葬明器,而其真正的象征意义则多被忽略。其实,魂瓶是非实用的葬器,它以有形的物象寄托无形的信仰,作为内在精神观念的外化形式,它体现为巫术、神话与宗教的俗用趋向和艺术表达。

魂瓶从其功用讲,是作为丧葬中的收魂、安魂之器。它同原始葬式中的"瓮棺葬"有一定的联系,不过它不藏尸骨,仅用作亡魂的居处或出天入地的阶梯。其罐口与肩部凿孔同半坡文化瓮棺葬的凿孔取义相同,即留作亡魂出入的门户。以中空的器物收魂本是各地皆有的巫法。中国西南少数民族曾用竹管收魂,北美印第安海达部落则用一块中空的骨头收装脱离人体的灵魂。此外,据弗雷泽《金枝》第六十七章所载,西里伯斯的米纳哈萨人在迁入新居时由祭司用布袋子收魂;在凯伊群岛,凡新生儿人家常在一个粗糙的木刻祖先像旁挂一个挖空了、裂为两半又缝合起来的椰子,以存放婴儿的灵魂;爱斯基摩人在小儿生病时,巫医将其灵魂收放在巫药囊中;在中非西部,土人以象牙管收灵魂;在南非,酋长把自己的灵魂放在牛角中,系在屋顶上……随着文化的演进,人工物逐步取代了自然物成为收魂巫风中的法物,陶瓷魂瓶的出现正是这一巫术信仰在其后社会的发展。

巫术与神话本缠绕相随,魂瓶中亦留有神话的印迹,可加以搜索和推原。魂瓶的构图立意本出于对上古五神山神话的图演。《列子·汤问》载：

> 渤海之东,不知几亿万里,有大壑焉,实惟无底之谷。其下无底,名曰归墟。八纮九野之水,天汉之流,莫不注之,而无增无减焉。其中有五山焉:一曰岱舆,二曰员峤,三曰方壶,四曰瀛洲,五曰蓬莱。其山高下周旋三万里,其顶平处九千里,山之中间相去七万里,以为邻居焉。其上台观皆金玉,其上禽兽皆纯缟,珠玕之树皆丛生,华实皆有滋味,食之皆不老不死。所居之人皆仙圣之种,一日一夕飞相往来者,不可数焉。

这则神话虽带上了道仙之气,仍旧是神话思维的记录:五山是与世隔绝的海中神岛,也是不老不死的极乐世界。它虽与天地沟通,却离人间有几亿万里的海路之遥,且有"无底之谷"的阻隔,成为凡人难至的乐土。

魂瓶的构图正是对"五山"神话的仿效:其罐身是大海的象征,故多以水族堆塑;而顶盖则为神山的模拟,故以亭台楼阙、飞禽走兽、佛僧乐伎等表现一个金玉满屋、吉鸟翔集、歌吹渲阗、人神交混的长乐未央的世界。长生长乐的主题在魂瓶上十分突出,如1985年在浙江瑞安县塘下区场桥乡龙翔寺三国墓出土的青瓷百戏魂瓶,其顶盖堆塑的场面最为热闹,有倒立、吹竽、丑角、操琴、弹琵琶、鼓掌等,渲染出仙岛狂乐的欢怡气氛。

魂瓶的前身是五口罐,它虽没有楼阁、禽兽、人物的附缀，亦具有五山的隐义：其口圆平，为"天"之指代，五口与罐相通，表神山相邻，并附会着《史记·天官书》中"天有五星，地有五行"之说。高山在神话信仰中多为登天之梯，故罐口成了绝地通天的天门象征，拟指亡灵进入天界的门户。南京博物院收藏有一个东吴时代的陶魂瓶，其顶盖不仅留有五罐遗制，且其主罐口加有平圆的口盖，印证了《列子·汤问》中的五山"顶平"之说。

魂瓶虽为神山的比附，但作为随葬物品，在俗用中成了安魂佑生心理的寄托。魂瓶上常附简略的铭文，表达了社会的时尚和丧家的企盼。上海博物馆收藏的西晋青釉魂瓶上的铭文是："会稽，出始宁，用此丧葬，宜子孙，作吏高迁，众无极。"江苏吴县狮子山西晋墓出土的魂瓶罐上的铭文是："元康，用此□，宜子孙，作吏高，其乐无极。"北京故宫博物院收藏的绍兴出土的东吴魂瓶上，则见有如下铭文："永安三年，时富且洋（祥），宜公卿，多子孙，寿命长，千意（亿）万岁未见英（央）。"这些铭文并无安魂的点题，反倒为活人算计，表现了时人借丧葬以图多子、益寿、升官的世俗之求。这些铭文的语意是浅白的，但其堆塑的构图却是古奥的，魂瓶用以安魂的本意正潜藏在这些图像中。神山仙岛是极乐世界，作为打发亡灵的去处，欲使它们乐而忘返，从而不对生人作祟。由于在空间处理上，有大海阻隔，远离此岸，俗信生者因此而不受侵扰，终使生死异路。安魂与佑生是相互关联的两种取向，安魂才能佑生，欲佑生先须安魂，因此在魂瓶上图像与文字的选用正是这两种取向的并合。魂瓶上众多的飞鸟即为亡灵的化身,它们飞舞翔集,入地通天,可谓"得其所哉",点画出魂瓶的主题。此外,在民间信念中,鸟为阳物,它们在魂瓶神山中的翔集,具有"仙人无影,而全阳也"的隐义。

魂瓶的器形源出于收魂巫具,其艺术的造作乃融入了神山神话和海岛仙话,其思想观念由巫术信仰发展为对道仙与佛神的崇信,其应用领域是丧葬礼俗,其基本功用为安魂佑生。文化象征的要点在收魂、上天与彼岸世界等观念上,其文化表达的基本方式是以有形的器物表无形的世界,其主导性质是风俗,但又带有浓郁的巫术与宗教的气息。

二 钱树探幽

钱树俗称"摇钱树",多为陶座铜树,在商代始见有之,在四川广汉三星堆商代祭祀坑中曾出土多株,其中最大者高达4米。汉代的钱树较为兴盛,有陶树与铜树两种,以铜树为主。从流布范围看,以四川为多,在云贵、陕甘及中原地区也有发现。

钱树在构造上主要分作树座与树身两大部分。树座为陶制或石制,多塑为山形,并配有虎、羊、辟邪、三龙虬结或二龙穿璧等兽图,另有楼阁、人物及佛像的塑制。树身插于树座之上,往往多节配合,树上有仙人、神兽、西王母、佛祖及钱纹。商代"钱树"上挂的是璧瑗,汉代则以方孔铜币形为多,然亦见有圆环圆孔的璧形铜片,且有祥云、毛羽相连。

钱树在汉代及三国时期亦用于墓葬,具有类似魂瓶的通天绝地、安魂佑生的功用。钱树座实际上就是海中神山的模拟,而"钱树"则是通天的阶梯,是日月出入的宇宙之树。

钱树的构想与神树、天梯的神话信仰相关,是对中国古代神话中有关建木、扶桑、若木等宇宙树的图演与应用。我们从古代典籍对上述神树的载述中可探得钱树的寓意。《淮南子·墬形训》曰:

> 建木在都广,众帝所自上下。日中无景,呼而无响,盖天地之中也。

建木是神巫上下于天的宇宙阶梯,这种缘树上天的神话认识在钱树中得以表现,枝头遂出现了神人的造型,甚至钱树上还有骑马乘鹿者,其枝干俨然成了登天的路径(图2)。

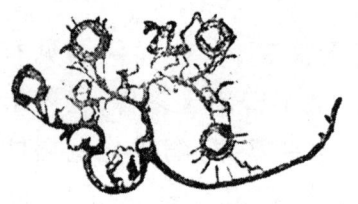

图2 摇钱树残片

在这类通天的宇宙树中,"扶桑"似更著名。《山海经·海外东经》载:

> 汤谷上有扶桑,十日所浴,在黑齿北,居水中。有大木,九日居下枝,一日居上枝。

钱树之"钱"究竟何指?其隐义可从神话资料和考古实物中寻得。钱纹首先作为太阳的象征而展现其文化精神。上述引文中"九日居下枝,一日居上枝""十日所浴"等均明白无误地点明了神树与十日的关系。日为阳,阳表生,故钱树即为生命之树,其用于墓葬则以阳克阴,以生慰死,让死者凭此而得阳转世。因此,它的主要功用是安魂。由于日出于海,海岛路遥,故借神树仙岛将死者化生之所安排在海角天涯,让魂灵乐不知返,从而获取生者的安宁。

钱纹的另一个象征意义是拟指通天之门。钱树出现于汉代,而在商代的铜树上所挂的则是璧瑗。璧为平圆有孔之玉,作为天门的象征。古代天子的宫门就有"璧门"之谓,《史记·封禅书》曰:"作建章宫……其南有玉堂、璧门。"《三辅黄图》载:"(建章)宫之正门曰闾阖,高二十五丈,亦曰璧门。"天子之宫素以紫微宫相比附,自秦始皇起便开创了"象天设都"的传统,取"在天成象""在地成形"之义。因此,"璧门"就是天门。商代铜树上的璧瑗本为天门或天界的象征,而铜树则是通天阶梯的指代。《白虎通》曰:"方中圆外曰璧",因此在汉代由方孔钱纹取代商之璧瑗,也没有从根本上改变其文化传统:树座为仙岛,钱树为登天之梯,钱纹为天门或天界的标记。在四川彭县出土的汉末摇钱树座上,除佛饰外尚雕有二龙穿璧图,留下了龙导亡灵,缘树登天的信息。

钱树与魂瓶均以仙岛、天梯的神话信仰为基础,以安魂慰死为主旨,以登天得阳、长乐永生相标榜,以人间、仙境(鬼界)的阻隔及天、地的交通为构想,在抚慰死者的表象背后,潜藏着生人乞宁护佑的心态。由于佛教因素的楔入，我们可以说，钱树与魂瓶一样以图像包容着各路法理，其中也表达了《游行经》中阿难与佛的一句对话，即"生获福利，死得上天"的信念。

三 释道融合

魂瓶与钱树不仅联系着通神巫术与上古神话，也有着浓郁的仙道之气和初传的佛教成分，其上仙人、佛像往往并存同在，反映了当时释道融合的社会时尚。

魂瓶上的仙山琼阁，钱树上的云气毛羽，是典型的道教文化因素，它以升迁不死为号召，使生人吞丹学道以求羽化，使死者借助符咒道器以求转世复活、千秋永存。其超凡遗世、飞越生死的幻想，使道教在丧葬礼俗中找到了应用的天地。魂瓶和钱树的启用都在最初的道教文化圈内。魂瓶主要流布于江苏、浙江、安徽等下江地带，即道教较为兴盛的区域；而钱树主要出现在四川等地，东汉时川地有张道陵"鹤鸣山中，造作符书"，传"五斗米道"，也是道教兴盛的地域。

道教文化借取中国本土的巫术与神话而加以世俗的应用本不足为奇，然魂瓶、钱树上佛像的出现，反映了外来文化的楔入，特别是仙人与佛祖并出同在的构图，体现了佛道的交融和中外文化的整合，其成因较为复杂。

魂瓶上的佛像多在瓶的肩处（海边）或顶盖（神山）的下部，俨然镇守幽冥之神，或迎魂纳灵之主。在南京雨花区长岗村出土的青釉瓷壶上，其肩部堆塑着佛像和铺首形神兽,其背景则是密匝的羽人与仙草的图饰(图3)。神兽为镇门之兽,也是大门的标记,佛像与铺首神兽并列,即有迎魂之义。至于升天的羽人,可视作亡灵的引导或天界的卫士。汉代的王充在《论衡·无形》中曾言及体生毛羽的仙人:"图仙人之形,体生毛,臂变为翼,行于云,则年增矣,千岁不死。"又曰:

图3 青釉绘羽人纹瓷盘口壶[东吴]

> 为道学仙之人,能先生数寸之毛羽,从地自奋,升楼台之陛,乃可谓升天。

羽人因能"升天",又名"飞仙"。羽人之"升天"乃意取"不死"。《楚辞·远游》中有"仍羽人于丹丘兮,留不死之旧乡"句,实已透露出羽人与"不死"主题的联系。羽人之用于魂瓶等随葬物器,乃寄托着时人飞升不死的祝愿。可见,佛祖与飞仙在冥途或彼岸,各有职掌,又相互协同,反映了道佛的互容与抱合。

在钱树座或钱树干上,常见有仙人、西王母等仙道神像,但也见有佛像的楔入。在四川忠县涂井蜀汉崖墓中清理出一批带佛像的钱树干,佛像为坐式,头有高肉髻,双腿盘交,两手置胸前,右手作施无畏印,衣着宽松,神态庄严,其身后为带羽状的璧纹或钱纹。在通天之梯上出现佛像，或在天门边设置佛像，同时又与主生死的西王母串代，正是将佛视作冥神，由他接应并超度亡者。

佛教初传中国，有海上一途，故在长江流域留下了某些若明若暗的遗痕，汉晋时期的魂瓶及钱树就是其中值得注意的方面。佛教对生命轮回、彼岸世界的描述，特别是对"无生灭"之"离境"的幻想，同中土的仙岛传说有相通之处，于是佛祖作为冥神而进入当时的葬俗，并借此得以传布。后汉的高诱在注《淮南子·墬形训》中的"若木"时写道："若木，端有十日，状如莲华，光照其下。"其"莲华"一词，也将佛教因素引入天梯信仰，说明时人对佛法尚不深黯，常使之与道教因素及其他信仰观念相混相袭。在上海博物馆收藏的一个魂瓶上，佛像肩后甚至被粘附上一对羽翼，这种将佛祖纳入"羽人"系列的实例，最好地表明了释道在初期俗用中的合流。

佛教中有关生死的议论显然在其初传时期已受到人们的关注，"生获福利，死得上天"之说及"波罗蜜多"（度无极）的观念同"生人得九，死人得五"的天人感应说及不老不死的仙岛幻想相合，故二者交错杂糅在民间的信仰观念及风俗事象中，成为特定时代的思想记录和文化承载。魂瓶和钱树以艺术、宗教与风俗的形式展现了外在文化成果与内隐文化精神的依存关系，展现了文化传承与文化整合这两种趋势的交并，也展现了释、道两种宗教思想与文化体系的异中之同及其相互借取、互渗互融的内在规律。

魂瓶、钱树虽在六朝之后的墓葬中已不复见用,但其形制与应用却提出了超越时空的文化思考,为今日的文化寻踪与探幽留下了有趣的课题。

(原刊于日本《比较民俗研究》第8号,1993年9月)

祈雨扫晴摭谈

一　雨旱信仰

在古代农业型社会中,雨水是农耕的命脉,也是造神的诱因。先民所谓"神"者,多因其能"为风雨"而称之。《礼记·祭法》曰:

> 山林川谷丘陵,能出云,为风雨,见怪物,皆曰神。

《荀子·天论》曰:

> 列星随旋,日月递炤,四时代御,阴阳大化,风雨博施,万物得其和以生,各得其养以成。不见其事而见其功,夫是之谓神。

而雨正是被中国古人视作"阴阳交合"[1]与"辅时生养"[2]

---

[1]《经籍籑诂》卷第三十七引《易鼎》曰:"雨者,阴阳交和,不偏不亢者也。"
[2]《释名·释天》曰:"雨者,辅也。言辅时生养也。"

之天物,完全契合于农业型社会的造神观。《河图·帝通纪》曰:"雨者,天地之施也",将雨说成是自然神的恩赐。此外,中国神话传说中的祖先神与英雄神也有施雨之功,炎帝之号"神农",乃因其能引水行雨。《尸子》曰:

> 神农氏治天下,欲雨则雨,五日为行雨,旬为谷雨,旬五日为时雨,正四时之制,万物咸利,故谓之神。①

这种对祖先的神圣化正折射出时人盼雨兴农的热切愿望。神话中的神农不仅能行雨,而且还能汲井,《后汉书·郡国志》刘昭注引《荆州记》曰:"神农既育,九井自穿,汲一井则众井动。"神农氏行雨汲井的神能正是对远古祈穣观的曲折表达。

如果说滋润农田的雨露来自恩神的赐佑,那么,焦土枯禾的旱气则是凶鬼的肆虐。"旱"作为"雨"的对立面,素有"旱魃"之称。《诗·大雅·云汉》云:"旱魃为虐,如炎如焚。我心惮暑,忧心如熏。"韦曜《毛诗问》释:"魃,天旱鬼也","旱气生魃"。并描绘其形曰:"魃鬼人形,眼在顶上。"②"旱魃"既为异鬼,必有贼害,其主要恶行就在于伤农,故墨子释"旱"曰:"二谷不收。谓之旱。"③

旱魃既为肆虐的凶鬼,自然要加以禳除,其法一是祈

---

①《艺文类聚》卷二《雨》。
②《艺文类聚》卷一百《旱》。
③语出《墨子·七患》。

神致雨,二是奋起攻伐。"旱"作为"阳盈而过"之物,[①]本属火,[②]故水可克之。古人祈神兴雨,即以水熄火,以神收魃。

除了致祭祈神,人亦敢斗魃除凶,古籍中多有此类故事,表现了时人企图驾驭自然的幻想。《神异经》载录了一则捉魃禳灾之法:

> 南方有人,长二三尺,袒身,而目在顶上,走行如飞,名曰魃。所见之国大旱,赤地千里。一名㹰,遇者得之,投溷中乃死,旱灾消也。

以粪坑毙杀旱魃本不足为训,但它寓谐趣于轻蔑,以人智破鬼气,表达出对旱魃禳除的必胜信念。此外,在金人元好问的《续夷坚志》卷一里还记有举棓追击旱魃的故事:

> 贞祐初,洛阳界夏旱甚,登封西四十里告成,人传有旱魃为虐。父老云:"旱魃至,必有火光随之。"命少年辈合昏后凭高望之,果见火光入一农民家,随以大棓击之,火焰散乱,有声如驰。

这则故事根植于旱魃为"火变"之物的信仰,绘声绘色地勾勒出一幅"攻魃"的图景,俨然一首抗灾的战歌。

不过,雨旱信仰中难免有荒谬的成分并伴之以陋俗。例如,开坟戮尸的"打旱魃",在明代已被有识者斥为"讹

[①] 杨泉《物理论》曰:"阳盈则过,故致旱。"
[②] 王充《论衡·感虚》曰:"旱,火变也。"

言坏风化"之陋行。根据顾景星《攻魃篇》诗序载：

> 大名八里郭虎,报村人打旱骨,将本庄新葬黄长远之尸开坟打烂。按西域有尸僵,辄杀一黑驴,取头蹄分击。今北路遇旱,或指野冢是魃,击鼓聚众,发而戮之,谓之"打旱魃"。虽冢主子孙不得问。

此陋俗以旱魃为鬼祟的认识为基础,并将其与"人死为鬼"的信仰相联系,遂有"指鹿为马"之讹。它将禳除的愿望导向愚妄的行动,集中反映了雨旱信仰中的消极因素。

在祈雨禳旱的文化观念中,人、神、魃相互勾连,相反相成。在三者鼎立的文化链结中,人始终处于主导的核心地位,并以祭献、攻伐为手段把握神、魃,追求近神远鬼,获雨除旱的祈禳目的。雨旱信仰是农业社会的产物,神、魃乃出于人的精神创造。就实质而论,雨旱祈禳将人与自然世界的矛盾转化为人与自身精神现象的矛盾,因此,无可违言,在其积极的愿望中,包容着荒谬的成分,并由此出现了种种让人啼笑皆非的愚妄行为,形成了农耕文化中极为繁杂的祈雨体系。

二　祈雨类说

1.敬神型

敬神型祈雨仪典具有突出的宗教性,其信仰基础是对超自然物的虔敬。它在农业阶段即已形成,并构成原始宗教活动的一个重要方面。在阶级社会,敬神型祈雨仪典又融进人为宗教的因素,其敬祭的对象包括人形神、自然神和动物神等多路神祇。

在人形神中,上帝、蚩尤、后稷等常受祈雨人的祭奉。《吕氏春秋》载述了殷汤因五年不雨祷于桑林,"剪其发,割其爪",以祈雨于上帝之事,成为原始宗教残身致祭的变形。除了上帝,蚩尤因能请雨,①后稷因是天帝之子,且能"降以百谷",②都被视作农业的恩主,并成为祈雨的对象。董仲舒曾述及对他们的献祭:

> 夏求雨,令县邑以水日家人祀灶,无举土功。更水浚井,曝釜甑、杵臼于衢七日。为四通之坛于邑南门之外,方七尺,植赤缯七。其神蚩尤,祭之以赤雄鸡七,玄酒、清酒。祝斋三日,服赤衣,跪陈,祝如春辞。

又曰:

> 春季祷山陵以助之,令县邑徙市于邑南门之外五日禁男女勿得行入市。家人祠中霤,勿举土功。聚巫市旁为四通之坛,于中央植黄幡五。其神后稷,祭之母豚五,玄脯。祝斋三日,衣黄衣,皆如春辞。③

---

① 《山海经·大荒北经》曰:"蚩尤作兵伐黄帝,黄帝乃令应龙攻之冀州之野。应龙畜水,蚩尤请风伯、雨师,从大风雨。"
② 《山海经·大荒北经》曰:"帝俊生后稷,稷降以百谷。"
③ 见《艺文类聚》卷一百《祈雨》。

上述蚩尤、后稷之祭,均设坛植幡,陈鸡置酒,并有日期、衣色、方位、禁忌、献辞、配祀之制,具有宗教祭仪的性质。后世僧道的设坛祈雨的仪典基本沿袭了上古的敬神模式,甚至直到清代依然如故。道光年间编修的《高邮州志》卷六载:"凡遇旱祈雨,择地设坛。先集僧道薰坛,官民致斋,禁止屠宰,不理刑名。戴雨缨,各官素服办事,至期步诣坛所,每日行香二次,行二跪六叩首礼。"可见,官方的祈雨方式已完全宗教化和礼制化。

除了人形神,灵星、山神、雨师、风伯之类的自然神也是祈雨的对象。《益部耆旧传》曰:"赵瑶为阆中令,遭旱,请雨于灵星,应时大雨。"①

祈雨于星的礼俗源于对星能司雨的观念。《尚书》有"星有好风,星有好雨"之句,暗示了星、雨间的主从关系。诗云"月离于毕,俾滂沱矣",将雨水与毕星相连,使后者获有"雨师"之名。《春秋说题辞》力图解释雨水之由来:

> 一年三十六雨,天地之气宣,十日小雨,应天文,十五日大雨,以斗运也。②

此说的要点在于视雨落为斗转星移之为。古人幻想星空为河,天为水泉,③故星、雨多相提并论。在唐诗中仍见有这类歌咏,如贾岛的"露滴星河水"之吟,刘禹锡的"火山

---

①见《艺文类聚》卷二《雨》。
②同上。
③《山海经·大荒北经》:"风道北来,天乃大水泉。"

拥半空,星雨洒中衢"句,以及王建的"夏夜新晴星较少,雨收残水入天河"的诗句等,均反映了时人观念中星、雨的相随相连。此外,河南孔山有向山神祈雨的遗俗,江苏句容在小暑后曾有"割鸡椎豕,击鼓鸣金,以迎雨师风伯"的习俗,①构成了向自然祈雨的不同方式。

动物神也是祈雨的对象,对它们的崇敬与献祭带有原始宗教的深刻印记。动物神包括虚拟的神物和实存的生物,诸如对龙、鱼、蜥蜴、蛇等的祈拜,甚至在近代仍时有所见。

龙为水神,有行云施雨之功。《说文》曰:"龙,鳞虫之长,春分而登天,秋分而入川。"其说一方面肯定龙为水兽,另一方面言明龙有登天入川之能。由于水"浮天载地",②天河与地川相通,③故龙"登天"即入天河,实也与水抱合。龙与天河、地川的不可分离使其成为祈雨禳旱的神物。自古以来,民间多有向龙祈雨的风俗与传说,在佛教传入中土以后更衍生出对龙王的献祭与庙祀。在西北关中地区,二月二人家竞相炒食五色豆——黄豆、黑豆、豌豆、绿豆、豇豆,以促龙恢复元气而吐雾降雨。在苏南丹阳县,民间于腊月二十四煮红豆饭,"杯盂满盛,置箱笼各什

---

① 见乾隆《句容县志》卷一。
②《玄中记》曰:"天下之多者,水也。浮天载地,高下无不至,万物无不润。"见郦道元注《水经注叙》。
③ 周亮工《书影》第七卷:"天河两条:一经南斗中,一经东斗中过。两河随天转入地……"

物上",谓之"安龙"或"喂龙"。"喂龙"即向龙献祭,以祈其降雨有常。向龙神祈雨有"迎龙""送龙"的仪典,从明初胡奎的《迎龙曲》中我们可约略得知当时祈雨的情状:

> 朝迎龙,暮迎龙,旱火烧天龙在宫。县官投牒石潭中,山南山北鼓逢逢。蜿蜒跃入杨枝水,山云一缕随龙起。龙未离山雨到城,城中三日不得晴。明朝打鼓送龙去,愿龙十日行一雨。种田有水刈麦干,年年谢龙神亦欢。

从诗中可知"迎龙"在朝暮时分,由县官率领,投书请龙,击鼓相迎,场面浩大而庄重。除了较正规的祭仪,民间还有贴龙王纸马于家门、挂柳枝、塑泥龙、张纸旗等习俗,并有向龙祈雨的歌谣流传。[①]

龙为虚拟的神兽,鱼为实在的生物,向鱼祈雨与原始的动物崇拜相关,并建筑在对其神格化的基础上。现实中鱼、水的不可分离和观念中鱼能出入天河地川的神能,使其也能施水行雨。有一则关于黄帝的传说讲:

> 黄帝游洛水上,见大鱼,杀五牲以醮之,天乃甚雨。[②]

传说记述了上古向鱼献祭祈雨的信仰活动。在梁代任昉的

[①] 吴长元《宸垣识略》曰:"凡岁时不雨,家贴龙王神马于门,瓷瓶插柳枝挂门之旁,小儿塑泥龙,张纸旗,击金鼓,焚香各龙王庙。群歌曰:'青龙头,白龙尾,小儿求雨天欢喜,麦子麦子焦黄,起动起动龙王。大下小下,初一下到十八。摩诃萨。'"
[②]《古今图书集成·乾象典》第八十四卷引《帝王世纪》。

《述异记》中亦载有对鱼神的祭祈："关中有金鱼神,周平二年,十旬不雨,遣祭天神,俄而生涌泉,金鱼跃出而雨降。"

鱼神致雨的信仰使其获有"天神"之尊。在古代中国,石鱼和木鱼甚至成了巫师祈雨的法具。汉代昆明池内以玉石鱼祈雨,董仲舒请雨则用桐木鱼。[①] 中古以后多有"异鱼"之信,并向之祈雨。明人杨慎所记的"一丈鳗""九节鳗",[②] 以及《江西通志》所载的"圣井"异鱼,[③] 都被视作祈雨的神物。

蜥蜴亦作为动物神楔入人类的祈雨仪典,它因与龙形似而得以升格。蜥蜴求雨法古已有之,在宋代颇为流行。据《倦游杂录》载:

> 熙宁中京师久旱,按古法令坊巷以瓮贮水,插杨柳,泛蜥蜴。小儿呼曰:"蜥蜴蜥蜴,兴云吐雾,降雨滂沱,放汝归去。"时蜥蜴不能尽得,往往以蝎虎代之,入水即死。小儿更曰:"冤苦冤苦,我是蝎虎,似恁昏沉,焉得甘雨"。[④]

称蜥蜴"兴云吐雾"似为舛误,它实作为龙的替物而受罚。

[①]《西京杂记》载:"昆明池刻玉石为鱼,每至雷雨,鱼常鸣吼,鳍尾皆动。汉世祭之以祈雨,往往有验。"《天中记》卷三载:"董仲舒请雨,秋用桐木鱼。"
[②] 杨慎《异鱼图赞笺》卷三:"宁波阿育王山下圣井有一大鳗,旱祷有应。奉化县灵济泉传有九节鳗,祷雨获之辄应。"
[③]《江西通志》载:"圣井在广信府贵溪县东南八十里龙虎山,三井相连,一井在绝顶,人迹罕到……水黝黑,中产异鱼,零者迎以致雨,屡验。"
[④] 见陈耀文《天中记》卷三。

祈雨儿歌带有逗趣谐乐的成分,它改变了祭仪咒祝滞重的宗教气息,而略显风俗的乐观情趣,同时也反映了敬神祈雨方式的后期衰变。以他虫代蜥蜴的祈雨礼俗直到清代仍见载述,桂馥所谓的"雖",即一种用以祷雨的似蜥蜴之虫。① 尽管对动物神的笃信因此受到了动摇,但仍以变形的样式遗存在风俗中。此外,某些地区的向蛇祈雨之俗也是动物崇拜的孑遗,反映了敬神型祈雨礼俗的庞杂性。

2.娱神型

娱神型祈雨仪典除了祭神的宗教性质,更带上了戏剧性成分。它以巫舞、巫歌及耍龙舞灯一类的程式化动作娱神乐人,使虔敬的宗教仪典转向了官礼民俗。

祈雨舞蹈本是原始人类的动作性语言,也是人神沟通的手段,它以模拟的象征性动作,特殊的装扮或配饰,歌呼的伴和,法具或道具的运用等,而带上表演的性质,有娱神和自娱的作用。在我国先秦时期,舞蹈已进入仪礼,并专置"舞狮"以教习,其中便有"帅而舞旱暵之事"的"皇舞"。② 若国遇大旱,则"司巫"帅巫而舞。据《周礼·春官·司巫》载:

---

① 《札朴》卷九曰:"曩者济南苦旱,祷雨师求水蜥蜴,得之藕塘中。其虫身有花斑,案即雖也。《五音集韵》:'雖,虫名,似蜥蜴而有文。'《说文》:'雖,似蜥蜴而大'"。
② 《周礼·地官·舞师》:"舞师,掌教兵舞,帅而舞山川之祭祀;……教皇舞,帅而舞旱暵之事。"

　　　　司巫,掌群巫之政令,若国大旱,则帅巫而舞雩。

注曰:"雩,旱祭也。"疏曰:"雩者,呼嗟求雨之祭。"舞雩即以歌舞祈雨的一种巫术,一般由女巫掌行:"女巫,掌岁时祓除衅浴,旱暵,则舞雩。"①

　　到中古时期,祈雨之舞有少、壮、老身份之别,并有方位的不同择取。据《神农求雨书》载:"春夏雨日而不雨,甲乙命为青龙,又为火龙东方,小童舞之;丙丁不雨,命为赤龙南方,壮者舞之;戊己不雨,命为黄龙,壮者舞之;庚辛不雨,命为白龙,又为火龙西方,老人舞之;壬癸不雨,命为黑龙北方,老人舞之。"

　　舞者由少及老,可见娱神性祈雨在旱区是人人参与的活动,也是一种不失神秘因素的亲神乐神仪典。这一仪典在近代已更其习俗化,但戏剧性与宗教性仍交错杂糅。

　　在河南省济源县乡村,若久旱无雨,村中妇女在夜晚聚集村边,在路口设香致祭,除叩头祈雨,还列队歌唱,有一人在前领头,并有梆子和奏,所唱祈雨歌有《五上香》和《五道灵文》等。歌罢,众人叩首,燃放鞭炮,一人持之边跑边舞,以示迎神。由于此种祈雨法有歌唱、有列队、有领有和,有乐器相伴,亦有舞蹈动作,因此归属于娱神型祈雨礼俗。

　　至于舞龙灯、耍水龙之类也具有娱神性质。《吴友如画宝》中的"龙灯祈雨"记写了晚清时期上海"新闸迤西"

---

① 见《周礼·春官·女巫》。

乡民在祈雨时"扎成龙灯四十余架",并抬神出游,途中与英租界巡捕发生冲突的事件,反映了娱神祈雨的声势。除了耍龙灯,祈雨队伍中还有小青、白娘、许仙、法海、虾兵、蟹将等装扮,使祈雨赛会的戏剧性更其突出。娱神型祈雨方式是敬神型祈雨仪典的演进,就其实质说,体现了由宗教向风俗的转化。

3.诱惑型

诱惑型祈雨仪典源于交感巫术,它以男女欢合或以水诱水的方式请雨,具有浓厚的巫风气息。

由男女野合以祈雨,或由巫师做出各种猥亵的动作以请雨的方式源起于原始的巫术信仰及其法术活动,它以农业社会为依托,有久远的承传。汉代大儒董仲舒的《春秋繁露·请雨止雨篇》曰:

> 四时皆以庚子之日令吏民夫妇皆偶处。凡求雨之大礼,丈夫欲臧,女子欲和而乐神。

此外,《路史·余论》引董仲舒《请雨法》曰:"令吏各往视其夫到起雨为之。"董仲舒在江都因"五谷病旱","遣妻视夫,赐巫一月租,使巫求雨"。[①] 可见,以男女交合以祈雨是汉代习用的方法。在后世,有女巫的裸体舞,男巫的喷水舞,以及"七个大姐扒阴沟"的祈雨方式,都是以象征性的动作所施行的交感巫术。

---

① 见《艺文类聚》卷一百《祈雨》。

古人所谓"天地之气和则雨","阳制于阴,故为雨"的说法,[①]是将男女、天地、阴阳的相分相合等同,具有哲学思考的意义。即使是有关星、雨联系的幻想,也引向了"夫妻"之论。《丹铅总录》曰:"箕星,东方宿也。东木克北土,以土为妻,雨。土也,土好雨,故箕星从妻所好,而多雨也。"箕星之"多雨"乃"从妻所好",即夫妻和合之故。可见,诱惑性祈雨曾作为哲学的命题受到广泛的探讨。直到晚清,"阴阳交接"观仍是"雨兆"的解释依据。桂馥《札朴》卷九载:

> 吾乡夏夜有黑气如群豕渡河汉,谓之江猪过河,得雨之兆。馥以为水之气,《晋书·天文志》"沸水气如黑豚"是也。沸水伏流,性沉阴,其气既升,则阴阳交接,故雨。

与"阴阳交接"相关联,则是以水诱雨之法。宋人张耒在《叙雨》诗小引中说:"福昌之民,有祷旱于西山者,取山泉之一勺祠之,不数日而雨。邑民言旱岁取水以祠,辄应,且其取之者,非特福昌也。"以勺水感应雨水也出于物物相感,事事有应的巫术观念,这一观念甚至还渗透进佛教的法事中。宋人王十朋《浴佛无雨》诗云:"俗言浴佛天必雨,今年浴佛天愈晴",记述了时人以浴佛用水而感应雨降的信仰。

以水诱雨的巫术在少数民族中亦有奇特的运用,明陈

[①] 见陈耀文《天中记》卷三。

耀文《天中记》卷三转述了蒙古人的祷雨之法说:"蒙古人祷雨者非若方士,唯取净水一盆,浸石子数枚而已。其大者若鸡卵,小者不等。然后默持密呢,将石子淘漉,玩弄如此良久,辄有雨。"这里的"净水"和"石子"是施行巫术的法具,祈雨中且有咒术的运用,并以"淘漉"相感应,反映了同类诱感的信仰观。

4. 驱使型

驱使型祈雨方式是出于对神祇的恼怒,以胁迫性的行动或言辞促其降雨。它已失去对神的崇拜和虔敬,表现出某种反宗教的抗争倾向。

积薪烧山本为燔柴祭天之礼,后作为祈雨的最后手段,用以迫神就范。《神农求雨书》载:舞而不雨,"潜处,阖南门,置水其外;开北门,取人骨埋之。如此不雨,命巫祝而曝。曝之不雨,神山积薪,击鼓而焚之。"烧山是出于无奈,也是最严重的步骤,它含有对神的怨愤与不敬。唐人段成式在《酉阳杂俎》中记述了烧山求雨之俗及其信仰观:

> 太原郡东有崖山,天旱,土人常烧此山以求雨。俗传崖山神娶河伯女,故河伯见火,必降雨救之。

这则河伯嫁女的传说对烧山祈雨作出了轻松的解释,淡化了威逼河伯的渎神行为。

除了烧山,"打龙潭"也是驱使型祈雨风俗。人们认为龙能兴云致雨,龙潜居深潭,遇旱不雨,禾苗枯黄,是其见死不救，于是在一定期日，人们便向"龙潭"里投污物和石灰，使水浑浊，龙爱洁净，要唤雨洗涤，于是就会降雨。此说同样是以传说故事掩盖迫神行为，化滞重为轻松，透露出民间面对灾祸的乐观精神。

在苏北农村有"伏天三日不雨小旱，五天不雨大旱"的俗话，若二十天不雨，乡民便祈神降雨。他们用两张八仙桌叠起来，燃香设供，敲锣打鼓，供上王灵官的神像，并叩首祷告。等香火燃尽，由四个壮汉用两根粗毛竹抬起八仙桌往河边跑，一到河边，忙把王灵官放入河中，乡民在岸上发咒道："如若三天下大雨，脱下龙袍重装金；如若三天不下雨，抠你眉毛扒眼睛。"此俗对王灵官这个道教护法神的前恭后倨，反映了祈雨的功利大于宗教的信仰，以及乡民对这类"护神"的既敬又怨的复杂心态。他们以抠眉扒眼相胁迫，以下河浸水相驱使，使此种祈雨仪典失去了宗教性质，开始了俗信化的衰变过程。

三　止雨扫晴

久雨不晴则涝，同样是农家盼能禳除的灾祸。自古止雨与祈雨相提并论，表现为同一信仰观念的不同目标。《汉书·董仲舒传》载：

> 仲舒治国，以《春秋》灾异之变推阴阳所以错行，故求雨，闭诸阳，纵诸阴，其止雨反是。

由此可见，止雨也以阴阳说为基准，闭诸阴而纵诸阳是其原则。由于丙丁为火在南,壬癸为水在北,故止雨要开城邑之南门,闭城邑之北门,以迎火去水,壮阳制阴。又由于古人有雨水由山川所司的信仰,故止雨也祭山川,晋葛洪在《西京杂记》中言明止雨的祭仪如"求雨法"。①

至中古时期,民间产生了止雨的"扫晴"习俗和对"扫晴娘"的信仰。扫晴娘由村妇剪纸做成,悬于屋檐,具有压胜止雨的巫具性质。据《丹阳县志》卷二十九载:

> 是月(二月)雨,为"杏花雨"。雨久,又白纸作妇人首,剪红绿纸衣之,以笤帚苗缚小帚,令携之,竿悬于檐际,曰"扫晴娘"。

元初李俊民有扫晴娘诗云:"卷袖搴掌手持帚,挂向阴空便摇手",可见"扫晴娘"的出现当在元代以前。它与南朝以来的"剪彩"之俗相联系,又综合了笤帚驱鬼的信仰,以压除阴气,得阳返晴。"扫晴娘"或悬檐下,或高挂竿上,且手足倒置,俟晴即焚。据胡朴安《中华全国风俗志》载:

> 吴县如遇久雨,则用剪纸为女子之状,名曰扫晴娘,手持扫帚。纸人须颠倒,足朝天,头朝地,其意盖谓足朝天可扫去雨点也。用线穿之,挂于廊下或檐下,俟天已晴,然后将扫晴娘焚去。

"扫晴娘"的"焚去"有送神之意,因此它同纸马相仿,成为

---

①《西京杂记》卷一:"京师大水,祭山川以止雨。丞相御史二千石祷祠,如求雨法。"

民间神祇体系中又一位功用明确的女性神,并写入《天明经》中,成为诵念祈唤的恩主。在江苏无锡地区流传的祈晴《天明经》曰:

> 天明经,地明经,东方日出皎皎晴。开天娘娘,扫地娘娘,扫净世界,救救凡尘。乌云堂堂开,显出太阳来。

"扫晴娘"之为女性,当与剪纸造神者为女性相关,清人赵翼所谓"闺阁中有剪纸为女形"之说,[①]自有其历史渊源,传说"剪纸为人"始于晋代贾充之妻李夫人。同时,洒扫之类的活计也多系村妇为之,故"扫晴娘"为"女形"。此外,祈雨、止雨多由女巫行之,而"扫晴娘"也有以纸代巫的性质,实际上它展示了巫风向民俗的转化。

扫晴与祈雨作为农事祈禳中的要项,往往以象征性的事物或行为去追求免灾除荒的实际目标。它仅仅以虚无的信仰来平衡心理,发动村民,唤起抗灾意识,而难有实际的功效。然而,祈雨扫晴的仪典与风俗作为历史的农耕文化现象,仍有着不可忽略的研究价值,也是一份弥足珍贵的文化遗产。

(原刊于《农业考古》1995年第3期)

[①] 赵翼《陔余丛考》:"吴俗久雨后,闺阁中有剪纸为女形,手持一帚,悬檐下,以祈晴,谓之'扫晴娘'。"

中国镇物文化略论

镇物,又称"禳镇物""辟邪物""厌胜物"。作为传承性器物文化的一支,它源起于人类社会发展的低级阶段,并随着人类生存空间的拓展、创造手段的丰富及生命意识的增强而越来越曲奇庞杂。镇物以有形的器物表达无形的观念,帮助人们承受由各种实际的灾祸危险以及虚妄的神怪鬼祟带来的心理压力,克服各种莫名的困惑与恐惧。因此,镇物不仅是一种物承文化,更有精神的或信仰的成分。作为非实用的工具,它体现为自然物质与人类社会、精神意识的统合,或者说,它是凝聚着心智与情感的心化的器物。

可以说,镇物是文化象征的产物,是巫术神话的外化,是宗教的通灵法物,也是风俗传习的符号。镇物以一定的时空条件为存在前提,与社会的文化心理及风俗传统相依存,主要发挥镇辟与护卫的心理功用。镇物所辟克的对象多为鬼祟、物魅、妖邪、阴气、敌害之类,具有神秘的俗信气息,并不乏妄作因果的迷信色彩。由于这种功用的间接性与对象的虚无性、方式的象征性、效果的模糊性和形制的驳杂性并存,因此,镇物历来显得奇奥而神秘。

镇物是传承性文化象征,但又是一个开放的体系,它不断经历着内衍与外化的改造,并随着社会生活的演进而派生出新的物类与应用方式。例如,在当今各地的汽车上,常见有小型人像符镇,其中尤以领导彩像为多,像多为塑料制成,悬于驾驶室正方的挡风玻璃处,让其像面对路道,以求护车镇路,免除祸端。此外,闰八月为凶月的妄说也导致一些地区出现穿红衣红裤、打红阳伞、挂红灯笼的禳辟事象,在湖北孝感,甚至连公共汽车上也挂起了彩灯笼。灯笼、红伞、红衣、红裤一时间竟成了禳凶的岁时镇物。

显然,探究镇物文化的底蕴这一文化人类学的任务既是历史的,又是现实的,既是学术的,又是社会的,既是文化的,又是生活的。遗憾的是,过去学界对此尚缺乏专门的研究。今天,随着文化研究的深入,已到了完成这一科学任务的阶段。

一 镇物:文化象征的产物

象征(Symbol)又被译为符号,美国人类学家怀特把它定义为"使用者赋予意义和价值的事物"。[①] 由于镇物

[①] 怀特:《文化科学》,浙江人民出版社,1988,第24页。

包含着人们的心智、情感和期望,发挥着镇辟、护卫的功能,它显然归属于象征文化。进而言之,镇物是文化象征的产物。①

最早的镇物产生于原始文化阶段,它是作为工具和武器的石器。此外,原始人收集的兽牙与贝壳,用单色图绘的崖画,奇妙的陶器纹饰,以及精美的玉雕等,不仅仅出于美感的冲动,也潜含着镇凶纳吉的追求。镇物作为一种观念的象征,一种文化的符号,一种借以制抑他物、辅佐生活的工具,往往体现出原始思维的诱发,它的形成出于人类复杂的神秘观念,而其应用与传承则有赖于风俗传统。因此,镇物的象征意义应索之于神话、巫术、宗教观念及民间风俗,并从其文化功用与传习背景中加以揭示。

拿中国民间的春联说,它的贴换有时令的限制,并作为辞岁迎年的一个事象而传习民间,几乎成了新年风俗中最具特色的象征事物。然而,起初的对联贴换不在于追求大红的色彩和吉祥的语句所烘托的吉庆气氛,而是一种内蕴复杂的岁时性辟阴镇物。

春联的前身是桃符,而桃符的启用又来自神话的叙说及前逻辑的判断。上古神话中有关鬼岛"度朔山"的描述,是桃符、春联这类镇物进入风俗应用的思想基础。度

---

① 怀特认为,由于人类才能赋予事物以意义,所以象征构成了人与动物的根本区别,只有人类才会有象征现象。正是在这个意义上,怀特说:"人类行为是符号(象征)行为,假如没有符号(象征),便没有人类。"(《文化科学》第37页)

朔山上屈蟠三千里的大桃木是"万鬼"的审判所,在这里,凡恶害之鬼皆无计可逃,均被苇索捆绑而执以饲虎。正是基于这一神话,桃木成了辟鬼的象征,并被移植到民间风俗之中。由于古人习惯把一切文化创造都归功于祖先英雄,因此从桃木到桃板所体现的由神话到风俗的演变被说成是黄帝的功勋。《三教源流搜神大全》卷四载:

> 于是黄帝法而象之,因立桃板于门户上,画神荼、郁垒,以御凶鬼。此门桃板之制也。盖其起自黄帝,故今世画像于板上犹于其下书"左神荼""右郁垒",以除日置之门户也。

可见,黄帝之"法而象之"是采用了象征的手法,而表现"象"的器物则是"桃板"。这样,借助"象"的中介,器物演示着法理,桃板的形制体现着神话的意义。由于除日为岁末,被视作阴气最盛、阳气最衰之日,因此除日将其"置之门户"以扫除阴气;又由于鬼为"阴气贼害",故桃木及其后来的形制——春联,便有了辟鬼除阴的岁时禳镇意义。此外,元日又叫"元旦",也叫"过年",而"度朔山"之"朔"本指初一、初始之意,因此"度朔"含有过初一的意思,实际上就暗指"过年"。这样,春联作为新岁镇物与"度朔山"神话在语义与内涵上便有着多重的联系。作为象征,它不只是单一的符号,而是包含着复杂的文化信息。正如列维·布留尔所指出的:对原始民族的思维来说,"没有哪种知觉不包含在神秘的复合中,没有哪个现象只是现象,没有哪个符号只是符号。"①

镇物作为观念的象征具有先验性、间接性、多用性和神秘性的特征。所谓"先验性",指其功能和价值来自神话和巫术宗教的观念,不以现实应用中的物理、事理为准则,而是图演内隐的心理和法理。所谓"间接性",即镇物不是直接作用于对象的工具或武器,而是作为观念形态的中介,通过接触、感应、诱发、联想而对心理产生平抑的作用。所谓"多用性",即一个镇物往往集合着多路文化信息,它因时而存,因地而异,随俗而传,因人而用,具有传承与整合的活力。所谓"神秘性",即镇物的功用建筑在神话思维、巫术观念和宗教信仰的基础之上,以物人相感或物物相应的逻辑图演镇辟的效果,由于这种效果的不明朗,由于镇物与被镇者之间缺少实际的、显著的联系,因而便显得神奥而迷离。总之,文化象征不仅派生出镇物的体系,更决定了它的特征。

二 镇物:巫术信仰的物化

巫术是借取虚构的"超自然的力量"以图对他人、他物或环境加以控制的一种原始方术。巫术的信仰来自原始人类的生活经验与心理感受,并且依赖神话证实它的有效。巫术往往借取巫具和一定的仪式、咒祝而施行,是人类早期选用的一种具体而实用的心理工具。

---

① 列维·布留尔:《原始思维》,商务印书馆,1987,第 170 页。

作为文化形态的巫术究竟在原始社会中起过何种作用？它在格调上是乐观的，还是悲观的？在价值上是积极的，还是消极的？它与宗教的关系如何？自 19 世纪以来，文化人类学者已作过讨论，其中不乏真知灼见。马林诺夫斯基从功能主义的立场评价过巫术的功能与价值，他指出：

> 巫术使人能够进行重要的事功而有自信力，使人保持平衡的态度与精神的统一——不管是在盛怒之下，是在怨恨难当，是在情迷颠倒，是在念灰思焦等等状态之下。巫术的功能在使人的乐观仪式化，提高希望胜过恐惧的信仰。巫术表现给人的更大价值，是自信力胜过犹豫的价值，有恒胜过动摇的价值，乐观胜过悲观的价值。[①]

显然，这种心理排解的方式在人类社会的早期对人类的生存与发展曾有过积极的作用，并且是人类文化进步的一个阶梯。

镇物也以"超自然的力量"控制他物或环境，主要被用来排解恐惧与困惑，增强人们生活的信念，从而乐观地面对现实人生。镇物是巫具的延伸与泛化，它常常脱离仪式、咒祝、巫觋的"三位一体"而单独启用，表现出巫术信仰的分化及其在民间风俗中的物化趋向。镇物作为脱离巫觋而俗用的巫具，也主要发挥心理排解的功用，尽管仍

---

① 马林诺夫斯基：《巫术科学与神话》，中国民间文艺出版社，1986，第 77 页。

保有神秘信仰的氛围，但滞重中不乏轻松，流溢出乐生的基调，如新年镇物中的春联、门神、挂笺、爆竹之类，就已失去神秘而凝滞的气息。

巫术有突出的使用性质，有一套相应的技术，其应用领域主要在人事方面，在人与自然、人与社会的关系方面。镇物基本沿袭了巫术的传统，亦讲求实用的效果，不过已淡化了仪式与技术的成分，多以静物代替活动，用以逸待劳的方式追求防范、护卫的目标。巫术有"白巫术""黑巫术"之分，或"吉巫术""凶巫术"之别，相应的，巫具又有白、黑或吉、凶之异。镇物则没有这种价值取向上的对立，它一般不表现对他人的侵害，而主要对自然界的或观念中的敌害加以排拒。从这一意义上讲，镇物的应用反映了人的平和、宽厚的道德观念。实际上，镇物的应用是一种旨在与自然、他物或其他神秘存在相沟通的方式，作为工具或中介，镇物本来就是主客体联系的桥梁。

需要指出的是，虽然一些宗教的法器具有镇物的性质，但镇物不是宗教物品，镇物所体现的观念也有别于宗教观念。由于镇物仅仅是手段，不提出终极的目的，其本身也不是修持的象征，因此它在俗用中没有虔敬的成分和严格的仪规，往往比巫术还显得随意而纷乱。

镇物作为巫术的物化形态，仍保有顺势巫术与接触巫术的色调，即借取"相似"的联想和"接触"的联系，达到心理防护的目的。在中国镇物体系中与"顺势巫术"或"接触巫术"相联系的镇物形态比比皆是，透过它们不难看出镇物与巫术的承继关系。

在建筑活动中巫具曾被广泛应用,其中有"白巫具",也有"黑巫具"。建筑"黑巫具"专被偷安在墙体或其他建筑构件中,以图对住户产生侵扰和伤害。瞿铢庵(兑之)《人物风俗制度丛谈》引《在园杂志》曰:

> 尝言营造房屋时不宜呵斥木瓦工,恐其魇镇,则祸福不测。野记记莫姓家每夜分闻室中角力声不已,缘知为怪,屡禳弗验。他日转售,拆毁梁间,有木刻二人,裸体披发相角。又皋桥韩氏从事营造,丧服不绝者四十余年。后为风雨所败,其壁中藏一孝巾,以砖弁之,其意以为砖戴孝也。①

以上引文中的"木刻二人"和"孝巾"就是归属"顺势巫术"的"黑巫具"。此外,在《果报闻录》中还记有潜放宅中令人无嗣的"木刻太监",让人尝闻锣鼓之声的"摇鼓",使人入居后贫致乞丐的"破碗"和"竹棒"等,②亦均为顺势巫术。民间对之禳解的方式往往是以巫制巫,即以咒诵加镇物辟克暗藏的巫具。孙兆湉《花笺录》记有解魇的咒诵曰:

> 水郎水郎,远去震方,天蓬力士,助我刚强,世保吉康,天乙贵神,解魇镇殃,凡有诅咒,作者身当,急急如荧惑律令。

---

① 铢庵:《人物风俗制度丛谈》"木工压胜"条,上海书店,1988年影印本。
② 同上。

念咒时还用柳帚浸水遍洒房屋。这里的"柳帚""水"便是两种解巫的镇物。此外,在苏皖南部的民居中,在梁柱间还见有一对木锤的挂配,当地乡民称之为"发锤",实际上,它是铁锤的模拟,而铁锤在工具中有摧坚的强力,因此在观念上被赋予了辟克邪巫的法力。所谓"发锤",也是顺势巫术的袭用,或者说,是一种保留着巫风气息的居室镇物。

在苏、皖、赣、台等东南诸省还见有在民居屋脊上制作牙脊装饰的巫术遗风(图1),牙脊作为护宅的镇物也体现为顺势巫术的物化。牙脊以牙齿为原型,以牙齿为生命之种或生命载体的神话逻辑为信仰基础,追求以生克死、以阳辟阴的镇除功用。

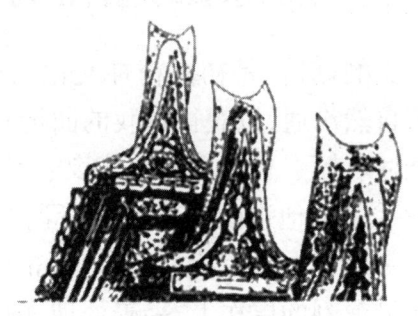

图1 牙脊

在巫术中还有以人齿、毛发等直接作为镇物的实例,这种以身体之一部分以感应、控制他物的巫术被归类于"接触巫术"。在中国及太平洋地区都有在小孩换牙时把脱落的牙齿扔上自家屋顶的惯习,亦有将上牙床掉落的牙扔进床肚、把下牙床掉落的牙扔上屋顶之分。这种人齿与砖瓦制作的牙饰不同,它的立意不在模仿,不是以"相似"引起联想,而是表现"接触",以接触产生巫术想象,实现己身对外物的控制。牙齿再生之性及其形似种子的外部特征曾导致中外神话中出现过女阴中生齿牙,[①]撒龙齿变武士之类的描述。[②] 牙齿还被一些土著民族作为装饰颈部的项链,或敲凿后投向国王或亡亲棺中作为随葬物品,这表明牙齿具有镇宅、护床、护身、镇墓等多种功能。这里,人齿作为镇物的应用虽无巫觋、仪式的出现,但建立在"交感律"基础上的机制正反映了镇物是巫术的延伸与衍化。

三 镇物:宗教的通神法物

宗教是人类的创造,是初民精神文化的火花,也是人类凭借想象与自然沟通,以获得自我的曲折表达。美国学者F.J.斯特伦对宗教下了这样一个定义:"宗教是实现根本转变的一种手段。"他进而解释道:"所谓根本转变是指人们从深陷于一般存在的困扰(罪过、无知等)中,彻底地转变为能够在最深刻的层次上,妥善处理这些困扰的生活境界。"[③]这里,斯特伦实际上是指出了宗教对于生活的

[①] 李庆辰:《醉茶志怪》卷二。
[②] 见鲍特文尼克等:《神话辞典》,商务印书馆,1985,第187页。
[③] F.J.斯特伦:《人与神——宗教生活的理解》,上海人民出版社,1991,第2页。

作用。德国学者 W.施密特则提出:"宗教是人系属于一个或多个超世而具有人格之力的知或觉;根据这种知识或感觉,人与此力有一种相互的交际。"①施密特的论点强调了宗教的作用在于"交际",而并非一种纯信仰层面的感觉或意识。关于宗教的定义很多。这两个定义着重于从宗教的功能来进行界定,有助于对本文所论的理解。

大凡宗教建筑在有灵观和有神观等信仰之上,并有具体的崇拜对象、程式化的仪典、相对固定的坛庙、神秘的祝咒和经文,以及招神驱邪的种种法器和符箓等。其中,宗教的法物和符咒流布民间后便成了俗用镇物,它们因有通神之性而先天地被赋予了辟邪之功能。

佛教的神像、佛塔、佛寺、佛经、梵咒、法灯及法器等,早已越出了寺庙的院墙,成为中国民间的镇物。

江南放水灯以驱灾的宗教风俗,是佛教法物琉璃灯的衍化。据胡朴安《中华全国风俗志》下编载:

> 每当夏末秋初,吴江有一乡有放水灯之风俗。先由经理人向人家募捐,约计数十元,择定日期,雇船数十只,夜间游行河中,云可驱灾去疫。船上皆扎彩悬灯。有请僧人诵经者,有供泥佛像者,另有数只雇请多人奏乐,末后一只则专将五彩纸折成元灯,点着火烛,放入河内。红白相间,倒也可观,但是云可驱疫去灾,则未见有功效也。

---

①W.施密特:《原始宗教与神话》,上海文艺出版社,1987,第2页。

"水灯"又称"河灯"或"荷灯",施放的期日多在夏历七月十五日前后,由于放水灯时有"请僧人诵经者",并有"供泥佛像者",因此这一事象无疑是来自佛教,而"水灯"的"驱疫去灾"之性,正表明了它充作镇物的"身份"。

佛教的经咒也是民间用以驱鬼辟凶的镇物。《冥报记》载有司马文宣于元嘉元年令人以楞严经扑击"灵床鬼",使其显形逃遁的故事;在当今皖南农户的房门上还见有"唵嘛呢叭咪吽"的"六字真言",人们以这"观世音菩萨六字大明咒"为辟鬼守户的镇物。六字大明咒属佛教密宗的咒语,其藏文咒字在西藏更是随处可见(图2)。在陕西民间剪纸中有寺庙、佛塔一类的构图(图3),庙有尊神,塔藏佛骨,故塔、庙成了近神远鬼的法物。民间早有塔砖镇妖之说,甚至在著名的《白蛇传》传说中也有专门的描写,因此塔、庙的剪纸便成了一种象征的佛教镇物,用作窗花,传导护室镇宅的心理。

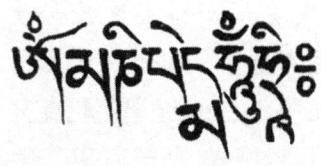  

图2 藏文大明咒　　　图3 民间剪纸中的塔庙

在西藏等地常见的经幡，既是佛教招神的法物，也是民间驱邪的镇物。汉族地区新年贴挂的刻纸门笺，实际上是经幡的异变。宋人陈元靓《岁时广记》引《皇朝岁时杂记》云："元旦以鸦青纸或青绢剪四十九幡，围一大幡，或以家长年龄戴之，或贴于门楣。"可见，"门笺"与"幡"同类，作为由宗教法物衍化形变的镇物，意在表达守护门户，呵退鬼祟的愿望。

　　道教的法物在民间转易为镇物的现象更为普遍。道家从哲学上探讨过"道"与"物"的关系，老子曰："道生一，一生二，二生三，三生万物。"①庄子则曰："道无终始，物有生死。"②在他们看来，物为道化，物暂道久。"道"究竟是什么呢？《系辞》曰："一阴一阳谓之道。"因阴阳与天地、男女相对应，这样，《系辞》所谓"天地绷缊，万物化醇；男女构精，万物化生"之说，是强调了"道"对万物的驱动。"道"体现了一种生生不息的永恒力量，因此被看作能辟克死亡，并引申为能对鬼魅、妖魔、敌害加以镇除。故此，太极图、八卦牌、天师符等曾被当作镇物广为应用。

　　道教的符咒作为施法的神物主要取其镇辟之功，它在俗事中成为意旨最为直露的一类镇物。道符一般以汉字或变形的汉字、星图、人像、笔划不定的线条或图画等合成，以"奉""勒"表神助，以"星""山""雷"表镇力，以"鬼""煞"为对象，以"斩""断"为手段，在镇宅、护身、除

---

①语出《老子》四十二章。
②语出《庄子·秋水篇》。

疾、行路等方面曾普遍应用。例如,用于护身的星象镇符有如图4中的"星""山"在上,以表镇辟。此外,"奉""勅"在上的道符亦为数众多,包括斩鬼符和驱病符等(图5)。符上写有"奉""勅"之字,表奉太上老君等道神之令前来斩鬼除妖。有的道符则文字、图画、咒语并用,如海南苗族道公的"鬼符"(图6),就是以迭加法强化其镇辟之力。

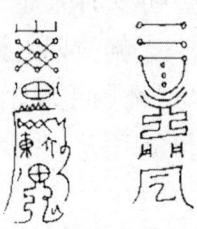

图4 护身镇符

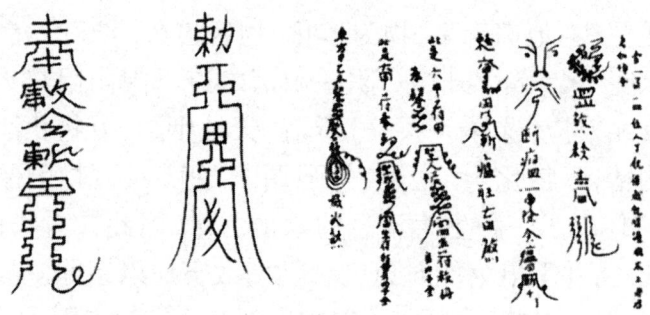

图5 斩鬼驱病道符　　图6 苗族道公的鬼符

镇物是宗教通神法物的泛化,但随着民间的长期俗用和文化选择的结果,镇物已不完全等同于宗教法物,它基本失去了宗教的神圣观念,仅强化了工具的性质。此外,它不表现对生活的统领,而是对生活中种种困惑的排解。可以说,与宗教相关的镇物文化所演变的仅仅是对现实生活的一种认知过程及其相应的能力。

四　镇物:风俗探秘的符号

　　镇物作为一种凝聚着神秘观念的文化器物,其价值在于应用,而其应用的过程又往往体现为功用明确的风俗活动。马林诺夫斯基在论及文化的体系时曾提到:"文化是一个组织严密的体系,同时它可以分成基本的两个方面,器物和风俗。"①这里要说的是,"器物"与"风俗"是统一的,而并非毫不相干的两个方面,器物一旦被俗民社会所选用,进入民间的应用,并形成一定的传承机制,它就成为风俗物品,并演成一定的社会习俗。嘉庆《江阴县志》卷之四曰:"因物而迁之谓风,从风而安之谓俗。"可见,古人也注意到"物——风——俗"间的链式结构,勾画出它们的整体关系。镇物文化的存在体现了器物与风俗的统合,一方面镇物有质料、大小、形制等器物的一般特点,同时它作为一种传承性的符号,又带上了风俗的印记,并包容着神秘而复杂的内涵。

　　所谓"风俗",指在一定的社会氛围中世代传习的行为模式,它是生活的准则、行为的规范、文化的传统和社会的纽结,它因功能而存亡,以符号而传习,作为个体与群体认同的媒介,先天地具有排异的约束力量。而镇物则依存于风俗,同时又成为风俗的符号。

　　镇物作为风俗的符号,其寓意隐秘而难破,但并非无

---

①马林诺夫斯基:《文化论》,中国民间文艺出版社,1987,第11页。

从揭解。本尼迪克特曾把"理解社会习俗"认作学界"义不容辞的责任"①，因此，对镇物风俗加以寻探乃是一项有意义的工作。

镇物的风俗应用极为广泛，从功用说，主要有护身、镇宅、镇路、镇墓等，以辟阴镇祟、除凶禳灾为追求；从范围说，它涉及岁时风俗、人生礼仪、衣食住行、生产习俗、民间艺术、民间信仰、民间文学等领域，几乎涉及人类生活的全部空间。

春秋寒暑的岁时变化最易使人感受生命的运动，并引发有关生与死的哲学玄想。为了辟克死亡，延续生命，于是出现了林林总总的岁时镇物，它们作为时令的标志和风俗的象征，寄寓着超越死亡、长生长乐的期盼。春节贴挂的门神、春联、挂笺、年画及祭供的纸马等物，上巳节的荠菜花、清明节的柳枝、端午节的菖蒲、艾草、龙舟、粽子，重阳节的菊花酒、重阳旗、重阳糕，腊月初八的"腊八粥"等，不仅是岁时风物，也是一类镇物符号，它们依存于时令，借风俗而显出内在的活力。

人生易老，幼儿难养，病痛灾祸，难以捉摸，为了护体延生、免病除恙，护身镇物早在原始社会就已启用：兽牙、贝壳或玉管串饰，插在发间或鼻中的羽毛，涂抹身体的颜料或纹饰，含在口中的石球或陶球等，都是潜含着镇辟观念的风俗符号。有史以来，人们随身佩戴或携持的项圈、

---

① 本尼迪克特：《文化模式》，浙江人民出版社，1987，第3页。

银锁、五色缕、桃核、佛珠、符箓、怀镜、佩玉、香囊之类,也都在其装饰功用的背后包含有镇物的性质。

　　住宅、路道是人的生存空间,人们起居、出入日日不息,因此安宁、无祸、去阴护阳成了人们的愿望,由此出现了寄托这一心愿的象征镇物。居室门户上的门神、对联、剪纸或刻纸图案,虎头八卦牌、钢叉、葱蒜、钱纹、石狮、石鼓等,室内的经文、符箓、神像、祖宗牌位,绘为"关羽夜读""钟馗打鬼""虎啸图"等题材的中堂画,以及邀神致祭的"神榜"等,道路边的泰山石敢当、石将军、石婆婆、石块或磨盘、挡箭碑、土地庙、五猖庙等,也都是镇物的符号。

　　婚嫁、丧葬等社会礼俗联系着人口生产与祖先崇拜的观念,为纳吉得福和安死慰魂,也借助镇物退辟隐患,并因此形成象征性的风俗。婚俗中的桃弓柳矢、筛子、铜镜、豆谷、红盖头、龙凤烛、尺、秤、剪刀之类,丧俗中的石虎、柏树、碑石、壁画、符砖、玉石、帛画、饭唅、铜钱、兵器、工具之类,都是由镇物构成的特定风俗的符号系统。

　　天灾、疾疫威胁人生,不论是地震、火灾、旱涝或虫害,还是瘟疫、疾病,常使人防不胜防。为消灾弭患,不受侵害,人们也试图以镇物加以退辟,从而形成防灾祛病的禳镇风俗。锣鼓及其他响器、干柴、烈火、铜牛、石鸡、扫晴娘、刘猛将、龙灯、狮舞、红豆、茅花、口数粥、屠苏酒、重阳糕等,就成为此类镇物的符号。

　　这些符号各有由来,往往包容着复杂的文化内涵和迷离怪异的生成逻辑,不少镇物今天已成为文化之谜,识破它们的本义与象征意义需要精细的研究工作。

存现于风俗中的镇物往往是心象与事象的叠合，它一般以实用的或非实用的装饰为外观，以防护、驱遣或镇杀的功用为主旨，具有类似用具与武器的性质。镇物作为文化符号隐含着风俗与生活的秘密，永远展现着人类的多采思维和奇妙创造。

（原刊于《中国社会科学》1996年第2期）

南京高淳的祠山殿和杨泗庙

　　高淳县归属南京市，地处江苏省西南边陲，与安徽省宣州市和当涂县的乡野水土相连。高淳素有"吴头楚尾"之称，尽管距南京市区的空间距离仅百余公里，当地乡民仍操吴语，与南京人的"下江官话"大相径庭。过去由于石臼湖、固城湖的南北阻隔和丘陵陆路的不畅，高淳的民风民俗历来古朴淳厚、丰饶多姿。

　　高淳县的乡野神庙至今香火未绝，虽历受洪水、战乱和政治风暴的毁损，然几废几兴，依然可观。近几年复庙建庙蔚然成风，小庙虽大多简陋，却已成为当地民间信仰活动的中心。在当地，有一村一庙的，亦有一村四庙或五庙的，除了土地庙外，尚见有财神庙、祠山殿、杨泗庙、虫王庙、天后宫、二郎庙、龙王庙、城隍庙、大仙庙、五显庙、五猖庙等。除少数佛、道之神，庙中所供大多为各路民间神祇，其中，乡民们对祠山大帝、杨泗将军颇为虔敬，并流传着一些建庙传说和信仰风俗。

一　祠山殿及其庙祭

在高淳县的丹湖乡、双塔乡、薛城乡等地均有"祠山殿"或"祠山庙"的构筑,庙中所供奉的主神,俗称"张大帝",又称"祠山张大帝"。

所谓"张大帝",即传说中汉代的张渤,其字伯奇,武陵龙阳人。据说他母亲游太湖时,曾得仙人所赐的金丹而娠,于汉宣帝神雀三年二月十一日生下了他,又有说张渤的诞日是二月初八。关于祠山庙的来历,宋人吴曾在《能改斋漫录》中记述了一段有趣的变形传说:

> 广德军祠山广德王,名渤,姓张,本前汉吴兴郡乌程县横山人。始于本郡长兴县顺灵乡发迹,役阴兵导通流,欲抵广德县,故东自长兴荆溪,疏凿河渎。先时与夫人李氏密议为期,每飨至,鸣鼓三声,而王即自至,不令夫人至开河之所。厥后因夫人遗餐于鼓,乃为乌啄。王以为鼓鸣而飨至,洎王诣鼓坛,乃知为乌所误。逡巡夫人至,鸣其鼓,王以为前所误而不至。夫人遂诣兴工之所,见王为大猪,驱役阴兵,开凿河渎。王见夫人,变形未及,从此耻之,遂不与夫人相见,河渎之功遂息。遁于广德县四五里横山之顶。居民思之,立庙山西南隅。①

---

① 吴曾《能改斋漫录》卷一八"广德王开河为猪形",见《文渊阁四库全书》,台湾:商务印书馆,1986,第850册第845页。

祠山庙主要分布于苏、皖南部一带,系地区性民间神庙,早在唐、宋间已十分兴盛。现今高淳县的祠山小庙作为传统的承袭,仍留有古奥迷离的气息。

1.双塔乡陀头村祠山殿

双塔乡陀头村祠山殿系由一开间的民宅所改建,庙门朝东,大门外砌有塔式香炉一座。殿内壁上中部供奉着祠山大帝的布画坐像,两旁以杨泗将军和晏公将军的布画神像为配祀。神像前的香案上供放着祠山张大帝的木雕面具,其脸黑如漆,双眼圆睁,额有皱纹,其形酷似猪脸,与古代有关张大帝的传说妙合(图1)。神像旁放有木剑一把,据说这面具与

图1 祠山大帝布画和面具

木剑系"文革"中毁庙者近年按原件复制后所赔献,以求赎罪。

殿中神像均披红挂绿,供桌上除香炉、烛台、油灯、油缸、还有神签一筒,供进香者求卜。此外,桌上还置有水果、清茶等供品。殿中祠山神布画像系传世的旧物,"文革"时"破四旧"中为乡民所藏匿,而终免丙丁之厄。画像上除绘有祠山大帝外,还绘有白鹤青松、壮马武士和兵勇轿舆等,由于年代较久,布胎底色因香烟水迹之染已经泛

黑,但图上的彩绘却依然鲜艳,其祠山神的面部涂绘得尤为传神。

陀头村的祠山殿与民居连在一起,可谓"宅庙"。门前用两根木棍支撑着一块水泥波形瓦权充雨篷,在外观上并无神殿的堂皇。不过,庙中除祠山面具神、布画像,还有杨泗将军和晏公将军的圆雕木像,像高二尺余,皆描金涂彩,着甲执兵,为当今乡村中已不多见的古传旧物。

2. 丹湖乡网埠村祠山殿

丹湖乡网埠村祠山殿建于村外田边,其西面为河流,南面为林地,东面为大田,北方为路道。该庙系一开间的砖墙瓦屋,墙体遍抹水泥,与民宅相类。原址本有旧庙,早在 1954 年就因洪水倾圮,现存小庙是由村民集资于 1993 年修复的。小庙大门朝北,门楣上用墨笔写着"祠山殿"三字,门左右所书的联句是:

祠后宝地威振八方;山水相应光明日月

此外,在石灰刷白的山尖处写有"八面威风"四字,显得似庄亦随,似圣亦俗。

该村的祠山殿中没有神像,仅供奉着六块神牌,其中高放中央的便是祠山张大帝的牌位,牌高一尺有余,木质深黑,显得异常古旧,显然是四十年前庙中的原物。祠山神牌披挂着村民敬献的红布,其下还陪祀着称作"红灵""黑灵""金灵""白灵""青灵"的五块神牌。庙中香案上有线香、红烛、油灯,还放着一把近年从田中掘得的战国时期的铜剑,村民们视之为祠山大帝的兵器,故也供放于神牌前的香案上。

3.丹湖乡芮杨村祠山庙

丹湖乡芮杨村祠山庙又称"土地庙",1991年修建。该庙位于进村的路口,其址东河西塘,南北为路,庙东有座小木桥,过桥便见村舍。该庙因建于路口水边,较为简陋,仅瓦房半间,平面不甚规则,且斗墙外露未加粉饰。庙内供奉着三块神牌,居中者为"张将军之神位",左右为"程仙太之神位"和"当方土地之神位"。水泥板制的供案上仅见烛台、线香,唯墙壁悬挂着红绿布多块,昭示着神圣境界。"张将军之神位"居中供放,显露出祠山神在当地村民信仰中的重要位置。

4.敬祈祠山神的具恳状与具保状

祠山神本为主水利的农神,但乡民却视其无所不管,凡生灾害病、求梦祈寿、禳凶辟殃,除诣庙进香,献上米糰、茶水、瓜果之类的供品,甚至亦献牛肉、狗肉(忌用猪肉,因祠山神原形为猪)。此外,还有在庙中立下"具恳状"或"具保状"者,以作为人神契约的凭证。笔者在高淳县凤山乡搜集到两则光绪年间抄录的敬祈祠山大帝的帖式。

其一,"具恳状",格式如下(原帖式为竖写):

具恳状　　本村某人今恳到

祠山大帝案前,切因小儿某名,年幼无知,冒犯神明,于某月某日惨遭危疾,至今月余,越加沉重。身愿演小花戏一台敬谢　　神灵。伏乞　　恩开一线,恕罪宥过,消灾降祥,庇佑病愈为荷。永感不忘。敬谨
上恩
　　　光绪　　年　　月　　日具恩状阳民△△

其二,"具保状",格式如下(原帖竖写):

　　　具保状　　阳间信士△△、△△等
　　　为恳求恩准消灾延年事切,某保某人年甫几岁,于几月几日偶得一疾,渐加沉重。身等痛念伊父早殁,伊母冰心花甲,单靠此子承祀,而某人为人亦颇醇谨,因思祠山大帝德威丕愿,恩泽普周,矧在本保,谁不庇佑? 是以虔奉香马、祭品同祈
案下,申怜准保,格外施恩降福添寿,不特生者衔恩无既,即某氏先远亦永祝圣寿无疆矣。
　　　身等愚昧无知,冒渎尊威,惶恐莫释,敬谨　　上恩。
　　　光绪　　年　　月　　日具保状阳民△△、△△等

上述两种帖式均与祠山神的庙祀活动联系在一起,形成信仰风俗的又一类事象。

5.大王魁与出会

所谓"大王魁",即大王"魁头",俗称"魁头菩萨",乡民们信其为祠山大帝之子。

魁头往往与面具并用,它由木雕而成,高可1米开外,上雕神树瑞草和各路神祇。大王魁除面具神外,上刻九路神祇,最上为祠山大帝,其下依次为:关公、娘娘、万岁、二郎、五显、神女、三官、五猖。魁头菩萨在出会时,由一人套上其面具,将魁头整个架在肩上行游,而平时则作为神像供奉于庙坛(图2),受香火、茶果的祭奉。

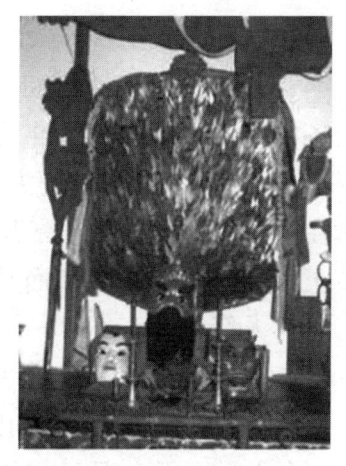

图2 魁头菩萨

在丹湖乡孙家宕村,魁头菩萨的出会定在谷雨这天。由于"出菩萨"已被看作"迷信"行为受到干预,一旦发现,有关方面会收缴其魁头和仪仗,因此村民们往往在夜晚偷偷出会。出菩萨的活动每年轮流由一户承办,承办者出会前先将菩萨请回自己家中,供放在堂屋里。承办的人家预先要捣制糯米粉和大米粉,用以蒸制三斤四两一个的大粑粑,共需做60多对,要用掉几百斤米来加工。蒸好的大粑粑在出会前先祭供魁头菩萨,然后再分给村上的各户人家食用。

出会时,由一健壮的农夫穿上古袍,戴上面具,将魁头扛在肩上,前有大锣开道。队列的最前面由两人各挑一龙竹扁担,扁担前后各挂一面大锣,共四面响锣。大锣后是扛旗打伞的仪仗和沿途施放火铳的炮队,其后便是戴着面具的魁头菩萨了。魁头之后，还有小锣、小鼓、喇叭、板鼓、铜钹等的队列，他们边走边吹、边打边唱，一般需游遍附近各村。附近乡村早有准备，打谷场上点着香火，供着猪头、羊头和茶果之类，当魁头菩萨巡游到一村，装作判官的便在场上起舞，一时进香者、叩头者、聚观者甚众。巡游遍至，返回本村，魁头和面具复归原庙，以后每月初一、十五享村人祭祀。

当地乡民视祠山神为大神，信其能退病消灾，护田助农，无所不管。其实，祠山张大帝早在古代已有"天下鬼神爷"之称了。据元代无名氏《湖海新闻夷坚续志》卷二载：

> 广德军祠山张大帝，初发灵时，尝化为猪以治水，故郡人多不食猪，自为讳物。郡人事之甚谨，戒不食猪肉。唐人罗隐，名彰天下，所至之处，鬼神无不为之讥讽。尝过其庙，题诗于壁曰："踏遍天涯路，平生不信邪。"方欲题后二句，俄手如人拽起状，闻人语曰："若后二句不佳，能折尔手。"罗悚惧曰："如不佳，甘照神语。"手遂如故。续题曰："祠山张大帝，天下鬼神爷。"[①]

上述故事不仅记述了有关祠山神的信仰风俗，而且收录了时人的神异传说，从中亦可窥得"鬼神爷"的造神过程及

[①] 无名氏：《湖海新闻夷坚续志·后集》卷二"祠山神显"，中华书局，1986，第215页。

民间对其信仰的夸张。作为地方神,祠山张大帝的俗信具有惊人的穿透力,它穿越了时代、社会的重围,至今在苏、皖南部的某些乡村仍保有主神的身份。

二 杨泗庙及其信仰

在高淳县的凤山乡、古柏乡、丹湖乡等地还见有几座杨泗庙,其香火依旧,地位不凡。

所谓"杨泗",又称"杨泗菩萨""杨泗将军",或"杨四将军",系苏、皖南部及湘、赣一带曾普遍祭祀的民间水神。传说他生于宋代,一岁丧父,二岁丧母,三岁得道,七岁成神。父母双亡后,他由叔父抚养,叔父家仅有一只小船赖以谋生,船常停神童桥下。七岁时,杨泗以其神力将这只小船上的船钉一个一个地全拔了出来,叔父的家当被毁,怒不可遏,便将杨泗打入河中淹死了。叔父气还未消,对着小杨泗的尸体说:"你如果真有神灵,便给我香三天,臭三天,上浮三天,下浮三天。"果然,这尸体发散了三天奇香,又发散了三天的恶臭;逆着水上浮了三天,又顺水漂流了三天。于是乡民们都说这孩子不是凡人,他真的成神了。[①]

杨泗的主要神功是"斩龙护国",他手执斧钺,在观音的帮助下战胜了要把中国搅成"中洋大海"的"无义龙",

[①] 参见黄芝岗:《中国的水神》第一章"杨泗将军与无义龙",上海文艺出版社1988年影印本,第1—2页。

后被奏封为"英烈正直威猛将军",或称"杨泗将军",或称"四圣王爷",又称"平浪王爷",①在高淳县乡民中则多称"杨泗将军"或"杨泗菩萨"。

高淳县杨泗庙中的神像有木雕、布画、壁画数种,其构图有"头戴金盔穿金甲,手拿钺斧斩蛟龙"的口诀,像多白面无须,显示出少年神的身份。

1.凤山乡前堡村杨泗庙

凤山乡前堡村杨泗庙同城隍庙合为一处,庙坛为三开间的瓦屋,殿前有小庭院,并以院墙围护。杨泗将军的神像为彩色壁画,外加红布罩幔,亦颇严整。壁画上的杨泗

图3 杨泗菩萨

---

① 参见黄芝岗:《中国的水神》第一章"杨泗将军与无义龙",上海文艺出版社1988年影印本,第1—4页。

右手举钺斧,左手执恶龙,其侍卫一个擎令旗,一个托宝珠,演示着杨泗将军制伏恶龙、消除水患的功德。同侍卫者的赤面、青面相比,杨泗将军红袍白面,更显出少年神的清秀端庄(图3)。

2.古柏乡墙屋里村大王庙

古柏乡墙屋里村"大王庙"实为主供平浪王爷的杨泗庙,该庙有高高的台基,一院三间两厢的规模,在江南民间小庙中已属不小。值得一提的是,该庙有主持僧人,其号为"果心法师"。该庙每年以阴历八月十五日举行庙会,果心法师称此日为杨泗菩萨诞日,与《广玉匣记》所载六月初六为其圣诞相牴牾。① 可见,果心法师当为外来的游方僧。

该庙大殿颇有气势,神座前挂着大幅的刺绣着龙凤图案的红幔,顶上有匾额、吊灯,香案上有香火和瓶花,并备有法鼓、法铃、纸钱、符经之类。大殿的神幔低垂,幔后并无神像,据说那个"白面书生"形的"大王"正被村民藏匿在家中,以防毁庙者的突袭。由于该庙已几兴几废,反复多次,信神的村民们便小施了这一有庙无神的"空城计"。不过,大殿上的一副楹联仍点画出遁去的庙神身份和乡民的祈愿:

杨泗将军四百多年威镇宝珠为人民造福

---

① 许仙真君:《广玉匣记》,金陵三经斋蒋元泰梓行本,卷上,第8页。

菩萨老爷三六九日神马奔驰替群众消灾

在大王庙的厢房中仍供放着杨泗菩萨的"神马"和马伕,木马和木像身披红布无声地伫立在墙角,似乎在凝神倾听墙外"破除迷信"的动静。

同其他杨泗庙一样,大王庙大殿的山墙屋檐下也悬挂"神舟"一只,上有小舱和艄公,据说是杨泗将军水上交通的工具。神舟或以黄漆涂饰,或以红漆刷就,点画出杨泗将军的水神身份。

3. 丹湖乡梅家村杨泗庙

在丹湖乡梅家村的河边有一座不大的砖砌小庙,庙门朝东,背村迎水,别看它并不起眼,但有关它的来历,至今流传着一些奇异的故事,成为民间"流行神"的又一实例。

1994年11月笔者前往该村调查,采访了一位当时已87岁的老农梅录刚。他一边用钢叉扠起一捆捆稻草把堆砌高高的草垛,一边向笔者讲述了他的家史中涉及这一小庙的一页。据梅录刚老人说,他的祖父有一次在湖上捞水草,不料网兜中竟捞到了一尊木菩萨。当时他祖父因赌博输了钱,身上还欠着债,于是他就对菩萨说:"菩萨啊,菩萨,你若能保我赢钱,我就带您回去建个庙!"当天他又进了赌场,果真来了手运,赢了一大笔钱。他把菩萨带回了梅村,并没有供奉起来,而是扔到自家屋外的草垛旁。入夜后,乡民们远远看见他家草垛旁一片红光,当人们寻踏过来时,红光就消逝了。梅录刚祖父闻听后,方信其为神,决定在村中造庙,但是有些村民反对,认为这尊菩萨来路不明,并刁难说,某家的孩子病了,若菩萨能让他病愈,就同意建庙。于是这木菩萨被送到了病孩家中,不久这孩子竟康复了。这时村民才不再犹豫,大家便合伙在水边造了这座小庙。这个"木菩萨"就是杨泗将军,小庙因此被称作"杨泗庙"。

梅村杨泗庙建于清末,百余年来香火不断,但"文革"以来已两次被毁、两次修复,只是那尊不寻常的"木菩萨"未能逃脱自身的厄运,被当时的"造反派"劈开烧掉了。据村民们讲,当时"破四旧"之风吹到了乡下,这尊菩萨曾被农民们藏在水稻田中。后来造反派李正恕(村革委会主任)要查抄菩萨,却见小庙空空如也,菩萨已不知去向,可是该村会计梅位忠却用手指悄悄指着稻田向李正恕示意,就这样菩萨被找到了,立即被斧头劈开并烧毁。笔者在田野调查中,村民们众口一词地对笔者说,那个李正恕没几年就死掉了,临死前在病榻上曾大喊大叫什么"三年无口粮"。至于梅位忠呢,后来竟齐根烂掉了手指,歪了嘴,也没能活下来。

现在梅村的杨泗庙中供奉的是一块小小的神牌,村民每逢初一、十五以香烛、粑粑、水果、米团等祭供。现存的小庙,门前写有一副对联,分别以"日""月"的两字、三字、四字的叠合传导"为善最乐"的神秘气氛。

杨泗将军作为水神,主管航运、农事,民间常用以除病

祛疾。在文献中亦见有相关的载述,徐珂《清稗类钞》"迷信类"载:

> 萍乡居民如有感冒以至呕吐、头痛、头晕、四肢畏寒、遍体发热,以及口中谵语、面目红肿经数日不愈者,即于寺观迎杨泗将军像至家,置厅事。又请一道士,花衣纱帽,口念齐东集,跪而叩首。如是者半日。日暮,以壮有力者二人,肩负将军左右簸动,任意播弄,口中作牛鸣,呼呼不已。此外杂以铜锣声,并携一小缸,徒步出门,至水畔有枯树之处,道士封缸作法。当火光烛天时,凡见有飞蛾虫蚁等来,即捕拿一二,置缸中,谓为病者之魂魄。即毕,仍喧嚷返家,但相戒同往之人不得回顾,谓回顾则魂魄来而复去也。称之曰"打菩萨"。

"打菩萨"的禳疾风俗混融着巫道的信仰和对杨泗将军的敬祈与驱使,显示出民间宗教以功利为追求的主旨和既庄亦随的生成形态。

三 结束语

高淳县素有建庙的传统,其民间信仰活动比较兴盛,一乡之内有四、五十座小庙的并不鲜见。据该县 1988 年编修的《薛城乡志》载,薛城乡境内原有各类小庙亦为数可观,现列表如下:

薛城乡民间小庙一览表

名称	地址	创建日期	拆废日期	备注
紫微阁	肇倩荣复	明万历年间	1954年被洪水冲塌，1955年拆毁	邢氏建
关王庙	肇倩圩埂	清道光年间	1954年水灾废	
隆福庵	肇倩圩埂	清光绪二十六年	不详	
大庙	联合	不详	尚存	1941年被日伪军烧毁，1946年重建
杨和尚庵	丰桥	1934年	1954年水灾废	
娘娘庙	丰桥	1853生	1954年水灾废	
二郎庙	丰桥	1876庄	1954年水灾废	
礼堂	丰桥	1874庄	1954年水灾废	
关王庙	丰桥	1824年	1954年水灾废	
大士庵	薛城一村	明万历年间	1954年水灾废	清道光年间水圮、同治十一年僧悦广重建准提庵，现改为仓库
祠山庙	薛城一村	不详	1954年水灾废	周氏建
大王庙	二村	不详	1954年水灾废	
八角亭	二村	不详	1954年水灾废	
娘娘庙	三村	不详	1954年水灾废	
八仙姑庙（又名东灵庵）	六村	不详	1954年水灾废	1951年薛城供销社设于此。现改为薛三仓库

续表

名称	地址	创建日期	拆废日期	备注
臼湖惜字局（又名善化堂）	七村	不详	1954年水灾废	1949年后为临城区人民政府所在地,现改为薛三队屋和稻场
西宁庵	十村	不详	1954年毁于水	薛城邢氏建,僧澄月募修,道光年间毁于水,同治年间重修
薛城古社	十村	不详	1966年拆毁（现已修复——笔者注）	明为乡讲约所。曾遭兵废后重建为花台社庙。公社化时期改为队屋
且止庵	大丰下圩穿心埂中	明万历年间	民国二十年（1931）水灾废	邢林一、邢本岐、僧建明等建修
宝灵庵	长芦长一	不详	不详	
王太太庙	长二	不详	1966年废	
芦墩庵	长乐	不详	不详	夏氏建
新庙	长乐	清嘉庆年间	不详	夏安帮建
里仁局	长乐	不详	1955年折	建长乐小学
大王庙	长乐	不详	1954年水灾废	
大庙	长乐	不详	1954年水灾废	1958年拆炼钢铁
龙王庙	杨家	不详	尚存	杨氏建后,杨应功独修,后杨姓同修,近年重修
瑞华庵	花犇	清康熙十八年（1679）	不详	邢履衢建,光绪元年尼修德重修
花岗庙	花犇	不详	不详	胡姓建

续表

名称	地址	创建日期	拆废日期	备注
三宫庵	花犇	不详	1954年水灾废	
财神庙	花犇沙埂旁	不详	1954年水灾废	
五仙庵	孙家	不详	1954年水灾废	
茅庵	太安孙家宕	清乾隆年间		1949年后改建小学
洪庙	太安下埂村	明洪武年间	不详	
龙亭古社	太安中赵村	清道光年间	不详	赵源庆、陈福财倡建
淳西庵	太安蒋家	明洪武年间	1949年后拆	王茂一,夏裔始建。其后王珑、夏良心再建。内有僧如愚(号石头和尚)肉身像,藏经阁一所,内藏经书六橱
西甘庙	西甘	不详	1966年	"文革"破四旧废
社庙	西甘	不详	尚存	
东平庙	东甘	1855年	1958年拆毁	
社庙	东甘	1832年	尚存	
兴隆庙	东甘	1853年	1937年	被日军烧毁

民间小庙因洪水的自然损毁和某些人为的破坏,在60年代末几已荡然无存,自80年代以来渐有修复与新造。小庙一般由村民集资修建,大多比较简陋,其神像有木雕、泥塑、石刻、帛画、壁画多种,亦有以神牌替代者。神

像的雕塑与彩画需延请专职的工匠或民间画师制作,并参照清代的帖式签有专门的绘塑文帖。笔者在凤山乡搜集到一则有关绘塑神像的帖式,其文如下:

立请字△△、△△等　今请到

△△老司务名下,绘塑某神圣像一堂,正身几尊,正身圣像高几尺,上等五彩;其他神像几尺,中等五彩。金要洋红,砂要三星,颜色务要鲜明。当日凭中言定,辛工、饭赀、颜料共英洋几十元整,并各项利市一应包在价内,其钱开工凭折支取自请。以后限几月告竣,不得耽误日期。倘金硃颜料稍不如式,定着中保调换,决不卖情。今欲有凭立此,请字存照。

凭中△△、△△

计开现交洋几元正

光绪　　年　　月　　日　立请字△△、△△

尽管近几年来民间小庙的修建已成风气,各路神祇纷然杂陈,但祠山殿、杨泗庙在高淳县的民间庙祀中依然比较突出,祠山大帝和杨泗将军仍保有地方性主神的地位。当地乡民之所以推崇此二神,显然是看中了他们的"水神"身份。一个疏凿河渎,一个擒龙平浪,均以水为功,兴农助业,利民护国。

高淳境内河湖棋布,其西南更有大片的低平的圩区,自宋代开垦以来,水患时有发生,成为当地危害生命财产的主要灾祸。由于高淳与皖南比邻,而皖南的地形为连绵层叠的丘陵山地,因此每遇豪雨,山洪外洩,附近平原多受其害,高淳自不可免。水患的频仍使乡民们将祈佑的心理寄托在祠山大帝、杨泗菩萨等水神身上,故而庙祀相沿,香火未断。近五十年来虽注意兴修水利,然每遇水患,高淳仍频频告急,1954年和1991年曾遭破圩之灾,近年来也时有险情,因此祠山殿和杨泗庙的修复曲折地表达了乡民们对退洪免患的信仰追求。可以说,近山低地的连年水患是诱发水神庙祀的主要动因。

当今小庙作为民间信仰的活动中心,除了平患弭灾、祛病逐疫的追求,也有功能的变迁与增衍。不少小庙挂出了"老人俱乐部""老人协会""骨灰纪念堂"等牌子,发生了由敬人到娱人或由供神到祭人的世俗转化,成为乡野老人和妇女们又一社区性活动的空间。有关活动不仅仅局限于庙内,也以聚饮、出会、演戏、庙市等形式发展到庙外空间。例如在丹湖乡,乡民们在敬神祭祖后有吃"公酒"的风俗,多由老年男子们聚饮会餐,这除了保有传统的信仰因素,也成了一种联宗聚族、沟通乡邻、乐神娱人的社交性活动。这类活动强化了乡村社区的成员集团和文化传统,具有超越信仰的功能意义。

高淳县祠山庙中的面具神是傩祭与傩仪的遗存,其庙坛祭供与魁头出会的仪式正是傩文化的功能演示。当地除祠山神外,五猖神、五显神等亦有面具的供奉,甚至还建有专门的面具与魁头神庙,其中最大的一堂竟有面具神十几余尊!面具与魁头以驱鬼逐祟、祛病除疫、消灾弭患为主旨,当今除了在神诞日和例行祭期饱受香火,犹能随时被村民请回家中用以消灾,甚至还见有在腊月中由人戴上面具端坐庙坛,受人拜问并作各种应答的"赴坛"活动。由于赴坛是在岁除腊月,因此同傩祭、傩仪又留下了关联的线索。高淳的面具神,包括魁头菩萨,是傩文化研究中迄今未作涉及的领域,具有深入开掘的价值。

梅村的杨泗菩萨是"流行神"或"流行佛"的又一实例。此类流行神在日本、韩国均有发现,日本东北大学的铃木岩弓先生曾写过系列论文研讨这一现象,因此梅村的杨泗菩萨也是比较宗教研究值得关注的课题。流行神往往因偶然发现,忽生"灵验",信能除疾治病、振兴商卖、给人运气等,一时间成为某一方较为热衷的信仰,因其有突发的、速传的特征,便有了"流行神"之称。

流行神属民间宗教现象,不论是日本的"无首地藏",还是高淳的"杨泗菩萨",都是因功利的热望而煽起的信仰风潮,与诵经悟道的人为宗教有本质的区别。实际上,它是巫术的一种异变,并以"接触"的方式去感受"灵验",宗教的外在形式往往被注入了传统民俗及民间信仰的内涵,入世的功利需要是其存在的主要基础。

流行神现象对巫术、民俗与宗教的转成与共融提供了研究的实例,对信仰发生学、造神动因论及民间信仰中的选择与认同规律等也准备了课题。流行神的文化意义主要在宗教人类学方面,及比较宗教或比较民俗的研究方面,尽管在中国民间故事中也见有用渔网从水中打捞出石观音的说法,①但像梅村这样有庙宇作为物证、有村民作为人证的活材料更具有社会调查与学术探究的价值。流行神往往有地域的特点,其现象却又能超越地域与国界,循此我们又可探寻人类共有的宗教与心理的秘密,及风俗与生活的秘密。

(原刊于台湾《民俗曲艺》第112期,1998年3月)

---

① 路山等:《流泪的石观音》,《野马渡》总33期(1996)第3版。

试论乡野道教

一 乡野道教与民间信仰

乡野道教是流布于乡野间的非宫观、非正统的道教形态,它多由游方道士或略知道术的当地神巫主持传习,其事象、法物、科仪往往与民间信仰活动混融共通,具有突出的俗用性质。作为正统道教的残存或异变,乡野道教一般缺少教派的组织联系,也无对某一经义的笃信,而是以功用为追求,借助法物、仪式等有形的、可感的媒介唤起乡民亲神、通神的情感,以树立护佑得助的信念,化解痛苦与困惑,从而乐观地面对严酷的生活。这种功用明确的工具性,正体现了乡野道教的性质。

乡野道教的特征可概括为非组织性、混融性、民族性和致用性等四点。所谓"非组织性",即带有流动的、零散的、自发的、非纯正的意味,它随缘而生、因地而存、沿俗而用,具有较强的适应性和生命力。所谓"混融性",即乡野道教并非独立存在的信仰形式,它往往与儒、释因素相容,尤其与民间信仰混融合一,没有圣俗的严格区分,更不以单一宗教相标榜,实际上可类归于宗教的范畴。所谓"民族性",即乡野道教与中土文化一脉相承,其中几无外来的因素,其尊神、符咒、舞蹈、音乐、绘画无不展现着本族本土的风采。所谓"致用性",即乡野道教不是心灵净化、精神升华的圣地,也不是乡民信仰观念的惟一追求与寄托,它宛如工具或武器,因事而用,因用而存,帮助人们从信仰与心理的层面上提高生活的信心和勇气,从而面对现实中的各种疑虑和困苦。

乡野道教的形迹在当今虽或隐或现,然犹可搜寻。不少地方,尤其在中国南方的乡村中,近年来修复或新造了一大批民间小庙,除少数以佛祖、观音为庙祭对象外,绝大多数仍供奉着道教的尊神,显示了乡野道教的深厚基础和巨大潜力。拿南京郊区高淳县说,民间神祠在各乡各村竞相修复,其中有土地庙、财神庙、天后宫、城隍庙、五猖庙、五显庙、祠山殿、杨泗庙、虫王庙、姜公庙、风婆庙、二郎庙、娘娘庙、八公庙、将军庙、仙公庙等,均可归属乡野道教的系列。此外,在江南乡村中,以道符镇宅、破凶、度关、治病亦颇为常见,此类道符除少数版印外,大多由乡间道士手绘以用于民间信仰活动中。

纸马,作为以各路神祇为表现对象的民俗版画,具有浓郁的民间宗教气息。纸马所包容的神系中以道系神最为突出,其队列亦最为浩荡,诸如:三清、玉帝、北斗星君、寿星、太岁、魁星神君、三官大帝、王灵官、姜太公、张天师、钟馗、三界符使、东岳大帝、南斗星君、斗姆、本命星君、紫微星君、祠山大帝、城隍、灶神、火神、水神、雷祖、辛天君、关圣帝君、文昌帝君、酒中仙圣、蚕花五圣、三茅真君、八仙、张仙、增福财神、利市仙官等。① 纸马在部分地区略见遗存,它呼应着当地的乡野道教,并使之有迹可寻。

乡野是播化宗教信仰的辽阔空间,道教的本土性质及与巫术、自然宗教的先天联系,使之在楔入这一空间中占有很大优势,而且它能由宗教的层面而转向风俗的层面,体现出民间信仰的性质。

民间信仰作为非官方、非教会的下层信仰,有着丰富的构成材料和复杂的历史成因。率先研究民间信仰的日本学者姊崎正治曾指出民间信仰的构成材料有三个,即:原始宗教的残存,自生的自然崇拜,组织宗教的被变化、曲解和混淆。② 而日本另一以研究民间信仰而著称的学者堀一郎则认为,民间信仰形态的多样化出自残存在民众中的原生态古代信仰、原始信仰与原始生活联结的某些断片,被高级宗教融摄而又重返民间的沉滞物,退化了的前代宗教的遗物等。他还指出,民间信仰的上端渗透在既成宗教的教理之中,但其与既成宗教的交叉点表现得较为模糊,而其下端则是俗信和迷信,民间信仰具有自然宗教不断习合的性格,并具体表现在生活的功利性、

---

① 陶思炎:《中国纸马》,台北:东大图书公司,1996。
② 姊崎正治:《中奥的民间信仰》,载日本《哲学杂志》第12卷,第130号。

咒术性、小集团性（封锁性）、同时并存性（多样性和重层性）等方面。①

正是民间信仰不断习合的性格和同时并存性的特点产生着巨大的包容作用，它将一切重返民间的宗教形态及其信仰囊括其间，而乡野道教作为正统道教的衍生或遗存，作为出自民间而又重返民间的乡土宗教，自然成为民间信仰体系中的一个领域。乡野道教亦有上下的分层，其上端与正统道教的教理相联系，而其下端亦混同于俗信和迷信，这一状况也正与民间信仰的规律相合。不过，乡野道教有职业的或半职业的道士参与，与民间信仰，尤其是俗信那种自发的、自然的行为略有不同，也正因为这点，乡野道教的上下层不是一种决然的分隔，它因为道士、法物、仪式的部分存在而上下互见，显示出宗教遗物的特质。

民间信仰具有普遍存在的规律，无论古今中外，无论东西南北，凡有人群的地方，只要构成一个小小的社会，就会形成满足精神需求的民间信仰。然而作为某一特定宗教遗存的乡野道教并不具备普遍性的规律，它不仅很少见之于域外，就是在中华大地上的分布也不均衡。它归属民间信仰，但不囊括民间信仰，仅为民间信仰的一个支系。不过，它自有其生成、传习的基础，在乡野俗民社会的精神生活中发挥着巨大作用。

---

① 参见堀一郎：《民间信仰》，日本，岩波书店，1951。

二　乡野道教的俗用

乡野道教在民俗活动中以物态的、语态的与动态的方式传导其神秘的信仰意义,满足着俗民们的精神追求。诸如神符、纸马、镇物、建筑仪式、迎神舞蹈等,就是习见的出自乡野道教的俗用手段。

神符一般由道士绘就,它因用而别,主要以线条、文字、图画的组合寄予神秘的功能意义,并用于镇宅、祛病、度关、辟虫、护身等方面。镇宅符一般贴于门楣、檩条、窗框或墙壁之上,以邀神文字、八卦、星斗、人形符画,以及难辨之勾画传导威严的震慑力量。

镇宅符就其邀神文字看,有"五岳镇宅符""武光上将符""安龙镇宅符""伏魔大帝符""龙虎玄坛符"等。镇宅符镇辟的对象为"凶神邪鬼",《阳宅十书·论符镇》曰:"五岳镇宅符:凡人家宅不安,或凶神邪鬼作怪,此符镇之大吉。"在苏南的镇宅符上见有两神相拥的符画,两神面面相对,贴身同体,以阴阳相就表太极两仪,藉以诱发镇辟之力。

祛病符往往符、咒迭用,既贴、吞、佩、戴,又加诵念,以声、形的并用强化驱除的神力。《道藏》中所收的"敕瘟鬼咒"曰:

敕东方青瘟之鬼,腐木之精;南方赤瘟之鬼,炎火之精;西方血瘟之鬼,恶全之精;北方黑瘟之鬼,溷地之精;中央黄瘟之鬼,粪土之精。四时八节,因旺而生。神不内养,外作邪精。五毒土气,入人身形。或寒或热,五体不宁。九丑之鬼,知汝姓名。急需逮去,不得久停。急急如律令!

这一咒语以五方、五色、五行的相配标明了道教的性质,并为流布于乡野的"天师祛病符"之类定下了基调。"天师祛病符"以日期、方位作符断,并以纸钱、字符的并用以求"大吉"。民间尚见有专治一疾的"祛病符",诸如治癌符、消毒符、止血符、止泻符、祛痛符、除湿符、止吐符、止咳符、治疮符、保胎符、健胃符、催生符、醒酒符、惊风符、通气符等。

度关符是小儿专用的乡野道符,它用木版印制而成,在乡野道士主持的度关仪式上延用。该符上印有"上清列宿星君之图",所延请星神有:日宫太阳星君、月府太阴星君、南斗延寿星君、北斗七元解厄星君、东斗六阳星君、西斗六阴星君、中斗六大星君、东方木德星君、中央土德星君、神首罗侯星君、神尾计都星君、四方二十八宿星君、天轮十二宫星君、上清六十甲子星君、常生本命之辰星君等浩荡的道神队列。符上更有十二关的关煞图像及各关的名称,它们是:"四柱关""百日关""雷公关""铁蛇关""鬼门关""童命关""急脚关""周岁关""四季关""冲天关""短命关""金锁关"等,并有城墙与关卡的图形。度关符的存在表明乡野道教在与民间信仰的交并中仍留有自身的印迹。

纸马是亦圣亦俗的民间信仰物品,它用于年节祭祀、砌房造屋、宝卷讲唱、丧祭墓葬、祛病消灾、产育寿诞等民俗活动中。乡民临事,先找当方道士说明事由,道士则用红纸写出该延请的诸神纸马名称,乡民再凭此前往纸马铺或香烛店请购。纸马在售出前一般先请道士开光,或由印售人模仿道士念咒、照光,并用彩笔在纸马上涂抹尊神的双目。四十年前,在江苏如皋县石庄镇尚有"石龙泰""张泰和""王义兴"三家纸马铺,由于出店前有道士开光,故有"在店纸马,出店为神"之说。①

纸马的应用较集中在春节期间,腊月二十三日或二十四日对灶神的祭祀几乎遍及全国乡村,红白灶马在炉灶前多贴用。灶神又被尊为"司命灶君""东厨司命",从其岁岁上天向玉帝"言人过失",②也可看出灶神与道教的联系。除夕历来有摆天地桌,供奉"天地"纸马的俗信,而元日往往往供桌上陈放众神纸马,或立"纸马架"供奉财神仙官之类。③ 在苏州地区,春节敬供的纸马有:玉皇、灶君、财神、玄坛、土地诸神。在南通地区,则供有:家堂香火列位高真、聚宝增福财神、招财和合利市、顺风大吉、猪栏之神、牛栏之神、水母娘娘、耿七公公、井泉童子、本命星

---

①1994年2月2日笔者前往石庄镇采访了原"王义兴纸马铺"的老板王道友先生,得悉纸马在店与出店的秘密。
②嘉靖《江阴县志》卷四曰:"二十四日祀灶,用粉团、胶牙糖,谓灶君朝天言人过失,糖以胶牙。"
③《金陵岁时记》:"取纸长约五尺,墨印财神仙官或莲座等状,新年立春供设厅堂。削木如牌坊形,高尺余,曰纸马架。"

君、三官大帝、八蜡之神、关圣帝君、梓潼文昌帝君、值年太岁正神、禁忌六神等。此外，在苏中地区，春节期间还有贴换"三十六神"纸马，即印绘三十六神于一图，包括道、释、儒各路尊神与先师，诸如：城隍、准提、孔圣、玉皇、东岳、公侯、大圣、南斗、灶君、和合、财神、天官、关帝、本命、张仙、利市、龙王、雷祖、三官、玄坛、招财、土地、月宫、紫微、吕祖、日宫、泉神、天后、火星、观音、佛、华王、太子、太公、北斗、文昌等，其中大多为道系神。

　　在其他供奉纸马的民间信仰活动中，道系神也往往最为突出。民间做寿，须延请"寿星""本命星君""星主"三神，而祭亡悼先由道士做场时，则选用"三清""玉帝""星主""紫微""东岳大帝""城隍""丰都大帝"等纸马。甚至在带佛教色彩的民间讲经唱卷活动中也见有"三茅真君""东岳大帝""三官大帝"等道神的纸马。若为小孩讲经，在江苏靖江地区还特别加供"梓潼文昌帝君"一神，以表劝学得禄。此外，二月二敬"土地"，五月五挂"钟馗""天师符"，八月半祭"月宫"，十月朔送寒衣、烧"沙衣""草鞋"……大多仍带有道教的印记。

　　镇物作为心化的器物，或物化的精神，在心理与信仰的层面上帮助人们面对各种灾害、凶殃、危险、祸患，对鬼祟、物魅、妖邪、阴气、敌害之类加以排拒和镇除。[①] 镇物的生成和功用与宗教观念有着多重的联系，其中不乏道教

---

① 陶思炎：《中国镇物》，台北，东大图书公司，1987。

的因素，可以说，乡野道教在这一领域中获得了广泛的应用。

八卦太极图是常见的护宅镇物，有木制、石刻数种。木制八卦牌一般配有虎头的画像或钢叉，钉于大门的门楣正中，而石刻八卦，则配有虎头图像及"泰山石敢当"的文字，砌于外墙面对路道的一侧，以"镇百鬼，压灾殃"。① 在粤北山区翁源县江尾镇有一明代张姓客家人的八卦围楼，按乾、坤、坎、离、震、艮、巽、兑八卦方阵图形建造，开有乾、坤、巽、艮四门，围中筑有七十四条街巷，联结着1650间泥砖瓦房。八卦围楼是八卦镇物的化用。

以明镜悬于门户作镇乃是对日月星"三光"的模拟；也是对道士驱邪法物的效仿。《抱朴子》称，道士入山必带镜，明镜能使邪魅"自见其形"，"反却走转"。② 这种"照妖镜"已从旧时的"怀镜"变为"门镜"，在今日城乡都不难看到。

至于端午日悬菖蒲以象征天师之剑，除夕贴合字联以邀"八仙"，堂屋挂"紫微星君""关羽夜读""姜公执令""钟馗舞剑"之类的中堂画以辟阴气，也都反映了乡野道教与民间信仰的习合。

---

①郑廷枚《古谚闲谭·莆田石记》："庆历中，张纬宰莆田。得一石，其文云：'石敢当，镇百鬼，压灾殃，官吏福，百姓康，风教盛，礼乐昌。'后有大历五年县令郑押字记。今人用碑石，书'石敢当'三字镇于门，亦此风也。"
②《抱朴子》："万物之老者，其精悉能记人形惑人，唯不能易镜中真形，故道士入山，以明镜径九寸以上者背之，则邪魅不敢近，自见其形，必反却走转。"

在江南乡村的建筑活动中,当地的道士也十分活跃。在相地选址和破土动工时,有推算"黄道吉日"或以咒语退避太岁的仪式。乡野道士在相地时所唱的"相地歌"曰:

> 吉日良辰,天地开张,凶神太岁,退避远方,焚香燃烛,祭拜土地,新造房屋,万古流芳。

"太岁"是一颗虚拟的星体,是与"岁星"(木星)同轨道、反方向,以十二年为一周天的"凶星",[①]而对星辰的关注既是道教的信仰特征,也是中国传统建筑观念的重要特征。

中国建筑中的"天文观"由来已久,它将建筑与天象谐同,以追求天地抱合,阴阳相就,天人合一的境界。可以说,无论宫室、民宅,还是墓葬,都留下了地屋与天象相应的建筑信仰。从原始文化中的半穴居式建筑开始,就已体现出建筑构造与宇宙认识间的联系。从半坡文化遗址看,半穴居式建筑一般掘地为坑,中立屋柱,屋盖自柱端斜披至地。其中,屋盖是"笼盖四野"的天穹象征,而屋内中柱则是立地顶天的宇宙树或天柱的象征。直到当代,乡民在砌房造屋的立柱、上梁仪式中,还贴用"上梁正逢黄道日,立柱巧遇紫微星"的联句,反映了与宇宙、星辰抱合的建筑信仰。就宫室而言,秦代曾以咸阳为中心,象征天之

[①] 陶思炎:《风俗探幽·土木篇》"破土辟凶说太岁",东南大学出版社,1995。

"紫微宫",以渭水象征"银河",修驰道以象征"阁道",①建阿房宫以象"离宫",②分三十六郡以象群星灿烂,拱卫北极。秦以后的宫廷建筑也保持了"象天设都"的传统,南朝陈沈炯《太极殿铭》曰:"臣闻在天成象,紫宫所以昭著;在地成形,赤县居真区宇。"这一铭文透露出天文——道教——建筑间的奇妙联系。甚至在作为"阴宅"的秦汉帝王墓室中也常见有天文、地理的模拟,其墓顶多绘有星河天象图,墓壁则绘金乌载日、蟾蜍伏月或伏羲、女娲人面蛇身的图形,以表达阴阳相化、男女构精、星人合一的主题。此外,墓葬中用作压胜的方孔铜钱,以天圆地方、外阳内阴、阴阳抱合,成为太极图的形变与象征,隐含着道教的成分。其实,不仅在墓葬中,当今农家新年门贴花钱和红钱,亦意取太极之征。

三 乡野道教的研究体系

乡野道教是一个尚未充分研究的学术领域,其体系正待建构与完善。这一研究体系至少应包括三个基本的方面,即:乡野道教志、乡野道教论与乡野道教史,其下又各有相关的支系。

"乡野道教志"以其物象、事象、语象的搜集、记录、研究为主,包括空间性的搜集整理、时间性的搜集整理、类型

---

① 《史记·天官书》曰:"紫宫……后六星绝汉抵营室,曰阁道。"
② 《晋书·天文志》曰:"离宫六星,天子之别宫,主隐藏之所。"

与专题的记录与研究、文献与载体的调查与研究等。

"空间性的搜集整理",是指以地区或固定场所为界,即以某一农村、渔村、山村等为范围,对当地的非正统道教的各种形态,包括法物、咒语、符箓、法术、仪式、活动等加以采集、记录、整理、研究的一种方式。它类似一般地方志、风土志的采写,能较为直观地展现某地乡野道教的概况。"时间性的搜集整理",是以历史断代、岁时节令或某一特定的日期为采录范围的一种研究方式。它注意"与时迁移"的固有特点和因时而异的信仰规律,以时间的坐标为乡野道教定位,并记录、反映某一时间的乡野道教的具体状况。"类型与专题的记录研究",是指对乡野道教的某一方面加以具体描述与研究,涉及乡野道士、主要法术、符咒、传承、仪式、场所、主要活动等,是对某一种相关资料加以较为集中的搜集与研究的支系。"文献与载体的研究",是指对乡野道教的记录文本及各类事象的传承媒介的研究,它因有突出的资料性质而显示出"志"的特点。地方志、风土志、祠庙志、占书、葬书、历书、医书、宝卷、笔记、歌谣、碑刻、话本、剧本及有关的实物资料,都以集中的或零散的记录而成为此类研究的对象。

"乡野道教论"是对乡野道教的理论研究,它包括基本理论、发生论、功能论、传承论、应用论、调查方法论等。所谓"基本理论",涉及概念界定、类型划分、性质特征、主客体关系、内外部规律、研究方法等方面,其任务在于理论概括,使乡野道教的研究具备较完善的学理,成为一个相对独立的学术范畴。由于乡野道教与正统道教及民间信仰相承相合，要找到它们的区别并不容易，因此概念的界定就尤显重要。基本理论的研讨是建立严密学理的需要，也是把握对象的可靠路径。所谓"发生论"，是对乡野道教产生的诸种条件加以科学概括的理论，它涉及思维条件、文化传统、宗教渊源、经济状况、社会机缘、族种情状、知识水准方面，其中有客观的自然的因素，又有主观的人为的成分。乡野道教作为一种下层宗教，一种与正统道教相联系的信仰体系，自有其生成、变化的规律，"发生论"正是对其运动轨迹的追寻。所谓"功能论"，是对乡野道教赖以产生、承传的内在动因——主体（乡民）的精神寄托与生活需要加以概括的有关理论。功能是主体需要的文化体现，也是对这一需要的适应与引导。主体需要的转移、增减，导致功能的转移与存废，并决定着其外在物象和事象的微著与消长。功能对"需要"的满足是通过各种作用显示出来的，诸如认识作用、组织作用、教化作用、选择作用、改造作用、满足作用等。这一研究有助于探寻乡野道教的内部规律，是理论体系构架中的重要环节。所谓"应用论"，是以乡野道教为对象，加以保护、改造、利用的规律、方法与步骤的探讨。"应用"是一种人为的抑制或推进，它着眼于当今和未来的生活需要，为了功利目标的实现，有意打破对象的自然传承节拍，体现出强烈的选择与改造的倾向。它主要包括"保护论""移易论""开发论"三个方面。"保护论"把乡野道教看做无形文化遗产，探讨保护这类民间文化传统的领域、步骤和方法。"移易论"着眼于乡野道教中的消极因素,特别是属于"迷信"的某些具体事象,本着健康、文明、进步的愿望,从价值判断和社会效果出发,提出加以转化或禁绝的有关理论。"开发论"将乡野道教作为展示地方文化的资源,对庙会活动、民间表演加以组织和推广,以经济、政治、文化的目标为追求,以服务当代、弘扬传统为口号,而提出对之加以开发、利用、管理的有关理论。所谓"调查方法论",即有关田野调查的理论与方法,它涉及地点的选择、日程的安排、程序的计划、提纲的制定、工具的准备、向导的联系、方言的学习、知识的储备、集训与总结、整理与写作等环节的一般工作原则与基本技术。调查是为了搜集第一手材料,在乡野道教的传习情境中准确把握它的行动规律和内涵性质。

"乡野道教史",既是宫观道教史的一个部分,也是民间信仰史的相关领域,它包括"发展史""专题史""研究史"等主要方面,其研究是体系丰富的标志,也是使学术趋向成熟的努力。"乡野道教发展史",研究乡野道教整体与局部的形态演化史,它包括"事象发展史""法物发展史""类型发展史""地域乡野道教发展史""全国乡野道教发展史"等方面,着重于一定时空范围内乡野道教的运动规律、演化机制,注意其历史过程与基本史实的考察。"乡野道教专题史",研究乡野道教各类专题的形成、演进和衰变的历史过程及运动规律,涉及物态的、语态的、动态的、心态的有关事物,以及传习人、信奉者的历史由来、各自特点及变化发展。其研究在于从一个具体事物的历史演进入手,揭示乡野道教中某些类型的本质规律和一定社区的信仰状态。"乡野道教研究史",即乡野道教的学术史,它包括了乡野道教的调查史、理论研究史、学术活动史等方面,涉及调查的组织、设计、记录、整理、写作的成果与经验,理论研究成果的历史评判,学术会议、学术组织、书刊编印等历史情况等,它通过学术总结,旨在推进今后研究的深入。

四 乡野道教的未来趋向

乡野道教作为正统道教的残存或异变,在与民间信仰混融的过程中也显露着自身的个性和道教的遗痕。因道观、神祠的实际存在,以及道士和略知道术的神巫们的不断活动,乡野道教在今后仍将继续存在,一方面它仍带有民间宗教的性质,另一方面同俗信活动交糅,以零散的、潜在的方式保留在乡野生活之中,表现出"隐而不减,散而不亡"的特征。在今后一段时间里,乡野道教将以"存像于神祠""招摇于庙会"和"留迹于风俗"为自己的发展趋向。

当今乡间小庙的重兴或恢复,拓广了乡民的信仰空间,道系神的重塑与供奉无疑强化了道教信仰在当地的优势,至少表明它的继续存在。神祠小庙是乡村中的信仰基础和活动中心,小庙中不仅供奉神像、牌位,也存放龙灯、花灯、马灯、龙车、旌旗、魁头、面具、神舆之类的用于仪式与活动的信仰道具。神祠小庙中往往有神签、灵药、符纸，而庙祝多由老年乡民充任，或由游方道人主持，每逢阴历初一、十五任人致祭。神像的制作是小庙修复工作的中心，除泥塑木雕外，还见有帛画、壁画、石凿、水泥堆塑、纸绘、纸扎等形式；既有人形神像，又有面具、魁头、牌位，还有以帽代神、以剑代神等做法。这种多形制性仍是今后乡野神庙的特色，并由此展现其因地制宜、应运而生的特点。小庙不仅恢复保存着道系诸神的形象，更传导着道神传说及其宗教的气氛，而这种气氛对于未来的乡民来说，在一定时间内仍可能构成生活的需要。

与祭神相联系的庙会活动是当今和未来乡村文化活动中的重要传统，它以乐神娱人为主旨，糅合着文化的、商卖的因素，作为宗教成分在俗民生活空间的拓展，显示着宗教，特别是乡野道教对下层社会的精神与文化生活的影响。高淳县薛城乡的"灵灵车"庙会，以"灵灵车"为主要道具，在成千上万乡民的簇拥下，在村中巡游，其庙祭、扮神、仪仗均具有浓郁的宗教色彩，主要传布乡野道教的气氛。类似的庙会还有"花台会""东岳庙会"等，虽多以民间表演、商卖为主要活动内容，但仍显露着信仰的成分。乡野道教借庙会的娱乐、商业、旅游的契机，在世俗生活中将继续存留，甚至随旅游业的发展而得到进一步的张扬。

民间风俗作为传承性文化先天地包容着精神的与信仰的领域，它不断吸纳一切化入民间生活的宗教因素，构成民间信仰的丰富体系。乡野道教在融入民间俗信的过程中显然优于其他外来宗教，易于化入民间生活，而获得较多的应用，可以说，在语言、文字、图画、镇物、祥物、装饰、器用、宅室、墓葬，以及生产、游乐等方面，到处留有它的印迹。在未来的岁月，即使乡野道教的神祠小庙再次遭受毁弃，乡野道教也绝不会因此而立即消隐，它仅失却庙宇的依托，仍留有俗信的深厚基础。庙宇、神像的存废并不意味着其信仰观念的存亡，无论今后乡间小庙的命运如何，乡野道教的信仰观念仍将长期留迹于风俗之中，并有一定的传习、衍生与应用的空间。

（原刊于《道教文化的传播》，台湾南华大学 2000 年 7 月）

祖道軷祭与入山镇物

一 何为祖道

古时行路难，入山更难，路行苦远，山行凶险，为求出入平安、远行顺达、入山安全、行旅便捷，古人有道神、山神之祭。晋嵇含《祖赋序》有"祈请道神谓之祖"之说，故对道神的祭祈又称之为"祖道"。

祖道之仪在春秋时代已颇为盛行，《礼记·曾子问》载：

> 孔子曰：诸侯适天子，必告于祖，奠于祢，冕而出，视朝，命祝、史告于社稷、宗庙、山川，乃命国家五官而后行，道而出。

郑玄注云："祖道也。"孔颖达疏曰："经言'道而出'，明诸侯将行，为祖祭道神而后出行。"孙希旦集解："道，祭行道之神于国城之外也。"如果说，孔子时代的祖道是诸侯为拜谒天子而上路的上层社会之礼的话，到汉后已成为社会

各层咸用的国俗。嵇含《祖赋序》曰:

> 祖之在于俗尚矣。自天子至于庶人莫不咸用。

"祖"本为了取道、出行,是行前的求吉祭礼。《战国策》在记述荆轲刺秦王故事中,有"至易水上,既祖,取道"之句,①也说出了"祖"与"道"的相关相联。

道神,又称作"行神""路神""路头",其原型有"累祖"或"修"之说。《古今事物考》卷八"祖道"曰:

> 黄帝之子累祖,好远游,而死于道,故后人祭以为行神也。祖祭因飨饮也。②

累祖"好远游,而死于道",可谓与路道结下了生死之缘,充作"行神",自有其因果式生成逻辑。至于"黄帝之子"的身份,本来就介乎神、人之间,故具备护路佑旅的神能。

此外,《风俗通义·祀典·祖》载:

> 谨案:《礼传》:"共工之子曰修,好远游,舟车所至,足迹所达,靡不穷览,故祀以为祖神。"祖者,徂也。《诗》云:"韩侯出祖,清酒百壶。"《左氏传》:"襄公将适楚,梦周公祖而遣之。"是其事也。

《五经要义》曰:"将行者有祖道,一曰祀行。言祭祀道路之神,以祀也。《后汉书》注引作:'祖道,行祭,为道路

---

① 见《战国策·燕策三》。
② 见王三聘《古今事物考》,上海书店,1987年影印版,第158页。

祈也。'"①

　　修亦因"好远游"而成为"祖神",其祭的功利在于"为道路祈"。共工为炎帝之后,曾与颛顼争为帝,"怒而触不周之山",并使"天柱折,地维绝",因此,修也兼备神、人之性。

　　除了作为行前之祭,道神、行神的祭祀古时还有时间与空间的限定,并伴有神秘的咒祝。《礼记·月令》曰:"冬祀行。"祀行是冬季的例行祭仪,不论是群姓的"七祀",诸侯的"五祀"、大夫的"三祀",还是适士的"二祀",皆有行祭。云梦睡虎地秦简《日书》载有"行行祠"曰:

　　　　行行祠;行祠,东行南,祠道左;西北行,祠道右。其号曰:大常行,合三土皇,耐为四席,席餟其后,亦席三餟。其祝曰:"毋王事,唯福是司。勉饮食,多投福!"

"道左""道右"的空间规定与东、南行和西、北行的方向相配,以及神歌祝咒的应用,都体现了祖道的仪式化和神秘化。直到清末,民间还有祀行神的吉礼,并有"酒盏六,箸六"的定规,②可见祖道影响的深远。

二　行山軷祭

　　古时行山道祭称之为"軷"或"軷祭"。《诗·大

---

①雷氏撰《五经要义》,见《玉函山房佚书总十种》,光绪甲申春日湘远堂刊本。
②见清光绪五年《武进阳湖县志》卷一。

雅·生民》有"取羝以軷"之句,《传》曰:"軷,道祭也。"《说文·车部》释"軷"曰:

> 軷,出将有事于道,必先告其神,立坛四通,树茅以依神为軷。既祭犯軷,轢牲而行为范軷。

这种立坛树茅、设牲车辗之祭使"軷"显得古奥而神秘。此外,《周礼·夏官·大驭》有"大驭掌驭玉路以祀,及犯軷","驭下祝,登受辔,犯軷遂驱之"之载。郑玄注曰:

> 行山曰軷。犯之者,封土为山象,以菩刍、棘柏为神主。既祭之,以车轢之而去,喻无险难也。

郑玄已明言"犯軷"为行山之祭,意在排除山路中的险难。祭仪中"封土为山象",并以山柴茅棘之类为山神凭依的象征,用车践履而去,意表行山路如坦途。这显然是一种禳镇巫仪。

軷祭中的祭场亦筑土为之,并称作"軷壤"。《礼记·月令》孟冬之月"其祀行"注云:

> 行,在庙门外之西为軷壤,厚二尺,广五尺,轮四尺。祀行之礼,北面设主于軷上。①

这二尺厚、五尺宽,纵深四尺的土台当为标准的軷祭场所的尺度。其位置在庙门外之西,而山神之位设于軷壤的北端。古人视空间的位序为东—南—西—北,而时令的递次

---

① 《礼记正义》,《十三经注疏》,中华书局,1980,第2990页。

为春—夏—秋—冬,时空之间有对应的相互关系,即西表秋,北表冬,而西与北连,秋与冬连,因此,軷壤与神主的方位设置与孟冬之月"其祀行"的时令安排正图演了时空对应的文化逻辑。

軷祭本为山行而对道路之神的祭祀,其功用乃求军旅平安。梁简文帝《和武帝诗》曰:

> 祭壶今息鼓,董案或开帷。
> 聊举青龙阵,正取绛宫时。
> 犒兵随后拒,軷祭逐前师。
> 军门初露节,步阵始分旗。

显然,軷祭是为了出征的顺利。而軷祭中的"轹牲",所碾压的为何物呢?《周礼·大驭》"及犯軷,王自左驭"杜注云:"軷,读为别异之别,谓祖道,轹軷,磔犬也。"①看来,是以狗为牲,以献山神。

中国的山神最初应是动物形态或人兽合体,但在庙祀信仰及民间纸马中早已完成了人形化的过程。在日本,有道祖神的祭祀,其像多为男女执手、相拥或交合的石雕,祭用稻草扎成的蒿马,以男女相就、阴阳相合来辟路道之凶,并留下"树茅以依神"的遗痕。在朝鲜半岛的民画上,山神则往往为骑虎的官人或与虎相伴的白发老人。山神信仰与道神信仰的结合乃是中国古代軷祭得以形成的基础。

---

① 见《经籍籑诂》卷九十六。

三　入山镇物

古人行路有腿上缚甲马之法,《水浒传》第四十四回中载有戴宗替杨林缚甲马,因"作用了神行法",而疾走如飞,不知倦怠之事。航海人遇风涛不测,则焚天后甲马以祈救。[1] 甲马成了陆行与水行的镇物。

古人入山为辟虎狼、退鬼魅,故有多种镇物之用,诸如:黄神越章印、入山符、明镜、响虫、虎肉等。

"黄神越章印"是道教的一种入山符镇。葛洪《抱朴子·杂应》载:

> 古之人入山者,皆佩黄神越章之印,其广四寸,其字一百二十,以封泥著所住之四方各百步,则虎狼不敢近其内也。行见新虎迹,以印顺印之,虎即去;以印逆印之,虎即还;带此印以行山林,亦不畏虎狼也。不但只辟虎狼,若有山川社庙、血食恶神能作福祸者,以印封泥,断其道路,则不复能神矣。

可见,"黄神越章印"既用以辟虎狼,也用以驱恶神,其一百二十字当为道教的符咒之语。除了"黄神越章印",《抱朴子》中还有多种"入山符",均以文字的变体与叠加传导神秘的法力。

九寸以上的明镜也是道士入山的镇物。《抱朴子》曰:

---

[1] 见袁枚《续子不语》卷一。

> 万物之老者，其精悉能记人形惑人，惟不能易镜中真形，故道士入山，以明镜径九寸以上者背之，则邪魅不敢近，自见其形，必反却走转。镜对之，视有踵者，山神；无踵者，老魅也。

作为"照妖镜"的明镜，其神力在于使山神、老魅显露真形，使其不敢近人。各地有在民居门楣上挂小镜子之俗，同样追求使鬼魅"反却走转"之功。

据说，"响虫"也是山行镇物。清人王士禛《香祖笔记》卷一曰：

> 山行虑迷，握响虫一枚于手中，则不迷。见《物类相感志》。

"响虫"是鸣蝉，还是它物，已难定说，显然它的功用不是引路导向，而是镇除山中神秘因素的迷惑。

虎肉也是一种山行的镇物，食之能驱虎逐魅。元人忽思慧《饮膳正要·兽品》载：

> 虎肉味咸，酸平，无毒，主恶心欲呕，益气力。食之入山，虎见则畏，辟三十六种魅。

这是以虎退虎、以虎逐魅，虎肉成了一种奇特的饮食类入山镇物。

入山镇物往往还配有一定的动作、咒语，如入山有"禹步"法，即先出右足，左足跟平，再出右足，左足再跟平，同时口中念咒。入山咒语中有一种"六甲秘咒"，据《抱朴子·登涉》载,此咒凡九字,即"临兵斗者,皆阵列前行",它被称作"无所不辞""要道不烦"之咒。此外,对一些山精物怪,人们若知其名,可呼之,它们就不能为害了。①

入山镇物同较祭具有同样的取义:排险除难,山行平安。它们同作为行山信仰构成了中国山岳文化中一个不可忽略的研究领域。

(原刊于《民族艺术》2001年第4期)

---

① 参见《抱朴子·内篇》卷一七。

钟鼓·琴·琵琶

——中国吉祥乐器摭谈

中国古代乐器作为礼俗与宗教的用物,不论是在外在的工艺造型,还是在内在的文化取义方面,均体现出祥物的性质。祥物又称"吉物""吉祥物",往往是点画"福善""嘉庆"主题的象征物品。① 祥物在俗民社会的文化识解中能超越其单纯的物态性质,带上理念、情感、品质,成为创造主体的思想与人性的延伸。《老子》所谓的"道生之,德畜之,物形之,势成之",点明了"物"与"道""德"相贯相连,它们构成同一个文化链结上的不同形态。拿中国古代乐器说,诸如琴、筝、箜篌、琵琶、箫、笛、笙、筇、钟、鼓、磬、二胡、唢呐等,或法天地人、四时五行;或"感阴阳之和","见风俗之伦";②或"尽声变之奥妙,抒心志之郁滞",③它

---
① 成玄英疏《庄子》"吉祥止止"云:"吉者,福善之事;祥者,嘉庆之征。"
② 语出王褒《洞箫赋》。
③ 语出傅毅《琴赋》。

们均能通自然、抒心志、和阴阳、美风俗,成为美感与功用交并的吉祥乐器。今且选钟鼓、琴、琵琶以作例说。

钟　鼓

　　钟、鼓作为响器,是发声的祥物,具有幽深的文化内涵。
　　中古时期有晨钟暮鼓的报时警众之制,古诗中见有"长夜默坐数更鼓"之句。击鼓迎年是旧时的除夕风俗,击鼓本有数时记刻、除阴接阳的寓意。镇江一带的乡民有在除夕夜聚集场头,通宵击鼓之俗,并以击破鼓面为来年丰穰之兆。其实,岁除击鼓建筑在鼓如春雷的信仰之上,潜含着借取雷霆扫除阴气的盼求。古人的"天以震雷鼓群动""腰鼓百面如春雷"的诗文,[1]正揭示了这一辞岁祥物的信仰基础。
　　鼓作为乐器,亦用于军事、娱乐等方面,汉画像中的击鼓图,有以乌鹊、巨树相配,大鼓空悬树干者,它以宇宙树的模拟,表明鼓作天震之声。
　　撞钟迎年作为宗教风俗,主要由佛寺主持。佛教初传中土即与丧葬悼亡风俗相结合,于是有临终撞钟增正念、驱烦恼、发善心、震地狱、解苦厄之类的说法。
　　《俱舍论》曰:"为临终令生善念中死,打钟鸣磬,引生善心故。"
　　《佛祖统记》曰:"又戒维那曰:人命将终,闻钟磬声,

---

[1]见祝穆《古今事文类聚》卷二十三《乐器部》。

增其正念,惟长惟久,气尽为期。"

《唐高僧传·智兴传》曰:"亡者通梦其妻曰:不幸病死,生于地狱,赖蒙禅定寺僧智兴鸣钟,响震地狱。同受苦者,一时解脱。"

岁末也是"岁终",它同"人命将终"能建立起相关的联想:除夕为旧岁终亡、阴气盛极之夜,如人之将死。因此,撞钟除用于人的临终,也用于岁的"临终"。

其实,在佛教传入之前,早有撞钟奏乐活动。《诗经·周南·关雎》中有"窈窕淑女,钟鼓乐之"之句,汉画像石中亦常见撞钟的刻画。

钟的文化意义究竟何在?《白虎通·五行》中有一句揭秘之语:

> 钟者,动也。言阳气于黄泉之下动,养万物也。

唐代诗人李白在《化成寺大钟铭》一文中曾将鼓、钟相提并论,他说:

> 噫!天以震雷,鼓群动;佛以鸣钟,警大梦。而能发挥沉潜,开觉茫蠢,则钟之取象。其义博哉!夫扬音大千,所以清真心,警俗虑,协响广乐;所以达元气,彰大声,铭勋皇宫;所以旌丰功、昭茂德,莫不配美金鼎……[1]

李白所历数的钟的功用,莫不在其"扬音"之大而引发的

---

[1] 祝穆:《古今事文类聚》卷二十三。

动感和除"沉潜"、开"茫蠢"的浩荡阳气。

中国传统铜钟的纽环均铸为蒲牢之形,以求其钟"大鸣吼"。薛综注《周礼》"发鲸鱼,铿华钟"曰:

> 海中有鱼,名鲸。海岛又有大兽,名蒲牢。蒲牢畏鲸鱼,击蒲牢辄大鸣吼。凡钟,欲令声大,故作蒲牢于上,以所击之者为鲸鱼。①

佛钟也有蒲牢之作,可见从形到义它都植根于中国文化的沃土。至于佛寺除夜撞钟 108 下,是取"九"与"十二"之积,即把"老阳"之数与十二地支相配,以表来年月月充满阳气,全年大吉大利。这样,即使在行为上,或在数字的神秘观念上,它也都与中国文化难舍难分。

钟、鼓作为辞岁祥物流传至今,近二十年来,中国大陆各地为满足日本游客而大搞除夕撞钟活动,从苏州寒山寺开始,逐步波及常州天宁寺、镇江金山寺、南京栖霞寺、扬州大明寺等地,使这一辞岁活动显得格外突出。

琴

古人把琴、棋、书、画称作"才秀四艺",而琴为其首。琴的发明在传说中归功于上古的文化英雄和贤明的先祖,被说成是伏羲、神农或舜的创造。《初学记》卷第十六引《琴操》曰:

---

① 祝穆:《古今事文类聚》卷二十三。

神话有别于文明人诉诸笔墨的书面神话。至于后世作家文学的产生，则是语言艺术和文学作品形式的进一步发展，就其语言而言，已有别于幼稚的神话。研究上述语言间的差别，探究神话的语言特点，不仅能拓展神话的研究领域，而且也能加深我们对神话这一文体特殊规律的认识。

语言是社会的产物，最初构建神话迷宫的词语也都是经社会加工而形成的声音组合体，它往往融合着认识的因素和感情评价的因素。这一特质不仅决定了初期神话的流传方式，而且也适应着神话对自然与社会所具有的解释的和审美的功能。一般说来，口头的神话对上述功能的体现是动态的，应时的，而书面的神话往往则是静态的，越时的，因为它已失去原有的信息交流情境和神秘的氛围。口头的神话是活的神话，它讲传于原始初民或尚处原始状态的民族之间，并随社会生活的发展而不断变化。作为现实的社会观念，它是交流迅速的活信息的载体，有着突出的功利性。例如至今只能用火而不会取火的非洲俾格米人，他们每天守在火种旁边讲世界和人类起源的神话，唱英雄颂歌，跳狩猎舞蹈，神话帮助他们追忆过去的生活，肯定今天的胜利，并砥砺继续搏斗的勇气。这样，神话不仅在时间上联系着过去、今天与未来，还在空间上统一着天地、人类和万物，成为他们不断面对现实人生的精神支柱。书面的神话是口头神话的记录，人类文明的产物，作为越时信息的储库，它已失去了原先的循环途径，因此所反映的已不是现时当地的社会信息。由于音响与文字的符号转换，原有的神秘氛围被打破了，讲话人与听者间的信息反馈中断了，因此神话借以唤起"一体感"的现时效应随之而衰减，神话思维代码间的动态联系也变得相对静止。一句话，以书面形式表达的神话以其相对的定型性取代了口头神话的多变性。从控制论的观点看，由口头神话到书面神话的转变是神话在社会发展过程中呈收敛型反馈的又一个契机。

尽管存在着口头神话和书面神话的客观差别，但两者同属神话范畴，它们在语言的运用上仍有着较多的共同特征，与后世书面文学创作相比，有着多方面的明显的区别。

从人称看，在原始社会中没有我、你、他三者的笼统区分，也没有不确定的复数，其代词形式极为复杂，如契洛基人的代词形式就不下七十种。[①] 尽管原始人使用的代词纷繁复杂，但用得最早、最多的仍然是第一人称复数。由于早先语词的产生不是为了命名，而是表示归属关系，因此"人类最初的思想是有关集体的'我们'、'我们的'思想"。[②] 又由于原始思维的活动借助最初的语词进行，因此其产物——神话也表现了社会集体的切身需要和追求社会自我肯定的目的。正因为如此，神话在原始的群体中能唤起一体感，使初民在想象中与神灵同感共鸣，互通相

---

① 列维-布留尔：《原始思维》，商务印书馆，1981，第133页。
② B.N.阿巴耶夫：《论意识和语言的起源》，载《国外语言学》1980年第1期，第23页。

融，从而使物与我、自然与社会、形象与感情实现幻想的同一。例如，图腾神话就能很好说明神话在人称上的单一性。图腾观念把社会集团自身与外部世界结为一体，将天体、动物、植物以及其他有生命或无生命的东西视作与氏族群体有血缘的联系。在这一观念下形成的神话，其语言的人称意义往往表现为第一人称复数，带有自我肯定的感情评价因素和对外在之物加以占有的认识意义。而后世的文学创作则有着人称选择的多样性和随意性，它们往往并不涉及归属关系，而成为展示个性，丰富艺术表现的一种手段。社会生产的发展导致了个体对群体的独立，决定了人称单数与复数的明确区分，而若干群体与个人间相互的往来或敌对，导致了三种人称单复数的最后形成和普遍使用。显然，人称由过于细微琐碎到简单明了，由第一人称复数的习用到三种人称单复数的并举是社会发展的必然结果，也反映了神话和文人创作所附丽的不同文化历史背景。

从功能看，神话的语言虽朴实无华，然而能产生神秘而强大的"互渗效应"，使原始群体在通感作用下结为一体，并用神的意志，即自身的抽象能力，去同化整个外部世界。这样，神作为人的意识的表象与人类自身，以及人格化了的自然就在幻想中实现了虚假的同一。这一想象的关系是人类生存需要的反映，它甚至已体现在单个的词语中，如非洲祖鲁语中的 i-zulu，既表示"祖鲁人"，又表示"天空"①这种人天的混同、互渗肯定了人的存在，加强了生活信念，反映出神话语言的功用。正如洛克在《人类的理解》一书中所指出的："人们的观念和语词都是为日常生活所用的，并不契合于事实的真假和范围。"②可见，互渗效应作为神话语言的主要功能，揭示了人们观念的起源，并体现出原始思维的基本特征。至于后世文学创作的语言，已失去了互渗效应，其符号系统在作者、读者与描绘的形象之间存在着一种"间离效应"。尽管作家在创作过程中会为自己创造的形象所感动，读者也能在阅读时产生情感上的共鸣，但绝对不会在观念上融为一体，无论是作者或读者，其感情与理性总是互相制约的。其原因在于，语言由单纯的心理过程已转化为文化的工具；信息内部阶级或阶层因素的出现与感情成分中个性化的加强使语词日益联系着现实社会；语言由表示集体归属关系的自我肯定的符号发展为反映外在世界完整体系的各有用途的机制。因此，从神话语言的互渗效应到后世文学语言的间离效应的转变，正反映了语言艺术随社会演进、思维发展的不断丰富，同时也揭示出二者的不同功用。

从语词的运用看，神话的语言凝炼而跳跃，没有或较少修饰，主要语词间的过渡不做铺陈，语句短小。神话所

---

① B.N.阿巴耶夫：《论意识和语言的起源》，载《国外语言学》1980年第1期，第23页。
② Hans Arsleff：《语言学史与乔姆斯基教授》（徐烈炯摘译），见《国外语言学》1981年第3期，第14页。

述的"神们的行事"和灵异现象并非在于状物记事,自娱自乐,而是通过语言的抽象能力对初民生存空间中的一切可感的形式作肯定与否定的感情评判。"对原始民族的思想来说,没有哪种知觉不包含在神秘的复合中",作为"声音图画"的口头表现也必然拥有神秘力量,而这种"神秘力量不仅为专有名词所固有,而且也为其他一切名词所固有。"①因此,神话具有较高的信息价值,不仅在当时具有启迪作用,至今仍还令人回味,而一般文学作品,特别是文人的创作,其语言藻饰描摹,一唱三叹,语句繁复。尽管后世的文学语言丰富复杂,手法多样,但由于是作家个性风格的表露,反映的是个人对生活的理解,以及局部的社会思想,因此它很难具有像神话语言那样的全社会的信息价值。

从交际原则看,原始神话与文人创作的语言亦存在明显的差别。首先,在内容方面,神话在当时的讲传中,无论是说者或听者都对其内容坚信不疑,甚至发展为虔诚的信仰;而文学家所写的,往往是他本人也明知的虚构的人和事,读者也并不信以为真。其次,在数量方面,文学作品的离题描写和过多的解释,使之派用的语言符号多,而载负的信息量并不大。再次,在关系方面,神话的语言与初民的生存空间有直接的联系,它在人、神、物间发挥着"互渗效应",是唤起原始人类与外部世界"一体感"的手段;而

---

①列维-布留尔:《原始思维》,商务印书馆,1981,第170—171页。

后世的文学语言与作者、读者、听众的真实世界不一定有直接的关系。最后,在方式上,神话的语言是判断式的,是力求明确的,尽管它反映的内容往往是倒像;而后世的文学语言常常是含蓄的和经过修饰的。神话在历时久远的传承中虽有变异,但这是不期而然的渐变,在一定阶段上它有着相对的稳定性;而文人的创作主要是创造性的体现,其语言、手法都力求出新,形成了文学语言的多变性。

从思维形式相应的语言表现形式——命题看,[①]神话语言的主、表词关系与一般文学语言的主、表词关系因思维性质不同而泾渭分明。神话命题的主词,即判断的对象,是自然、社会和人的存在及行为。这一对象是真实的,客观的,其材料由直观形象思维、直观行动思维所提供,而神话的表词,即判断的内容,是虚幻的、主观的,其结论由前逻辑思维所限定。例如有关天地开辟的神话,其命题的主词是天地,用以回答天地来由的问题,这一对象是真实的,可感的;但此类神话命题的表词,却是神、鸡子与天地间的相生互化关系,它由上述"神话素"的排列组合作为判断的内容,因而它具有虚妄性和神秘感。再如抟土作人的神话,其命题的主词是人类本身,用以回答人类起源的

---

① 胡明扬《乔姆斯基〈笛卡儿语言学〉评介》一文说:"思维的主要形式是判断,相应的语言表现形式是命题。命题包括两部分,一个部分是主词,是判断的对象,一个部分是表词,是判断的内容。"见《国外语言学》1981年第2期,第58页。

问题,这无疑又是真实的,具体的,但其判断的内容却是神、泥和水(血)之间的关系,因而也是虚假的、主观的。可见,神话命题的两部分关系所反映的是感觉与想象、外界与内在的图式平衡,而不是真正的逻辑联系。从思维的发展看,由于神话是用表象符号代替外界事物,它已处于"前运算阶段","已开始建立由感性知觉形成的表象思维和初具理性内容的形象思维"。① 而一般文学作品的语言,其命题两部分间的联系是基本统一的,即便作家在命题的内容方面人为地伏下神奇怪异、朦胧荒诞的成分,都不是表象图饰的融合,其思维已离开具体现象,体现出"形式运算阶段"的特点。任何浪漫化的语言,即使是某些刻意摹仿神话的传说、童话和神话故事(包括仙话故事),其表现形式在表面上是矛盾的,在深层上却是统一的。因为,这类后世的文学语言所展示的是多语体的性质,从根本上说,它是表现手段的变通,而不是对逻辑思维的废弃。

此外,从语言的现象看,各种语言都有语义的比喻和引申,而拟人比喻在神话的语言中运用得更为普遍。例如,用人体的各部分比喻日月山川,用人的情感、欲望引申到动物或无生命的物体,让视觉、听觉、触觉发生转移等等。再从语言信息的内涵看,神话中的认识因素与情感成分密不可分,而在一般的文学语言里二者有所离异,甚至

---

① 刘勇:《皮亚杰的发生认识论和儿童心理学》,见《学习与思考》1983年第3期,第80页。

出现所谓"中性的语言"。从语言的内部要素看,神话语言的音、义互相作用,以抽象的概括反映特定的物质形式;而后世的文学语言作为文化的产物多表现为书面的文字,常脱离口语的自然范围,其音响作用相对减小,而形、义起着主要作用。

从上述讨论可以看到,神话作为人类原始时期的语言艺术,有其鲜明的特性。语言的或口头的神话不同于文字的或书面的神话,由原始思维所决定的神话的语言更不同于主要表现为形象思维和逻辑思维的后世文学语言。作为语言,它们虽都具有抽象的本质(正如列宁所说,"在语言中只有一般的东西"[①]),但神话的语言除具有一般语言的共性,还带有语言在发生、发展的初始阶段的特点。由于它思维方式的前逻辑性,表达视觉形象的直观性和幻想性,以及语言信息所包含的自然与社会知识的总汇性,而显得神秘、稚气,并富于魅力。在神话的语言中,现实的主词与虚假的表词,简单的句式与引申的比喻,主观的心理与客观的时空,神灵的信仰与自我的肯定实现了辩证的统一。

当前,在我国神话学界,神话的语言尚未得到充分的讨论,其规律的发现和认识还有待于学者们的努力。因此,深入讨论神话的语言特点乃是一项极有意义的课题,它有助于神话思维的探究,有助于神话界说的研讨,也有

[①]《列宁全集》第38卷,人民出版社,1959,第306页。

助于对原始艺术规律的总结。本文试以粗浅之见涉足这一领域,以冀引起学界的关注和讨论。

(原刊于《民间文学研究》1987年1—2期)

论水难英雄

在世界传说类型中有一群出世罹难,遇水得勇的英雄。他们往往少小蒙难,历水不死,通魔术,有才武;长成后,不畏艰险,除害布利,为民族、为社稷建功立业。有趣的是,他们生死不凡的身世,崇高英烈的功绩总是与水难或虚拟的水难事件联结在一起,并由此图演了"水难——英雄"的因果关系。

传说作为原始神话和后世口承民间作品的中介,依然潜藏着丰厚的文化积层。透过"水难英雄"传说的表面叙述,我们可以追寻其深层的隐喻结构和潜在的功能意义,从中亦不难发现此类传说与神话、宗教、礼仪的内在关联。

"水难英雄"是世界英雄传说中的一个数量众多、而又分布甚广的人物系列,本文拟就古希腊、希伯来、印度、阿拉伯和中国的部分实例加以分析。

一　人物类型与入水方式

如果我们编就一部《水难英雄谱》,就不难发现,其基本类型又可划归弃儿型、母子型和成人型三种。

1.弃儿型

所谓"弃儿型",系指父母惮于外来人为威慑,或由于天然灾害不能自保,主动或被迫将新生儿遗弃水上。此型又可分作三类:

其一,"箱中类"。即英雄在幼时曾被置于箱中、竹筒、盆内或缸里,然后丢弃水上,任其漂流,获救收养后,显示出奇才神功。此类英雄包括希伯来的摩西、阿拉伯的穆萨、中国的夜郎国竹王,以及唐僧等。

摩西是希伯来人的民族英雄,有关他的传说写进了《旧约·出埃及记》中。当时以色列人屈居埃及,法老怕他们因人多而强盛,便下了杀男婴的命令。摩西为一利未女子所生,其母见他异常俊美,便藏匿了三个月,后隐藏不住了,便取来了一个蒲草箱,抹上石漆和石油,将儿子放置箱中,使之漂流到尼罗河边的芦荻中。适逢法老的女儿去河边洗澡,她发现了蒲箱和弃儿,就收作养子,并给他取名为"摩西"(意思是:"因我把他从水里拉出来")。长大后,摩西不忘处于水深火热之中的本族人民,不忘"流奶滴蜜之地"——故土迦南,遂率众与法老斗争,并成功地逃出埃及。[1]

阿拉伯人的《古兰经》化用了上述《圣经》中的摩西传说,更名为"穆萨"。《古兰经》说,穆萨被藏匿三个月后,真主启示其母,让她准备一个箱子,把小儿放入其中,然后丢到尼罗河里任其漂流,不必担心受怕。箱子和孩子被法老的一个妻子发现,真主便将喜爱之情注入她的心房,她求丈夫将孩子收作养子。穆萨长得又高又大,膂力过人,真主又把奇迹交到他的手中,他成为先知和使者,成为"真主的交谈者",并带领以色列人从埃及出走。[2]

我国古代夷狄中的夜郎国竹王,也是一"水难英雄"。据晋常璩《华阳国志·南中志》云,古夜郎"有竹王者,兴于遁水。有一女子浣于水滨,有三节大竹流于女子足间,推之不肯去。闻有儿声,取持归,破之,得一男儿。长养,有才武,遂雄夷狄。氏以竹为姓。……王与从人尝止大石上,命作羹,从者曰:'无水。'王以剑击石,水出,今竹王水是也,破石存焉。"文中的三节封闭的大竹是箱类临水器的另一形式,而竹王无父无母,亦当为弃婴。他击石得水的异能与摩西破石得泉的法术异曲同工,都表现了此类英雄的才武和神能。

此外,晚近流传的有关唐僧的传说,也是对该类英雄的附会。历史上的玄奘,23岁时偷偷离家出走,与商人乘

---

[1] 见朱维之主编:《圣经文学故事选》,北京出版社,1982。
[2] 见穆罕默德·艾哈迈德·贾德·毛拉:《古兰经的故事》,新华出版社,1983。

船泛泯江,溯长江,渡三峡,奔荆州,落发之后,"乘危远迈,杖策孤征",跋山涉水,十七年中行走了五万里,游历了110国,取经归来后,写成《大唐西域记》12卷,并主持翻译梵文经、论74部,计1335卷,1300多万字。玄奘作为"五印度"的第一流学者,其非凡的毅力和卓著的成就无疑也体现出英雄的气质。也许正是他青年时离家泛江的经历被传说所利用,改造成少时遇洪,只身漂流的"江流儿",后被寺僧收养,纳为佛门弟子,终成西天取经的"圣人"。唐僧的这一出家传说,也显然是对弃儿型箱中类"水难英雄"模式的效仿。

其二,"水中类"。此类英雄诞生于水难之中,往往在出生前父母已亡,一经世便成遗孤,他们生于滔天洪水之中,长成后有明德殊才,能兴利除害。这类英雄包括大禹、伊尹等传说人物。

关于禹的身世,《山海经·海内经》云:"鲧窃帝之息壤以埋洪水,不待帝命。帝令祝融杀鲧于羽郊。鲧复(腹)生禹。帝乃命禹卒布土以定九州。"此外,《全上古三代秦汉三国六朝文·全上古三代文》辑《归藏·启筮》云:"鲧殛死,三岁不腐,副之以吴刀,是用出禹。"[1]可见,禹出世之时,洪害未平,他生于水患,且降世为孤。但禹通灵得法,受河精之图,得黄龙、玄龟之助,"尽力沟洫,导川夷岳",[2]逐共工,杀相柳(九头水怪,共工之臣),锁镇为害的

---

[1] 袁珂:《中国神话传说词典》,第284页。
[2] 王嘉:《拾遗记》卷一。

水兽无支祁,化熊通轘辕山,终使"丰水东注",①洪水疏平。后人因之赞颂道:"美哉禹功!明德远矣。微禹,吾其鱼乎!"②这里,禹已被抬到了"救世主"的地位而大受褒德。

此外,中国古代传说中助汤伐桀的伊尹也是"水中类"的弃儿英雄。关于他的行状,古籍所载甚多,其中尤以东汉王逸的《天问》注所云为详。王逸注云:"伊尹母妊身,梦神女告之曰:'臼灶生蛙,亟去无顾。'居无几何,臼灶中生蛙,母去,东走,顾视其邑,尽为大水。母因溺死,化为空桑之木。水干之后,有小儿啼水涯,人取养之,既长大,有殊才。"可见伊尹也是一个生于水患,落地为孤的弃儿,其母犯忌与禹父触犯天法一样,构成他落水见弃的直接原因。伊尹在兴商亡夏中的"五就桀,五就汤"的"殊才",使其也带上了英雄的光晕。

其三,"冰上类"。此类为水难事件中最富季节特点的事例,弃儿卧冰与水上漂流只是他们就水的两种外在形式,并无质的差异。此类实例以中国的后稷传说最为典型。

据《史记·周本纪》载:后稷母姜原,践巨人迹而感孕,"居期而生子,以为不祥",先"弃儿隘巷",再"徙置之林中",后"弃渠中冰上","飞鸟以其翼复荐之。姜原以为

---

①见《诗经·大雅·文王有声》。
②见《左传·昭公元年》。

神,遂收养长之"。初生时他就能"冯弓挟矢",①长成后又"降以百谷",②最后"作稼穑而死"。③后稷俨然是一个开拓型的文化英雄,其几番见弃,卧冰得救的情节给传说增添了传奇色彩。

2.母子型

所谓"母子型",指英雄少时的就水,离不了母亲的相伴,或与母共赴水难,或由母提携下水,以增益其所不能。由上述两种情况,又可将此型分作两类:

其一,"共难类"。此类英雄幼时曾与母在水中相依为命,生死与共,例如希腊的珀耳修斯,中国的岳飞等即是。

珀耳修斯是阿耳戈斯传说中的英雄,由其母达那厄与宙斯所生。达那厄的父亲,阿耳戈斯国王从神示中得知,女儿生下的男孩会推翻他的统治,并把他杀死,于是便下令将女儿和外孙装进一只箱子,扔进大海。箱子漂流到塞里福斯岛后,被渔人狄克堤斯救起。珀耳修斯迅速长成一个有勇有谋的武士,他主要的功业是割取了使人一见就变作石头的女妖墨杜萨的头颅。④

中国晚近出现的岳飞传说,亦附会有母子漂流的情

---

① 《楚辞·天问》中有"何冯弓挟矢,殊能将之"之问。
② 见《山海经·大荒西经》。
③ 《淮南子·氾论训》。
④ 见鲍特文尼克:《神话辞典》,商务印书馆,1985。

节。清人钱彩的取自民间传说而改作的通俗小说《说岳全传》，记述了岳飞的身世。岳飞少时，一天忽然天崩一响，地裂而洪漫，岳家庄顿成大海，于是他随母遵道人之嘱避入大花缸中随波逐流，度难后，文武兼备，使金兵心惊胆战，护卫了半壁河山。岳飞历来被视作"民族英雄"而受人敬重，甚至还被加以"神格化"，演化为崇拜的偶像，供奉于庙坛宫观。

其二，"提携类"。此类英雄幼时由母亲提携下水，以得到神佑和刚勇。古希腊的阿喀琉斯是其中最著名的实例。

阿喀琉斯是特洛亚战争中的主要英雄，他的母亲是海中神女忒提斯。忒提斯为了使儿子长生不死，曾捏住小阿喀琉斯的脚踵把他浸泡在斯堤克斯河水里。由于他周身沾过这条冥河之水，所以刀剑不入，唯有母亲手提处没沾到河水，于是"阿喀琉斯之踵"成了致命的弱点。阿喀琉斯不仅刀剑不入，而且武艺过人。他六岁时就能杀死野猪和狮子，并能追上善跑的野鹿；后来他成为特洛亚战争中举足轻重的英雄，杀死了特洛亚的主将赫克托耳，为希腊联军的胜利立下了丰功。

3.成人型

所谓"成人型"，是"水难英雄"的一种变异形式。他们不是少时落水得勇，而是长成后赴水洗沐而领法；就水的行动不是身不由己地听凭母亲的安排，而是一种对预期目标的自觉追求，尽管有神示仙引，然而它却是一种兴利

除害、趋福避祸的主动行为。根据沐浴的方式,此型又可分作两类:

其一,"自洗类"。此类英雄临水自洗而通灵得法,获智取勇,其中较典型的实例是印度的罗摩衍那的故事。

罗摩是王后吃了祭火中走出的巨人手中金杯里的食物而生下的王子。正当其父十车王考虑王子的婚事时,大仙人毗奢密多罗牟尼来到了,他要把罗摩带走十天,说只有罗摩能杀死亵渎祭坛的妖怪。罗摩与其弟罗什曼那遂与牟尼前往。途中,牟尼对两兄弟说:"到萨罗逾的河里去洗洗脸,然后我教给你们永不疲劳的方法。"他们用河水洗了脸,得到了两个秘诀:"婆罗"(力气)和"阿底婆罗"(更多的力气)。牟尼说:"学会了这个秘诀,你们永远不会疲倦,永远不会生病,也没有人能够伤害你们,你们还能打败敌人。"然后,他们又乘坐一条美丽的小船渡过了萨罗逾河,进入森林,罗摩箭杀了力气像一千只大象那样大的女妖多逻迦,从此开始了他的英雄业绩。[1]

其二,"受洗类"。此类英雄接受施洗或神女的助浴,获得神爱和奇勇。《圣经》中的耶稣就是其中的一个。

耶稣三十多岁时在约旦河接受了施洗约翰给他的施洗,刚从水中出来,天就忽然为他开了,他看见圣灵仿佛鸽子降下,落在他身上,天上有声音说:"这是我的爱子,我所喜悦的。"[2]而后他被圣灵引到旷野,经受了魔鬼四十天

---

[1]《罗摩衍那的故事》"阿逾陀篇",中国青年出版社,1962。
[2] 朱维之:《圣经文学故事选》,北京出版社,1982,第255页。

的试探,以后便开始传教布道。耶稣被犹大出卖后,钉死在十字架上,死后三日复活,四十日升天,五十日差遣圣灵降临,成为"基督"(救世主)。上述耶稣应试、传教、蒙难、救世的英雄行为是从受洗获取神爱开始的,受洗是水难的模拟,因此,透过宗教的氛围,我们从耶稣身上仍可以看出一种变形的"水难英雄"的特点。

此外,古希腊关于阿喀琉斯的另一说法,即忒提斯白天用琼浆给他抹身,夜间用火锻炼之说,亦同"受洗类"有交叉联系。

从上述"水难英雄"类型的粗略划分(见表1),我们可以归纳出他们基本的临水方式,为漂流型、水中型、冰上型和沐浴型四种(见表2)。

上述英雄的临水器物、所临水型、本领功绩及入水之因等项,我们也可从下表中识得(见表3):

表1　人物类型表

弃儿型	箱中类	摩西、穆萨、竹王、唐僧
	水中类	禹、伊尹
	冰上类	后稷
母子型	共难类	珀耳修斯、岳飞
	提携类	阿喀琉斯
成人型	自洗类	罗摩、罗什曼那
	受洗类	耶稣

表2 临水方式表

漂流型	摩西、穆萨、珀耳修斯、竹王、唐僧、岳飞
水中型	禹、伊尹
冰上型	后稷
沐浴型	耶稣、罗摩、罗什曼那、阿喀琉斯

由表3可知,文中列举的水难英雄在临水器物上虽有蒲箱、木箱、大竹、空桑、冰、船、盆、缸之别,所临水型亦有河、海、渠、冥河、洪水之分,但他们都有非凡的身世和殊才异能,都因外在力量的胁迫或内在心理的压力而入水赴难。

二 结构联系与功能意义

"水难英雄"的故事结构大多是从"谬生"导源的。所谓"谬生",即因某种错误、舛乱、罪行而生子,从而导致新生儿命途的坎坷。他们的出世总与父母的犯禁、悖理、违法等行为联结在一起,先天性地带上了社会所泼下的污点。如禹父鲧违天帝之命窃息壤,伊尹母忘神女忠告半途反顾等,都是犯禁行为,因而受罚身死,遗子水涯。而耶稣由童贞女玛利亚感圣灵而生,后稷因姜原履巨人迹而感孕。罗摩由王后食巨人手中食物而堕地,珀耳修斯因达那厄与化作金雨的宙斯亲近而出世,他们是天人感应或神人交合这种悖理行为的产物,因而亦属不合常伦的"谬生"。至于摩西(穆萨)出生在埃及的利未人家,有违法老存女杀男之令,也是一种生不逢时、存不适地的"谬生",因而难免磨难。

表3 总况表

国度族别	姓名称谓	临水器物	水型名称	本领功绩	入水之因
希伯来	摩西	蒲箱	河(尼罗)	通魔术、出埃及	法老令杀男婴
	耶稣	\	河(约旦)	领圣灵,传教救世	洗罪恶,获神爱
希腊	珀耳修斯	木箱	海(爱琴)	智斩女妖墨杜萨	外公之愤怒
	阿喀琉斯	\	冥河(斯提克斯)	刀剑不入,攻杀特洛亚主将	为能长生不死
阿拉伯	穆萨	箱子	河(尼罗)	通魔术、出埃及	法老令杀男婴
印度	罗摩	船	河(萨罗逾)	不倦不病,诛妖除害	求得法术、秘咒
中国	伊尹	空桑	洪水	有殊才,助汤伐桀	母犯忌
	禹	\	洪水	得神灵助,治水杀怪镇害	父违命
	夜郎竹王	三节大竹	河(遁水)	有才武,雄夷狄	\
	后稷	冰	渠	冯弓挟矢,降以百谷	感应而生,以为不祥
	唐僧	盆	江河	西天取经	人祸
	岳飞	缸	洪水	抗金保国	天灾

此类结构的真正发端是"近水"。谬生之子或被弃置河、海、冰、洪之上,或与母相依漂流,都是逃灾躲害、避咎

洗罪的行为，因而受到了天神的谅解和护佑。所以他们虽谬生而得存，虽罹难而获救，虽幼弱而智勇。"近水"改变了"谬生"的命途，显示出传奇的特征。

"得勇"是情节的发展，也是结构的中介。英雄近水之后，得魔法或通咒语，添殊才或备奇武，最终摆脱了"谬生"的舛误和水难的噩梦，取得了自主、自为的可能。"得勇"是成就英雄业绩的基本条件和必要准备，因此它在结构中是谬子向英雄转化的中介。

在结构链中最能显示英雄本色的是"除害布利"一节，斩妖镇怪、治水降谷、取经布道、攻城保国等是其具体的表现形式，也是英雄形成的主要标志。这在水难英雄传说的整个结构链中是不可或缺的一节，同时它在情节表面叙说中也是高潮的所在。英雄若不除害布利，则徒有虚名；得勇而无功犹如无实之花，有始而无终。因此这一节在此类传说的结构中大多表现得较为充分。

"称雄成王"是情节的结局，也是结构的延伸。阿喀琉斯的主将地位，竹王之雄夷狄，禹成夏之初王，耶稣成为"救世主"，玄奘作为盖世高僧被尊为"圣人"等，与"谬生""近水"既呈始终关系，又为强烈的对照。谬生罪娃与英王雄主本有天壤之别，但经过传说结构的若干中介，它们却成了线性的逻辑发展，并表现为外在形式的开放体系（多类型、多水型、多动因、多功德等）与内在结构的封闭链式的统一。

"水难英雄"传说的结构链式可用以下简图示意：

谬生(背景)→近水(开端)→得勇(发展)→除害布利(高潮)→称雄成王(结局)。

世界神话传说中众多的水难英雄,其事件有多寡,情节有简繁,对象有变通,但究其结构,均可概括于上述链式中。

透过这一叙事结构,我们能够探得此类传说的功能意义,认识潜藏的神话——宗教——礼仪的渗透交融,并发现情感——道德——习俗的有机联系。

"水难英雄"传说首先是对神话结构的模仿,用以追寻洪水神话的意义。英雄们各种形式的就水行动,是以象征的方式表达历水不死的情感,以追仿洪后遗生的始祖先民,冀以得到神爱和神助。神话中的洪水遗民多得神宠和神示,在惩罚性的水难中,他们因敬神的情感和做人的品德为天神所看中,成为"上帝的选民",并赋予了超常的体力和智力。而传说中水难英雄的就水正是崇神敬祖情感的体现,其直接的功利目的是悦神获佑,以讨得"选民"的"洪福",长命而多能。因此,英雄的就水是虚拟的喜剧,是时人情感的外化和心理的图演,当然也反映了神话的投影及其诱发的梦幻。

其次,水难英雄传说是对宗教活动的暗示。英雄的就水赴难实际上是一种拜神献祭行为,是在道德压迫下求得心理平衡、克服内心苦痛的行动。英雄因"谬生"而先天地背上了道德的重负,于是就水赴难便成了一种献祭释负、洗罪求恕的活动。神话中洪水惩戒人类罪恶的幼稚幻想,在这里演化为水能洗去灵魂罪恶的宗教意识,并最终普遍形成了"洗礼"一类的宗教仪式。同犹太教教徒施行割礼一样,英雄的就水与教民的洗礼都是对捐躯献血行动的展示。在这一层意义上,"就水"体现了宗教的道德,其功能作用在于洗罪求恕,这是以曲笔的方式对宗教活动作出的解释。

最后,水难英雄传说是对人生礼仪的图演,是一种原始习俗的遗风。英雄的就水实际上是对生子仪礼的展示。民俗活动中有所谓"洗三"之礼,是人生仪礼中的第一项,即婴儿一诞生就受洗,以去污防病壮胆。而传说中英雄的就水也多在堕地之初或年少幼稚之时,正与此种仪礼相通。就水后英雄得殊才神勇,斩妖除害,建功立业,实际上又是对人生礼仪中另一个要目——成丁仪礼的演示。在原始社会中,一个青年长成并欲取得氏族或部族的正式成员资格,就得经受体力、智力、勇气、技能等方面的考验。这种考验往往在极其严肃的氛围下进行,其中不乏残酷的自戕行为,如拔牙、残身、锥刺、虫咬等。这种以习苦的方式所进行的成人考验,是为了获取对体力、智力、毅力的验证,也隐藏有以小恙换大安,去祸就福的功利追求。水难英雄们的业绩是其英雄形成的标志,也是成丁考验的验证。因此,水难英雄的传说所演示的是生子、成丁的礼仪及其考验过程。由此,我们可以将它与其叙事结构对照,找到此类传说以生子——考验——成丁为线索的深层隐喻结构(见表4)。

表4　结构对照表

阶段 类型	一	二	三	四	五
叙事结构	谬生	近水	得勇	除害布利	称雄成王
隐喻结构	生子	考验	成丁		

三　发展趋向与存在价值

　　水难英雄传说包容着神话、宗教和民俗的质料,是氏族贵族出现后的精神产物,有些还明确带上了阶级社会的印记,英雄全系男儿这一特点,就反映出它产生的社会条件。"水难英雄"作为一种原型,在民间长期的口承中亦不可避免地发生转移和变异。它也同样经历了历史化、宗教化、文学化等改造途径,并循此而一分为三,分别向不同的方向演进,派生出新的人物类型。

　　具体说,水难英雄经历了历史化,发展成民族的祖先,甚至作为人皇国祖而载进史册。例如,禹成了夏之祖王,竹王成为雄霸夷狄的夜郎国王等。他们还经历了宗教化,发展为受人顶礼膜拜的尊神,其固有的半人半神的性质或完全"人格"的特点在这一过程中被加以了神圣化,倒退为不食人间烟火的神明。例如,耶稣成了"基督",岳飞成了岳王等,他们被祭祀于庙坛之上,受礼拜和香火,成了精神信仰的产物。此外,他们还经历了文学化,发展为受人景仰、爱慕的勇士。大量的民间故事和童话都刻意表现那些历尽磨难、坚韧不拔、智勇双全、除害兴利、俊俏钟情的勇士,而其中相当一部分与水难英雄在源流上有着若明若暗的联系,可视作水难英雄的变体。例如,珀耳修斯、罗摩等英雄正是后世童话中某些勇士们的影子。上述祖先、尊神、勇士是水难英雄的形象转移,也是该类传说故事随社会演进所产生的趋向不同的发展。这一发展可用以下简图示意:

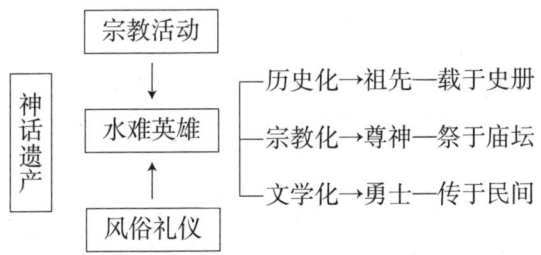

水难英雄传说既是对神话、宗教、民俗的包容与渗透,又是上古口承文学与后世民间创作的发展中介,因此它在内容与形式方面都具有一定的研究价值。由此我们可探寻神话的潜在流变、宗教的造神方式、民俗的形成基础,以及口承文学的衍变途径。作为民间的口头创作,水难英雄虽临危处难,历尽坎坷,但也始终与悲观绝缘,他们多具有自信、自强、自立的主导性格和救世、救民、救国的壮烈精神,与神话英雄相仿,亦具有较高的艺术与审美价值。此外,水难英雄传说作为洪水神话的模拟和人生礼仪的图演,反映了人类精神生活、物质生活与社会生活的不可或缺,它为从上述三重生活中认识民间文艺的实际作用,认识人类自身,认识人的生命意义和存在价值,开辟了又一个新的研究领域。

(原刊于《民间文学论坛》1987年第4期)

中国宇宙神话略论

宇宙神话是原始思维发展到高级阶段的产物,而兽形宇宙模式则是宇宙神话的最初形态。中国的宇宙神话瑰奇而丰富,其"四神三光""两河三界""四极八柱"的构想及其观念中人、神超时空抱合交通的方式,构成了中国文化奇丽丰饶而特色鲜明的因素之一,并得到持久的承传与应用。在中国宇宙神话中,物神交混、兽人互通,其体系极为复杂,本文且选取宇宙构造、人神交通和宇宙阶梯三点,以略作论析。

四神三光与宇宙构造

我国自古有天圆地方之说,并视日、月、星为测定岁时的"三光",以青龙、朱雀、白虎、玄武为划定东南西北方位的"四神"。"四神三光"实际上是对兽形宇宙模式的概括。《齐俗训》曰:"往古来今谓之宙,四方上下谓之宇。""四神三光"正是时空确立的依托,也是神话宇宙模式的有机构造。

除了"四神"以动物形态出现,"三光"也有其兽体象征。太阳以"三足乌"为其兽体,①月亮以蟾蜍为象征,②星辰则以鱼为其兽体形态③。晋代傅玄的《三光篇》曰:

> 三光垂象表,天地有晷度。
> 声和音响应,形立影自附。
> 素日抱玄乌,明月怀灵兔。

诗歌言及"三光"与天地形声的关系及日、月的兽体形态,不过,它以"灵兔"代蟾蜍,表明了汉以后宇宙观的衍化。日东升西落,运行有常,"旦出扶桑,暮入细柳",④以树梢为栖息之地,正如乌鸦晨去暮来,日日知归,筑巢枝头一样,故乌鸦成了日精的象征。月有阴晴圆缺,月能"死则又育",⑤其周而复始的化变,如蟾蜍冬眠春苏一般,且月为水精,蟾蛙喜水,故二者相联通代。星空为河,天河地川相通,故鱼星混同合一,互为表征。⑥

四神三光的兽体系统是以时间与空间的分层而构建

---

① 《五经通义》曰:"日中有三足乌"。
② 《乾凿度》曰:"月三日成魄,八日成光,蟾蜍体就,穴鼻始明。"见《艺文类聚》卷一《天部上·月》。
③ 详见陶思炎:《中国鱼文化》第三章,中国华侨出版公司,1990。
④ 王充《论衡》曰:"儒者论日,旦出扶桑,暮入细柳。"
⑤ 屈原《楚辞·天问》:"夜光何德,死则又育?"
⑥ 鱼星混同在新石器彩陶画上已有表述,详见陶思炎《中国鱼文化》,中国华侨出版公司,1990。

的。其实,就"四神"说,观念中的宇宙构造已展示无遗。如果我们以东西为横轴,南北为纵轴,其坐标即为简化的宇宙模式(图1),其横轴为地面,其纵轴为天地联线。该坐标表现出空间的构架,而以原点为圆心的外接圆,是日精朱雀的一周行程,则表现出时间的意义。我国地形是西倚高地,东临大海,而虎为山兽,龙为水族,故各与西山、东海相配,显示出地产物种的方位特点。由于我国地处北半球,自古有南向面日之俗,故南在上端为天界,北在下端为幽冥,朱雀在南而行天,玄武居北而伏地。《礼记·曲礼》记述军旗之制说:"前朱雀而后玄武,左青龙而右白虎。"其四神的前后左右,正是南北东西的对应,其宇宙图式即为上南下北,左东右西。

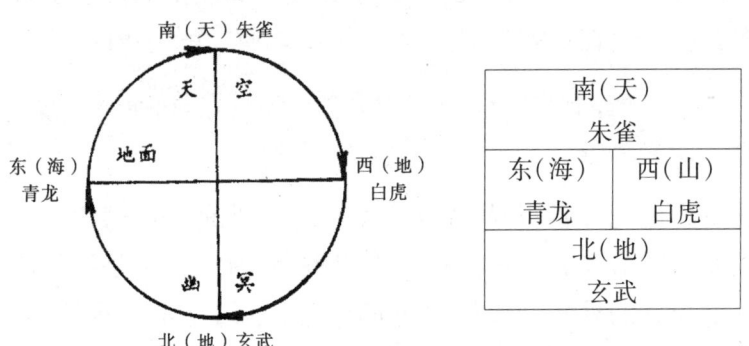

图1 四神四方的宇宙模式

在"四神"中玄武的形象最为奇特而神秘,它以龟蛇相缠的复体形态显示着比青龙、朱雀、白虎等单体神兽更为复杂的象征隐义(图2)。何谓"玄武"?宋人洪兴祖

图 2　玄武

《楚辞补注》云:"说者曰:玄武谓龟蛇,位在北方故曰玄,身有鳞甲故曰武。"至于玄武造型的意义,及何以置于北方,自古以来,颇多谬说,甚至连汉代学识渊博的许慎也言之有误。他在《说文解字》十三篇下训解"龟"字曰:

> 龟,旧也。……天地之性,广肩无雄,龟鳖之类,以它为雄。

其说为龟无雄者,与雄蛇相交配。这显然是奇谈谬说。今人亦试图对玄武的龟蛇构图作出解释,有人称它是蛇氏族与龟氏族的外婚制象征,[①]亦颇牵强,难以立论。我认为,玄武的隐义,只能从兽形宇宙构造中去索解。

---

① 见孙作云《敦煌画中的神怪画》,《考古》1960 年第 6 期。

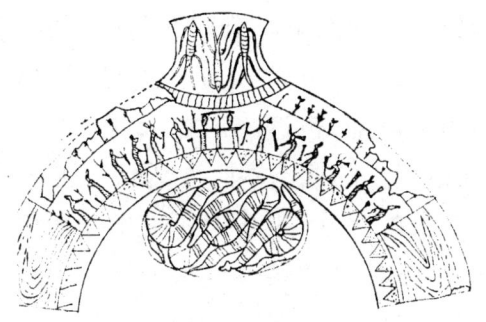

图3　铜匜上的巫师祭天图

构成玄武的龟、蛇二兽,实乃大地载体与大地的象征。其中,龟为世界载体,在中国神话中它同鱼、鳌等都作为世界的支柱,具有负地撑天的神功。在神话传说中,有龟化城、龟支床,龟预告地陷一类的故事,①此外,作为龟的变种,赑屃也有移山引水之功和驮碑负重之力,在张衡《两京赋》中就有"巨灵赑屃,高掌远迹,以流河曲"的歌赋。究其建城与移山之为,乃因龟为大地沉浮的载体,故能知土识水,并使地陷山移。至于古陵墓前的负碑赑屃则演示了宇宙神话观在文物制度中的应用。其碑头多做成圆帽状,有云龙纹的雕凿,以象征天空;碑身则记述死者生前功德,以人事表人间世界;赑屃伏于碑下表对天地的载承及天界、人间与幽冥的上下通联。赑屃虽附会为龙子,但其基本形态仍不失为龟,透露出龟与宇宙的象征联系。

玄武中的"蛇"即大地的象征。蛇土居幽避,为冥土化身。古墓及古器上的践蛇食蛇之象都寄寓着战胜幽冥,

---

① 见干宝《搜神记》和任昉《述异记》。

起死回生的旨意。在四川"鬼城"酆都的"望乡台"后的下山路上有座"九蟒殿",殿中九蟒缠柱绕梁,昂首吐舌,演示了地府的阴沉可怖,也透露出蛇、地间的内在关联。此外,在山西长治出土的战国铜匜上,画有巫师祭天图,祭祀队列的土下有群蛇蛰伏,也表明了蛇的土属性质(图3)。因此,玄武的龟蛇合体乃具有负载大地的象征意义,它与朱雀在纵轴上的分列,正演绎了神话思维中的宇宙构造,即宇宙靠神兽支撑,并有天空(神界)、地上(人间)、地下(冥土)的分层。

兽形宇宙观具有广阔的文化应用,在瓦当铜镜、画像砖石、墓中壁画、帛画、天文图、道观、军列旗帜、祭祖牌位、功德牌坊等方面均有所见,尤以墓葬中的应用为突出。所谓"伏羲""女娲"人身蛇尾、执规矩、举日月的构图极为多见,它以天地相会、阴阳交合为化生契机,并以蛇尾、人身、鸟蟾的同图,表现地、人、天的垂直分布,并由此寄托迁化、复生的企盼。

两河三界与人神交通

在神话认识中,神、人、鬼在宇宙空间中的相对分隔是以天河(星河)和地川(冥河)划界的,但借助神物或巫法能加以超越和交通。

天上有水,星空为河,大地水载,天河、地川相通的宇宙认识在我国从新石器时代及至明清时期都信守不废。在仰韶文化的彩陶画上有多种水星图、网星图及星河图的绘画,特别是在兰州白道沟坪仰韶文化遗址出土的星河纹陶碗(图4),突出了星、河间的联系,成为古人视星空为"银河"的重要实证。原始文化中的网星、水星及河星的同图,其"星"纹本为鱼纹图案化后的高度抽象,但也与天水、地泉相连互通的天地一体的认识相含。

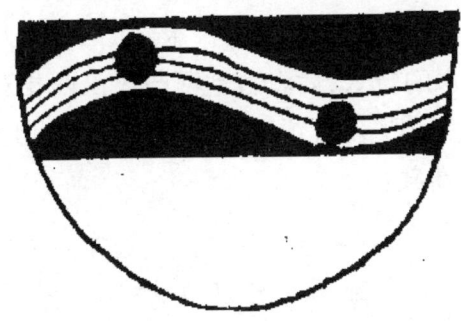

图4 星河纹陶碗

银河说是中国古代的宇宙观,它不同于西人称之为 Milky Way 所透露的旱地认识。天水观及两河观在古代文献中多有载述。《山海经·大荒西经》中有"风道北来,天乃大水泉"之说,《黄帝书》则曰:"天在地外,水在天外,水浮天而载地者也。"此外,《浑天仪》注曰:

> 天如鸡子,地如鸡中黄,孤居于天内,天大而地小,天表里有水,天地各乘气而立,载水而行。

据此观点,宇宙之水浮天载地,并将天、地结为一体。这一哲学判断是从天有雨露,地有黄泉的认知而概括的。郦道元在《水经注叙》中援引《玄中记》之论,言及天水与地物

的关系:

> 天下之多者,水也。浮天载地,高下无不至,万物无不润。

宇宙之水与天地、万物的联系,还派生出星海相通、两河相贯的认识。《抱朴子》曰:"河者,天之水也,随天而转入地下过。"《孝经援神契》曰:"河者,水之伯,上应天汉。"前者说地河是天水的转入,后者言地河与天汉两相对应。直到清代,仍有学子因袭古说,言两河由天而入地。周亮工《书影》第七卷载:

> 天河两条:一经南斗中。一经东斗中过。两河随天转入地……地浮于水,天在水外。

此两河实把天地分成三界,一条是"天河",将天地分开,形成天界与人间,故"天在水外";另一条将大地与冥土分开,形成人间与他界,故"地浮于水"。

两河三界的宇宙观在文物和民俗中留存印迹。在春秋战国时代的铜匜上,其匜口与匜身多绘作巫师祭天的场面,表明匜口的波纹带即为浮天的银河(图5)。至于分隔人间与冥土的地川,我们从丧葬习俗中能看到它的存在。1954年在四川广元和巴县等地发现了古代巴族的船棺葬,船棺用长约5米,直径1米以上的楠木凿削而成。无独有偶,基诺族亦行独木棺葬,其棺做法是砍倒大树,截取一段,劈为两半,挖空中间。船棺葬在印尼也有发现,棺头并雕作摩羯纹或大象纹。船棺葬的形成是与他界观相联

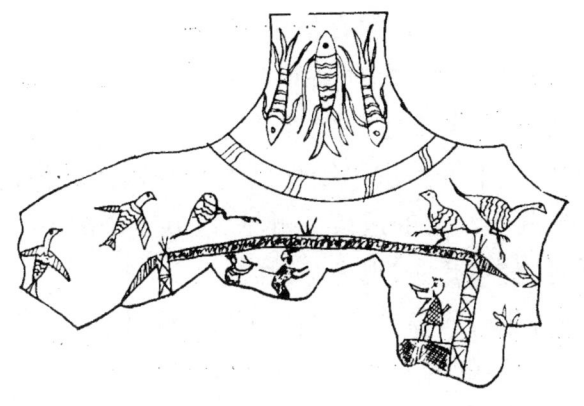

图 5 铜匜上的银河

系的,欲让死者凭船棺渡过冥河,安然进入他界。在我国水族中还有放纸船的习俗,凡成人过世,就编折一只小纸船,用菜油抹浸后,将亡人的一点布筋或灵牌及几颗大米放入船内,然后带到溪流边焚毁,任其纸灰在水上漂流。放纸船是以象征的方式,寄托亡灵安渡冥河的愿望,它以冥河分隔阴阳两界的宇宙神话为前提,演成惯习性的信仰行为。冥河观不仅存留于少数民族的习俗中,也反映在汉族的丧俗里。在汉族冥界传说中,多有"奈何桥""天桥""摆渡船"一类的事物,暗示了冥河的划界性质。在江苏宝应县流传的丧葬仪式歌《十送亡灵》,系告慰弥留人的安魂曲,它具体描绘了冥界情状,其第五段唱词是:

> 五送亡灵莫逍遥,一步一步上天桥,仙桥路上有个摆渡船,你要站稳了。

这里的"天桥""仙桥""摆渡船"均是跨越冥河,引渡他界的载体。在江苏常熟的丧俗中,女人死了要扎纸船,男人死了要用木凳、白布围作桥形,道士念经绕"桥"一圈,丧家用盆装着衣食等物一步步从凳上走过,意为"跨桥"。这里的纸船、木桥是供不同性别的亡灵横渡冥河的载具,也是阴阳两界沟通的道口。可见,汉族丧俗的一些事象也是以冥河划界的宇宙观为基础的。

两河相隔,三界分离的神话宇宙观,使人类产生了加以认识和交通的渴望。在中国文化中,鱼类作为乘骑和神使,在三界交通中的应用最为突出。在战国铜匜的匜口"天河"外,均绘有两鱼或三鱼的图像,以表现其"上下于天"的神功。商、周玉鱼、蚌鱼的从葬,先秦的"鱼跃拂池"之制,[①]汉画像石中的鱼导轮行和骑鱼西去的构图,又表现了鱼行幽冥的职能。由于三界为两河所隔,而鱼为水兽,又善神变,[②]故成为三界交通的神使。从晋人崔豹记述的鲤鱼的多种别称,亦能看到鱼的"乘骑"性质:

> 兖州谓赤鲤为赤骥,谓青鲤为青马,谓黑鲤为黑驹,谓白鲤为白骐,谓黄鲤为黄骓。[③]

可见,鱼为乘骑的观念在中古已极为寻常。

鱼为三界交通的神使观不仅大量存在于汉文化中,也

[①] 详见雷鐏《古服经纬》卷下。
[②] 陶弘景:《本草》曰:"鲤鱼最为鱼之主,形既可爱,又能神变,乃至飞越山湖……"
[③] 马缟:《中华古今注》卷下。

见之于少数民族的文化行为。例如,白族有"活水养鱼"的丧俗,即棺木下葬入土时,要在墓穴底部中央安放一个海底罐,内装鱼和水,并用红布封口。① 在江苏如皋至今仍有棺头置钵,内养活鲫鱼的风俗。"活水养鱼"同新石器时代的大溪文化含鱼葬一样,都有飞越黄泉、化生复活的寓意。

祭天与通冥的巫术活动是以两河三界的宇宙观念为信仰基础的,人间既与天国、地府相隔,又可缘法具而交通,这样,实在的人类与虚无的鬼神,短暂的人生与无限的宇宙实现了观念的混同与抱合;又由于神、人、鬼三界均以河水分隔,故鱼类、渡船、桥梁等成了民俗活动和民间文学中最常见的宇宙使者和沟通媒介。

四极八柱与宇宙阶梯

天有四极之说亦出自神话宇宙观,我国著名的"女娲补天"神话,实际上并非对英雄行为的张扬,而是对四极、天柱的宇宙构造所加以的形象化解释。《淮南子·览冥训》载:

> 往古之时,四极废,九州裂,天不兼覆,地不周载。……于是女娲炼五色石以补苍天,断鳌足以立四极。

---

① 见《中华民族风俗辞典》,江西教育出版社,1988。

其"四极"实乃天盖,其"鳖足"实为天柱,这是兽形宇宙模式的残余。在古代中国,还有以高山为天柱的神话,其发生当在兽形天柱之后。《楚辞·天问》中有"天极焉加?八柱何当?"之问,王逸注云:"言天有八山为柱。""八柱"说在其他古籍中亦见载述。《淮南子·墬形训》曰:"天地之间,九州八柱。"《后汉书·张衡传》注引《河图》曰:"地有九州八柱。"其说均言地有八柱撑天。"八柱"又称"八极",实乃八山。《淮南子·墬形训》又曰:

> 八纮之外乃有八极:自东北方曰方土之山,曰苍门;东方曰东极之山,曰开明之门;东南方曰波母之山,曰阳门;南方曰南极之山,曰暑门;西南方曰编驹之山,曰白门;西方曰北极之山,曰阊阖之门;西北方曰不周之山,曰幽都之门;北方曰非极之山,曰寒门。

在《淮南子·天文训》中另有共工"怒而触不周之山,天柱折,地维绝"的神话,其"不周之山"位于西北之极,也是立于西北方的天柱。

四极八柱的宇宙模式以大地的定向为基准,由平面而空间地将天地构成一个统一的整体。天柱是宇宙框架中的虚拟构件,表现人类以地物认识天象的努力。兽形天柱是宇宙模式的组成部分,是天柱形式的第一阶段。以山撑天的"天极"之说,是天柱形式的第二阶段。战国铜镜上的"山"字纹,具有天柱的象征意义。其种类有三山至六山数种,尤以四山为多,可见,除"八极"外,"四极"说亦颇流行。铜镜上的"山"字均顶住铜镜的圆边,表现天柱对天维的支承(图6)。到汉代,铜镜又衍出规矩纹、四神纹等样式,究其功用,均以宇宙寄托人生。因铜镜是婚礼启用的物品,故宇宙纹的文化意义在于表述"与天相寿,与地相长""久毋见忘""长乐未央"的祈望。① 至于以文化造物为天柱的传说,则是天柱形式的第三阶段。《神异经·中荒经》曰:

图6　战国四山镜

> 昆仑之山,有铜柱焉,其高入天,所谓天柱也,围三千里,周圆如削。

此传说出于青铜时代之后,是文明社会的产物,铜柱立于昆仑山上,这种人造"天柱"对自然天柱的取代表明传说创作时代已逐渐退去原始思维的影响,神话宇宙观已开始发生形变。

在宇宙神话中与"天柱"相近,还另有"天梯"的构想。"天梯"即宇宙阶梯,是人、神上天下地的通道。"天梯"的种类在中国宇宙神话中主要由两种自然物充任,其一是高山,其二是巨树。

---

① "与天相寿,与地相长""久毋见忘""长乐未央"等均为汉铜镜铭文,见孔祥星等《中国古代铜镜》,文物出版社,1984。

我国的高山型"天梯",以昆仑山最为典型。据《淮南子·墬形训》载:

> 昆仑之丘,或上倍之,是谓凉风之山,登之而不死;或上倍之,是谓悬圃,登之乃灵,能使风雨;或上倍之,乃维上天,登之乃神,是谓太帝之居。

由"昆仑之丘"到"凉风之山",再经"悬圃"到"太帝之居",是层递性的境界,即由人间往天府的阶段性的升迁,所谓"不死"、得"灵"、成"神"体现了天梯神话的信仰意义。此外,《山海经》中的"灵山"也是天梯。《大荒西经》载:

> 大荒之中……有灵山,巫咸、巫即、巫盼、巫彭、巫姑、巫真、巫礼、巫抵、巫谢、巫罗十巫,从此升降。

巫师以通神为能事,其缘灵山而升降,即暗示了灵山的宇宙阶梯性质。与此相类,《海外西经》所载的"登葆山",[①]《海内经》所载的"肇山"[②]等,也都是宇宙神话中的天梯。高山还是燔柴祭天之所,以其高耸入云和绝顶难攀,故被看作天神下地上天之径。除却名山巨峰,各族各地的大小"神山",在其神话体系中往往也都充作降神与升迁的天梯。

[①]《山海经·海外西经》曰:"巫咸国在女丑北,右手操青蛇,左手操赤蛇,在登葆山。群巫所从上下也。"

[②]《山海经·海内经》曰:"华山青水之东,有山名曰肇山。有人名曰柏高,柏高上下于此,至于天。"

巨树在宇宙神话中也是最习见的天梯,由于它由地及天,人、神缘此升降,故又有"宇宙树""世界树"之称。关于巨树型天梯,在古文献中亦略有载述。《淮南子·墬形训》曰:

> 建木在都广,众帝所自上下。日中无景,呼而无响,盖天地之中也。

建木是耸天的宇宙巨树,"众帝"即众巫,他们以建木为梯上下天地,归属以宇宙交通为功利的巫术神话。

巨树型天梯在文物与民俗中仍留有不少印记。在秦汉时代的瓦当图案中,有多种宇宙树的纹样。有的独立中天,超越星云,从地表直薄天顶,俨然天地的通道(图7),

图7 瓦当纹上的宇宙树

有的巨树接天,两鹿相伴(图8),因鹿角是萨满神帽上的装饰,具有再生的寓意,故宇宙树又是"生命树"。宇宙巨树均立于图像的正中,这与萨满神话生命树立于"大地的黄色肚脐"之说相合,①也表明了中原文化带有巫文化的深深烙痕。

图8　战国瓦当上的宇宙树和鹿纹

东汉以前已出现的"摇钱树",也是宇宙树,其寓意虽略有变化,但基本保留了巨树型天梯的形制。在四川东汉墓曾出土雕有鳌、羊、蟾蜍和其他怪兽的陶座摇钱树,并有持竿击钱者、挑钱者、抱瓮者等,②在云南昭通桂家院子东汉墓也出土了摇钱树残片及陶座,陶座雕为虎头,座上钱树高耸,左右树枝旁出数层,各枝头有神兽、神人,有骑马者、张弓者、招引者,枝头并铸有硕大的圆形方孔钱币(图9)。各枝头神、人、兽交混,构成多梯层的生存空间。摇钱树的基本构图是对宇宙树神话意境的效仿。其钱纹的出现,可能是拟指栖于扶桑树上的十日,并以圆形方孔象

---

① 参见乌丙安《满族神话探索》,《中国神话》第一集,中国民间文艺出版社,1987。
② 见《"钱树"、"钱树座"和鱼龙曼衍之戏》,《文物》1961年11期。

征天地交合、阴阳璧合,从而留有宇宙神话赋予生命的意义。同时,钱纹的出现,也表明时人对人间财富的追求已逐步超越抱合天地的长生欲念——宇宙神话已步向衰亡。

图9 东汉铜摇钱树残片

在民俗活动中也见有巨树型天梯神话的应用。西藏林芝地区的本锐山是当地藏民的神山,在山路上常见刻有梯状槽口的一米长左右的小树干,象征死后登天的阶梯,同时该山的一棵巨松上还吊有夭儿的棺箱,以寄托使死者循该树而进入天界的祈望。[①] 此外,鄂温克族、鄂伦春族的树葬也是表现宇宙树神话的遗俗,他们认为树葬后死者会化变为天上的星辰,并给后人带来希望和光明。死化星辰,正表露了缘树登天而长存的宇宙观,故树葬是对天梯的盼求。在汉族地区的风俗中亦有天梯信仰的遗迹,如旧时南京小儿寄名于树的习俗与宇宙神话也有着隐约的联系。据《金陵琐志·炳烛里谈》卷下载:

---

① 参见林继富《藏族天梯神话》,《民族文学研究》1989年第4期。

> 牛市旧有槐树,千年物也。嘉道间,小儿初生,辄寄名于树,故乳名槐者居多。

这是望子成龙,得寿升天观念的流露,其信仰诱因颇为复杂,有物久则神观,有"槐""魁"相近,盼得魁星神君佑助而登科之望,亦有通天近神,长生不灭的企盼。究其根源,寄名于树与悬棺于树一样,是巨树型天梯神话在民俗中的孑遗。

中国的宇宙神话瑰奇而丰富,其太阳神系、月亮神话、星辰体系及创世类型等本文均未论及,但仅从宇宙构造、人神交通和宇宙阶梯的论析即已大略地展示出它的五彩光晕,让人们看到神话、巫术与民俗文化间的承传联系。宇宙神话是人类世界观的雏形,它是追踪人类思维的重要源头,也是探寻人类文化的广阔领域。中国宇宙神话中的"四神三光""两河三界"及"四极八柱"之说等具有鲜明的民族特点和文化个性,已成为中国文化和东方文化中的异宝奇珍。

(原刊于《东方文化》第一集,东南大学出版社 1991 年 5 月)

人鱼与孟姜女

——孟姜女原型探论

一 人鱼类说

有关上半身为女人,下半身为鱼尾的"人鱼"的幻想和传说,是一世界性的文化现象。

人鱼往往被描写成长发丰乳,细腰白肉,美艳绝伦的海中之物,她们除了能水中嬉戏,还时常上岸,喜欢在航船边和渔村中引逗水手和渔夫们,她们既有姿色,又十分灵巧,能让人着迷,又能为人干活儿。因此,人鱼常被人们视作"海中仙女""海妖""怪兽",甚至被说成未知物种和海底文明居民。此外,人鱼还有男身者和山居者的说法。

在欧洲,关于海妖的记载在古希腊的荷马史诗《奥德赛》和柏拉图的宇宙学文章中均有记述。① 海妖塞壬是三种女妖：两种上半身是女人，下半身是鱼，另一种上半身是女人，下半身是鸟，她们一个吹号角，一个弹竖琴，一个用喉咙唱歌，让男人们听后神志恍惚，昏睡过去，并杀死他们。在古希腊，人们确信海中有"美人鱼"的存在。博物学家普利尼在公元一世纪所著的《自然史》中写道："至于美人鱼，也叫尼厄丽德，这并非难以置信……她们是真实的，只不过身体粗糙，遍体有鳞，甚至像女人的那些部位也有鳞片。"② 直到中世纪，女身鱼尾的海妖传说仍被不断地重复着，例如，在1206年安得烈·夏斯泰勒抄本上录有菲利普·德塔翁的法文诗句：

> 大海中游弋着海妖，
> 她在飓风中歌唱，
> 在晴空中哭泣，
> 因为这是她的性格。
> 腰部以上，
> 她有女人的形体，

---

① 《奥德赛》第12卷载女巫喀尔刻对俄底修斯说："你会首先遇见海妖塞壬。她们迷惑所有接近的人。谁要是头脑发热不加防范，去听她们的歌，谁就再也回不了家，妻儿就再不能见到他了：因为海妖用清亮的嗓音迷惑他们，她们坐在草地上，四周堆满白骨，肉都烂光了……"参见 Vic de Donder《海妖的歌》，陈伟丰译，上海人民出版社，2004。
② 转引自马卫平《"美人鱼"真的存在？》，载《扬子晚报》2002年10月18日C15版。

隼的爪子
和鱼的尾巴。
她想表达好心情时
就引吭高歌。
当航行在大海上的
艄公听到她的歌声,
会忘记驾船前进
并很快昏睡过去。
你要好好记住这些,
因为这个故事有其寓意。①

有关人身鱼尾的海妖的艺术图像千百年来在欧亚各地层出不穷,有的一手拿镜子,一手拿梳子,形同娼妓;有的夸大地表现其鱼尾及阴部,以强化其作为淫欲的象征。

与欧洲人把人鱼作海妖不同,亚洲的人鱼传说具有较突出的巫术与神话的气息。在苏麦尔人的信仰中,"鱼头神"俄安涅斯是一个头顶鱼头、身披大鱼的肌肉健硕的男性神。作为半人半鱼的俄安涅斯所住的宫殿被称作"太阳之家",据说他半天在陆地上,半天在大海中,具有太阳的象征意味。无独有偶,月亮每日因追逐太阳而沉入大海,因此月神在神话描述中也是半人半鱼的形象。在巴比伦,有海里的半人半鱼神建国家、造都城、定法律、授人技术的神话。

---

① 引自陈伟丰译《海妖的歌》,上海人民出版社,2004年版,第102—103页。

在我国的古籍和文物中,有关"人鱼"的记述与图像并非鲜见,然而各类"人鱼"的形态与生态略有差异,究其类型,可大致分作三种,即:鲵鱼、鲛人和陵鱼。

其一,鲵鱼。鲵鱼,生山溪中,俗称"娃娃鱼",又称作"鰮"。《本草》云:"鲵鱼,鳗鲡,故通作鰮。"此外,鲵鱼还有"鰕""鳜鱼"之称。①

在《山海经》中有不少关于"人鱼"的记述。《西山经》"竹山"条载:

丹水出焉,东南流注于洛水,其中多水玉,多人鱼。

《北山经》"龙侯之山"条载:

又东北二百里,曰龙侯之山,无草木,多金玉。决决之水出焉,而东流注于河。其中多人鱼,其状如䱱鱼,四足,其音如婴儿,食之无痴疾。

此外,《中山经》里的"白边之山""傅山""华阳之山"和"朝歌之山"诸条亦记有"人鱼"。徐广曰:"人鱼似鲇而四足,即鲵鱼也。"《酉阳杂俎》则言及其形状、生态、食法等:

鲵鱼,如鲇,四足长尾,能上树。天旱辄含水上山,以草叶覆身,张口,鸟来饮水,因吸食之,声如小儿。峡中人食之,先缚于树鞭之,身上白汗出如构汁,

---

① 《尔雅》曰:"鲵大者,谓之鰕。"王念孙《广雅疏证》卷十云:鲵鱼,"一名鳜鱼,一名人鱼。"

去此方可食，不尔有毒。

由上可知，人鱼因声如儿啼而获名，在中古时期它已由巫药成为食物。

至于人鱼的图像，则比文献的载录更为久远。早在新石器时期的彩陶上已见有鲵鱼的纹饰。例如，甘肃甘谷西坪出土的庙底沟型仰韶文化彩陶瓶上的鲵鱼纹，甘肃武山出土的马家窑文化彩陶上的鲵鱼纹等，均表明鲵鱼很早就受到我们祖先的注视，并成为文化创造、艺术表现与信仰寄托的对象。在宋代，鲵鱼俑颇为风行，在山西长治及四川蒲江县五星镇等地的宋墓中均有出土，显然，鲵鱼俑寄寓着化生复活的祈望。由于鲵鱼"其音如婴儿"，便称作"人鱼"，又常与"水玉""金玉"相连，才诱发了人、鱼化变和再生复活的幻想，并得以进入古代的葬仪之中。

其二，鲛人，又称鲛鱼。《说文》曰："鲛，海鱼也。"因鲛人居海，又有"海人鱼"之名。古籍中有关"鲛人"或"海人鱼"的记述亦为数不少，大多伴有化人的描写或附会其具有人形人性的特征。

晋干宝《搜神记》卷十二载：

> 南海之外，有鲛人，水居如鱼，不废织绩。其眼泣则能出珠。

这是有关鲛人勤织与献珠的较早记述，这里的鲛人已带上了人化的特点。此外，《太平御览》卷八百三、黄庭坚《山谷内集诗注》卷三《次韵曾子开舍人游籍田载荷花归》任渊注、《事文类聚·续集》卷二十五并引《博物志》云：

> 鲛人水底居也,俗传从水中出,曾寄寓人家,积日卖绡。绡者,竹孚俞也。鲛人临去,从主人索器,泣而出珠满盘,以与主人。

与"不废织绩""积日卖绡"、泣而出珠之说相反,古籍中另有人鱼为厌织的懒妇所化的记述。《酉阳杂俎》前集卷之十七"鳞介篇"记"奔𩶐"曰：

> 相传懒妇所化。杀一头得膏三四斛,取之烧灯,照读书、纺绩辄暗,照欢乐之处则明。

周亮工《书影》第三卷引《南越志》《虞衡志》亦言及懒妇化鱼之事：

> 《南越志》：昔有懒妇睡机上,姑怒之,遂走投水,化为此兽。一枚可得油三四斛,燃之照纺绩则暗,照歌舞则明。《虞衡志》：懒妇如山猪而小,喜食田禾,以机轴织纴之物挂于田头,则不敢近。然馋灯之说,名"奔𩶐",又鱼也。懒妇三化,水陆呈形,然乎!

"奔𩶐"与"鲛人"并非物种差异而有勤懒之分,它们同为"人鱼",并因"两乳在腹下,雄雌阴阳类人""声如婴儿啼",[1]而产生人化与化人的传闻,并带上褒贬互见的审美情感。

---

[1]《酉阳杂俎》前集卷之十七。

鲛人，即海人鱼，雅称"儒艮"，因雌鱼形似妇人，《洽闻记》《徂异志》等均言其为"美丽女子"，"能与人奸"，强调其人化的性质。《太平广记》等则记有多例"鲛化男女"的形变故事，渲染了"人鱼"的神秘与怪异。

其三，陵鱼。陵鱼，居海或居陆，是有别于鲵鱼、鲛人的另一类"人鱼"，《山海经·海内北经》载："陵鱼人面，手足，鱼身，在海中。"可见，陵鱼不具人形，仅手足与人相类，虽说居海，但与身似人体的鲛人大相径庭。

陵鱼又作"鲮鱼"。屈原《楚辞·天问》中有"鲮鱼何所"之问，其注曰："鲮，鲤也。有四足，出南方。"①此说亦言及鲮鱼有四足的形象特征，但未言明是否类人之手足。此外，《吴都赋》中有"陵鲤若兽"之句，视之为兽可能是着眼于它以足行地的特征。

在古代文物中留有不少陵鱼的图像，表明它的传说与构图有着坚实的信仰基础。在殷墟妇好墓中曾有陵鱼形玉鱼出土，在四川宜宾地区的汉代岩画上亦见有陵鱼构图，在江苏铜山县洪楼地区出土的"鱼龙曼衍"汉画像石上，其鱼亦为四足陵鱼形。可见，陵鱼在我国汉代以前已成为宗教与艺术的表现对象，其鱼身兽足的形象在《山海经》中又有"人面、手足"的描述，其蕴意更为复杂。由于陵鱼图纹多与墓葬相联系，无疑，又展露出化生的性质。鱼身兽足，表明它在信仰中有水生与陆居的两栖性能；

---

① 《经籍籑诂》卷二十五。

"人面、手足、鱼身",则表明它亦鱼亦人,二者相化相合。陵鱼联系着水、陆二界及人、兽二体,所以能成为转世复活、化生永存的象征。

总之,鲵鱼、鲛人、陵鱼是三类形态、生态各异的"人鱼"品类。其中鲛人较少实物例证,主要见之于文献,而鲵鱼、陵鱼在文物中则多有发现,且与墓葬制度联系在一起。不过,上述三类"人鱼",又均有合体或化生的形变共性。

二 姜女化鱼

明、清以来,孟姜女的传说在我国东南地区得到最广泛的传播,其情节在千里寻夫、哭倒长城、滴血认亲、捡骨归葬之后,又增添了秦皇求娶、姜女施计、投水化鱼等新的链结。从内容方面看,它增添了抗暴复仇、惩恶扬善的思想;从形式方面看,它又借取了传统的化生变形的神话叙事手法。

从孟姜女化变的鱼种看,主要有银鱼、面丈鱼、鲤鱼数种,此外,还有只言及入海化鱼,而未交待鱼种的传说。如此纷纭的说法,反映了我国东南地区多水近海的地理条件和当地物种在民间讲传中的各自应用,也反映了孟姜女传说多异文的传承实际。

作为名贵的鱼种,银鱼产于太湖流域,因此,孟姜女化银鱼的传说带上了鲜明的地方特征。在江南吴地流传着孟姜女的皮肉、眼泪或衣裙化作银鱼的各类异文。

流传于江苏省武进县太漏地区的传说讲，孟姜女哭倒长城后，秦始皇见她容貌俊美，想娶她为妃，她装作答允，却另有盘算，当她随始皇乘船来到太漏湖时，愤然投水。始皇命官兵用铁丝做网，捞起姜女的尸体，绞烂她的皮肉，并抛进湖中，谁知那些绞烂的肉丝丝却变成了一条条洁白的银鱼。① 流传于江苏吴县的孟姜女传说讲：哭倒长城后，秦始皇见孟姜女漂亮，硬要她做自己的妃子。孟姜女将计就计，要秦始皇在河边搭祭台，穿孝衣，并率领文武百官来祭亡夫范喜良。吊祭那天，孟姜女在祭台上泪如雨下，眼泪落到台下河里，慢慢地变成了一条条、一簇簇白嫩似玉的小鱼在水中向东南方向泅去，一直游到太湖里。这种鱼就被人们叫做"银鱼"。此外，当地还流传着这样的歌谣：

> 孟姜女过关睏兴贤桥，
> 蚊子发善心不叮咬；
> 眼泪水滴到河里头，
> 孵出仔银鱼一条条。②

流传于江苏无锡太湖边的传说讲，孟姜女要秦始皇为亡夫搭起三十里长的孝棚，自己则穿上白衣白裙日夜大哭，直哭得天昏地暗，直哭得太湖水涨。一时间，秦始皇惊惶失措，孟姜女趁机纵身跳入了太湖，化作了万千条雪白

---

①见常州民研会编：《常州地区孟姜女故事歌谣资料集》。
②见无锡市文学工作者协会编：《江苏地区孟姜女传说和歌谣》（资料本）。

的小鱼。这些小鱼都是孟姜女的白衣白裙变的,所以,它们一条条洁白无瑕,柔软如带,人们就称它们为"银鱼"。①

在上海市川沙县流传的名为《孟姜女殉夫》的故事则讲,孟姜女跳海殉夫后,关官十分恼怒,便令人用竹丝帚把孟姜女的肉划成一条条的肉丝,由于她一身洁白,因此这条条肉丝就变成了洁白透明的面丈鱼。②

面丈鱼在苏南又称作"面条鱼"或"银条鱼",甚至也有称它为"美人鱼"的。实际上,"面条鱼"是银鱼系列中的一个品种,学名为"长吻银鱼",俗名则称作"大银鱼"。孟姜女化银鱼的传说流传甚广,因此,所化之鱼的名称甚多,有关传说的叙事结构也不均一样,流传着不少的异文。

在苏北地区也有孟姜女化身为鱼的传说和戏曲,然所化鱼种多被说成是鲤鱼。例如,淮调《孟姜女》的唱词有:

可恨秦始皇,逼奴入宫墙。
奴以三件事,诋辱他昏王。
百日将夫祭,向浪桥人终。
鲤鱼奴幻变,一对配成双。

流传在江苏宝应县的孟姜女歌谣也唱道:

鲤鱼就是奴家变,细眼红尾苗条身。
世人对我多珍重,捧上案桌敬神灵。

---

① 见上海民研会编:《孟姜女资料选集》第2集。
② 同上。

> 孟姜万郎成双对，一对鲤鱼跳龙门。①

此外，各地还有一些孟姜女跳海化鱼的传说，有的只说她的去处是入海或前往龙宫，而未提她化作鱼类之事，这在民间流传的一些讲经宝卷中最为多见。例如，《佛说贞烈贤孝孟姜女长城宝卷》云：

> 孟姜女，叫："主公，岸上久等，
> 把我夫，送入水，与主同行。"
> 只说话，心观水，望海一跳，
> 来无踪，去无影，凡圣相同。
> ……
> 孟姜女，和范郎，同会大海，
> 轸水引，壁水鱼，径往龙宫，
> 拜罢了，海龙王，同受快乐，
> 也无生，也无死，永远长生。②

这里，姜女和范郎会于大海，同往龙宫，是对传说中化鱼情节的改造，但其最后归宿仍为水界，透露出姜女跳海后获取了鱼类之性，至少表明她作为水族或水神而转化到另一特殊空间。

总之，姜女化鱼是孟姜女传说的重要情节，它作为姜女与秦皇矛盾的结局具有惩恶扬善、褒美贤孝的意义，同

---

① 见上海民研会编：《孟姜女资料选集》第 1 集。
② 出自康熙金陵荣盛堂刻本，见路工：《孟姜女万里寻夫集》。

时变形化生手法的运用,又使它提高了文化探究的价值。

三 形象揭谜

透过孟姜女化鱼的情节描述,我们能够察知传说的这一构想与时人对人鱼的认识有着内在的关联。对传说的这一构思和叙事结构,如果我们做顺向的和逆向的考察,就会发现:孟姜女的形象有着明显的从人鱼化出的印痕。特别是传说中的"海人鱼",在白肉、居海、善织、多泪、授珠等方面与孟姜女的形象息息相通,当为孟姜女创作的原型,至少是孟姜女化鱼情节得以构成的基础。

在传说中,孟姜女是细皮白肉的绝代佳人,连秦始皇见了也垂涎欲滴。在"花园裸浴"的场景中,有对孟姜女"细皮白肉"的渲染;在"姜女身世"的传说中,有说她是天上"玉女"下凡;而各种化作银鱼的异文,也都众口一词地强调孟姜女肉白如银的丽质。至于古人眼中的"海人鱼",也正是被描绘成"皮肉白如玉鳞"。据《洽闻记》载:

> 海人鱼,东海之大者,长五六尺,状如人,眉目、口鼻、手氏头皆为美丽女子,无不俱足。皮肉白如玉鳞。有细毛,五色轻软,长一二寸。发如马尾,长五六尺。[①]

可见,海人鱼以皮肉白丽,早就获取了"美丽女子"之

[①] 引自《天中记》卷五十六。

誉。这一夸赞为孟姜女跳海化鱼提供了创作依据。苏南一带所谓孟姜女入水化银鱼者,这"银鱼"实际上就是指"人鱼"。在一些方言中,"人""银"的发音相同,并由音近而讹。正是由于"人""银"二字的语音相混而在传说中发生了义转和形变,导致了海人鱼向淡水银鱼变转,终使银鱼也成了"美丽女子"的象征,成了"人鱼",成了孟姜女的化身之物。

银鱼与孟姜女除了仅有"白肉"这一表面的共性外,二者在本质上并无直接的联系,而海人鱼或"鲛人"则不然,它们的习性与能耐在传说中与孟姜女有着诸多的相通。

在流传孟姜女跳湖或跳江化作银鱼的东南地域,同时也流传着不少跳大海,往龙宫的异说,它以"入水化鱼"的相同情节与手法,表现出空间的差异与托物的不同。从传说中的人物配置看,范喜良与秦始皇也都有化鱼归海之说。有传说讲,范郎死而复活,与孟姜女"同会大海",而秦始皇后来也在海中幻化成鱼。[①] 这种"归海化变"的传说与鲛人居海绝非简单的偶合。我们再考察孟姜女与鲛人的形象与行为的联系,更能加深这一认识。

神话故事中的"鲛人"能"不废织绩""积日卖绡",不仅勤劳,而且工巧。自唐以来,"鲛绡"手绢屡入诗词,成为珍贵的馈赠或淑女们手中的寄情之物。鲛人神话由信仰转成风俗的时限不会晚于唐代,从唐彦谦《无题》诗中

---

① 《酉阳杂俎》前集卷十七载:"东海渔人近获鱼,长五六尺,肠胃成胡鹿刀槊之状,或号秦王鱼。"

的"云色鲛绡拭泪颜"句可知,鲛绡为素洁的手绢,在唐时已为淑女们所喜用。因此,可以断定,鲛人的神话故事要早于孟姜女的化鱼传说。

孟姜女同鲛人一样亦善织善绣,《春调孟姜女》唱道:

> 孟姜女针线生活无人比,
> 一霎时寒衣寒裤都缝起,
> 夹里上头把荷花绣,
> 并蒂花开暖心意。①

有的传说还讲,因孟姜女善织善绣,擅做寒衣,后被天帝召进太阴宫,专为天下儿女织制寒衣。可见,孟姜女的善织巧绣与鲛人的"不废织绩"间有着某种共通的关系。

此外,善哭多泪也是孟姜女形象的重要特征。她的哭,能在迷途时引来乌鸦为之领路;她的哭,能让本想非礼的关官为她放行;她的哭,能倾倒长城八百里,寻得夫骨。孟姜女的哭既是弱女子痛楚悲切的写照,也是获取神佑,唤起神功的法术手段。在贵州龙里县羊场流传的《孟姜女哭夫君》歌谣描述了孟姜女哭的神功:

> 哭得龙王纷正乱,哭得鳌鱼把身翻。
> 哭得伤亡遍山吼,哭得孤魂四处哼。
> 哭得百鸟齐排翅,哭得万里长城崩。

---

① 见上海民研会编:《孟姜女资料选集》第 2 集。

孟姜女非但"一哭天地惊",①其泉涌之泪如同宝物亦有幻化的神力。《春调孟姜女》就强调了她眼泪的特殊作用:

> 眼泪落到太湖里,
> 变成小鱼白如银,
> 顿时银鱼满太湖,
> 太湖银鱼出了名。

鲛人亦是"善哭"的"美丽女子","其眼泣则能出珠",即泪有化珠的神效。鲛人泣珠出于脱身的无奈,往往为允主人之索而为,实际上是一种自保的或祈佑的行为。孟姜女之哭与泪化银鱼,更是一种不得已的自救手段。因此,善哭多泪的特征和因泪脱身的效果把孟姜女与"人鱼"又不无缘故地纠合在一起。

鲛人泣珠之说在唐代以前已见记述,《博物志》载之,连唐诗中也有提及。元稹《长庆集》十七《送岭南崔侍御》诗中有"蛟老多为妖妇女,舶来多卖假珠玑"之句,其"蛟"当为"鲛",即指鲛人献珠之事。有趣的是,在孟姜女的传说中也有姜女授珠的说法:范喜良被抓去造长城,行前孟姜女曾送他一颗珠子,让他放在口中就能不渴不饿……②这一插曲无疑是对鲛人泣珠的附会,也暗示了孟姜女的海人鱼身份。在中国神话传说中,宝珠除了鲛人泣出,也能

---

① 陶澍《嘉山怀古》诗云:"觅路不可识,一哭天地惊。风云惨无声,鳌柱为摧倾。"
② 见《民间文艺季刊》1986年第4期。

由巨鲸之睛所化,此外,还有龙王所有、龙宫珍藏之说等,均言其与大海相关。因此,孟姜女的形象与人鱼特征的联系,主要是反映了海人鱼的文化因素在传说中的化用。

人鱼与孟姜女的关联,除了两形象特征的诸多相近外,也由于人鱼与秦始皇在葬仪中的勾联所诱发。我们在《史记·秦始皇本纪》中能见到这样的记载:

> 九月,葬始皇骊山……以人鱼膏为烛,度不灭者久之。

始皇陵中以鱼烛为长明灯,既取其久燃不灭之效,又寄托化生复活之功,这同原始社会即已出现的鱼葬之制有潜在的功能上的承传关系。文献中人鱼与秦始皇的联结,及传说中人鱼与孟姜女特征的相通,使人鱼作为又一中介联系着孟姜女与秦始皇,并成为始皇求娶、姜女施计、投水化鱼等情节形成的诱发因素。人鱼的楔入,不仅丰富了孟姜女传说的情节,也使其抗暴的主题更其突出。如果说,长城与始皇、姜女的联系决定了传说的历史内容与社会意义,那么,人鱼与始皇、姜女的联系则反映了传说的信仰基础与文化背景。

由于人鱼的楔入,孟姜女传说及其文化经历了从单一到综合,从自然到社会,从神话到历史的不断运动与发展。孟姜女原型为人鱼的判断,让我们从传说中看到神话思维的奇妙以及自然与社会的想象统一。

(原刊于《民俗研究》2009年第3期)

斗蟋蟀

斗蟋蟀是我国中古以来最习见的民间博戏之一。

早在两千多年以前，蟋蟀就作为物候受到注视，并成为中国第一部诗集——《诗经》中的比兴对象。在《诗·唐风·蟋蟀》中有"蟋蟀在堂，岁聿其莫。今我不乐，日月其除"之句，把蟋蟀作为秋已至，岁将暮的物象，以引发及时行乐的联感。直到晋代，蟋蟀仍作为岁时递迁的征候受到吟咏，卢谌《蟋蟀赋》中就有"候日月之代谢，知时运之斡迁"的歌叹。唐代时，蟋蟀开始成为宫廷妃妾与市井庶民游戏闲玩的对象，五代王仁裕《开元天宝遗事》卷上载：

> 每至秋时，宫中妃妾辈，皆以小金笼捉蟋蟀闭于笼中，置之枕函畔，夜听其声。庶民之家皆效之也。

斗蟋蟀之戏亦勃兴于唐代，宋人陈槱《负暄野录》曰："斗蛩之戏，始于天宝间。长安富人刻象牙笼畜之，以万金付

之一斗。"至宋宣和年间,斗蟋蟀已成为一项举国热衷的博戏,文史典籍中多有载录。《宋史·贾似道传》载:

> 襄阳围已急,似道日坐葛岭,起楼阁亭榭,取官人娼尼有美色者为妾,淫乐其中。唯故博徒日至纵博,人无敢窥其第者。其妾有兄来,立府门若将入者,似道见之,缚投火中。尝与群妾踞地斗蟋蟀,所狎客入,戏之曰:"此军国重事耶?"

此为重臣因斗蟋蟀而误国之例。蒲松龄在《聊斋志异》中则写有《促织》篇,揭露"宫中尚促织之戏",皇帝向民间索贡蟋蟀之事。而在民间文学中,还有《济公斗蛐蛐》的传说,它们都是对当时风俗的写照,反映了斗蟋蟀闲戏的兴盛。

蟋蟀在古代中国有各种别称,除"促织""蛐蛐"外,还有"蚕""蜻蛚""王孙""趣织""趋织""吟蛩""趋趋""寋寋""赚绩"等名,民间还俗称"虫子"。三国时吴人陆玑撰《毛诗草木鸟兽虫鱼疏》云:

> 蟋蟀似蝗而小,正黑,有光泽如漆,有角翅,一名蚕,一名蜻蛚。楚人谓之"王孙",幽州人谓之"趋织"。里语曰"趋织鸣,懒妇惊"是也。

蟋蟀的别称多因语声相转或物事附会而出现在不同的地域。郝懿行《尔雅义疏》引《月令疏》及孙炎《尔雅注》曰:蟋蟀,"蜻蛚也,梁国谓之'蚕'。按今顺天人谓之'趋趋',即促织、蟋蟀之语声相转耳。"家景星《斗蟋蟀记》云:"江北呼为蜜蜜,江南呼为赚绩。"南京人沿袭古意,至今犹称蟋蟀为"趣织",其因正如宋均所言,"立秋女功急,故趣之"。《太平御览》引《春秋说题词》曰:"趣织之为言趣织也,织兴事遽,故趣织鸣,女作兼也。"南京在明、清时期织机业极为兴旺,沿袭"趣织"之称与其社会经济环境也有关联。

斗蟋蟀在明、清时最为兴盛,出现了多种《促织志》,甚至到了家畜户养的地步。明人袁宏道《促织志》曰:

> 京师人至七八月家家养促织,余每至郊野见健夫、小儿群聚草间,侧耳往来,面貌兀兀,若有所失者。至于溷厕污垣之中一闻其声,踊身疾趋如馋猫见鼠。瓦盆泥罐遍市井皆是,不论老幼男女皆引斗以为乐。

《帝京景物略》也载:"斗盆、筒罐,无家不贮焉。"斗蟋蟀在清代甚至形成有组织的赛会活动。《金陵琐志·炳烛里谈》卷中在记述南京的民间游乐活动时说:"金陵年少向多豪侠之流,每逢胜日,必有嘉招。如春日风筝会,夏日放鸽会,秋日斗蟋蟀会,因各怀夺标之想……"其中,斗蟋蟀之"秋兴"最为普遍,无论贵贱、长幼多畜而斗之,或赌输赢,或寻乐趣。

赌斗者则往专门的斗场。据夏仁虎《旧京琐记》卷一载:

> 斗蟋蟀场多在顺治门外。……开场则门悬红彩,车马咸集,上流人士往往与焉。胜负之数颇钜,一鸣惊人,贺者交集。

赌斗者又有"标头"与"贴标"之分。顾禄记述了江南吴地的赌斗蟋蟀之况:"两造认色,或红或绿,曰'标头'。台下观者,即以台上之胜负为输赢,谓之'贴标',斗分筹马,谓之'花'。花,假名也,以制钱一百二十文为一花,一花至百花、千花不等,凭两家议定,胜者得彩,不胜者输金,无词费也。"[1]为能夺标,精于此道者在捕捉、畜养,聚斗三个环节中都有一番讲究,甚至形成了规则和习俗。

一 捕捉

蟋蟀多生郊野,或藏土隙,或居墙缝,或躲乱石、草丛之中。捕捉者一般准备纱罩、铁丝罩、铁通条等捕捉工具(图1),用纸筒、纸盒、竹筒等装收携归。竹筒多为一节或两节、长约30厘米,用锯子按5—6厘米的间距锯出横槽、并在竹管上沿纵向凿一道透气槽。竹筒两端或一端为洞口,蟋蟀捉到手放入竹管,并驱赶到竹筒的末端,然后在横

图1 捉蟋蟀的工具

---

[1] 顾禄《清嘉录》卷八。

槽上插入铁片或硬纸片,管内放满后,开口一端塞上木塞或纸塞(图2)。

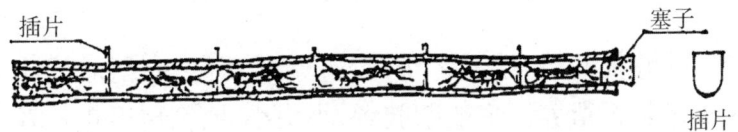

图2　装蟋蟀的竹筒

捕捉者一般在野外听"叫声",就能把蟋蟀同与其相近的其他昆虫,诸如"油葫芦""棺材头"和"飞蟓"之类区别开来。"油葫芦"四翅肥体,大头白"眉",色泽如油,鸣声"呼噜噜……呼噜噜……",虽亦悦耳,然不善斗。"棺材头"形似蟋蟀,然头面扁平,有似棺材,故得其名,捕捉者以误捉为晦气,若将它携归家中被说成会有丧亲之凶。"飞蟓"体小肉黑,生有四翅,能蹦能飞,叫起来作"唧唧,唧唧"音,然声弱气短。捕捉蟋蟀多循声搜索,特别注意搜捕那些鸣声有力而短促者,而噪鸣不止者,有气无力者,因不善斗,多被人弃之不理。

捕捉地点亦有所选择,勇而好斗者多出乱石、墙隙之中,而藏身土穴或水滨者往往战绩不佳。贾秋壑《促织经》谓:"虫生于草土者,其身软;生于砖石者,其体刚;生于浅草瘠土、砖石沉坑、向阳之地者,其性劣。"另外,稳居穴中者善斗,而漫野狂蹦乱跳者多为常败将军,没有捕养的价值;与蛇、蜈蚣等毒虫共处者,被认为较凶悍,多受追捕;而独居平地、草丛者较羸弱。因此,畜养人并非见蟋蟀辄捉之,而是择地听音,观形察态,有选择地加以搜捕。

二 畜养

蟋蟀捉回后,放入钵中,经过察形观色,或稍加试斗,以决定是否留养。一般断肢者、小头小牙者、尾巴粗长者、弓腿好蹦者、捲须练牙者、光脖者(脖上无毛,已衰老)等,不作畜养。关于审选的外观标准,论色,以青、黄、红、黑、白正色为优。"其色白不如黑,黑不如赤,赤不如黄,黄不如青。"论病,"一仰头,二捲须,三练牙,四踢腿。"①有口诀云:"头大脖阔身体肥,弓背交眉腿如箭。"头大则牙大,脖阔身肥则有推力,弓背者有抵力,交眉者勇而好斗,腿平似箭者稳健沉着,咬斗中不轻易奔逃(图3)。

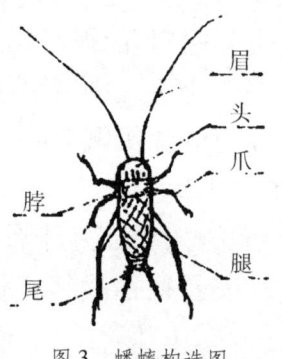

图3 蟋蟀构造图

引斗蟋蟀用草拯,或用鼠须制作的鼠拯。草拯的制

---

①袁宏道:《促织志》,见《古今图书集成·博物汇编·禽虫典》第一百七十五卷。

法:"取茎长五寸余,披其首如氅,蒸熟用之,以便驱拨。"①畜养人在外形观察后,用捻子诱其开口,牙大而厚者,张口即收者为好,俗称"小开门";而小八字牙大张久不收合者,一般不善斗,不作畜养。此外,薄翅者,开口而不鸣者,亦为好。

畜养蟋蟀有专门的瓦盆,内配陶房、水盂(图4),其养法,"用鳜鱼、荬肉、芦根虫、断节虫、扁担虫、煮熟栗子、黄米饭",②果丁及水,每天一换。在清代,甚至有专饲蟋蟀的师傅,谓之"把式","受酬甚丰"。③ 中秋过后,天气渐凉,蟋蟀盆中有放纸垫、布垫,甚或棉垫者。

图4 畜养蟋蟀的瓦盆、陶房

畜养者多根据所养蟋蟀的外形特点加以取名,以作区分,诸如"红头"(头色发红)、"麻头"(头色灰白)、"大衣"(蟋蟀一般在家养后身体显著加长,几天后就翅不遮体,

---

①家景星:《斗蟋蟀记》卷一。
②袁宏道:《促织志》,见《古今图书集成·博物汇编·禽虫典》第一百七十五卷。
③夏仁虎:《旧京琐记》卷一。

但也有翅长不露体者,称之为"大衣")、"左搭"(蟋蟀一般右翅搭于左翅之上,亦有左翅搭于右翅的,称作"左搭")、"枣核钉"(头小尾小,身大,形同枣核)、"秃尾巴"(尾短而不全者)、"枯爪"(小腿脚爪残缺者)、"泡翅"(翅不服帖于身,而起泡状者)、"红玲"(翅下有一粒或数粒红点者)等。紫头青脖黄金翅者,俗称"将军",往往被加以特别的喂养。

三　聚斗

旧时,聚斗者中有出于"秋兴",为一时之乐的闲汉,亦有专此搏戏,追逐钱财的赌徒。前者多不分对手,不计时日,有兴则斗;后者则计较锱铢,搏战前上天平称重量、分等级者亦有之。精于此道者,斗前一般仔细观察对方蟋蟀的类型,判定它的壮幼,并观察自己虫子的临战状态,以决定是否一搏。

蟋蟀从大暑到白露前一批批先后成虫,由于时令不同及各自成熟期有早晚,其类型分作四种,即"紫虫""黄虫""青虫""白虫"。

"紫虫"在大暑过后最先成熟,当蟋蟀处于"盛年"之时,俗称之"当令"。此时其他三虫尚幼嫩,若与"紫虫"斗则多败。"黄虫"在立秋前后"当令"。此时"紫虫"已老,过了最佳竞技"年华",而"青虫""白虫"尚未成熟,因此都不与之斗。"青虫"在处暑以后"当令",而"白虫"要到白露前后才最终进入"盛年"。因此,拿出来赌斗的蟋蟀往往是同类的虫子,除非门外汉则仅计较个头的大小,而忽略其生理规律和种类区分。

紫、黄、青、白四类的判定,主要看蟋蟀的脑线长短及头色,"紫虫"脑线不清,脑色深紫;"黄虫"脑线短,头呈黄色;"青虫"脑线清晰,头黑而线白;"白虫"脑线长,而头色浅淡。

此外,从脖毛的有无亦可判定蟋蟀的长幼。无毛光脖者,已衰老;毛多似白霜者,尚幼。

畜养人还要视蟋蟀的临战状态而下搏战前的最后决心,若蟋蟀在盆中有节奏地发出"叮咛,叮咛"的声音,俗称"弹琴",处寻友思偶期,不宜出战。若开钵盖后,蟋蟀逃窜,或躲暗房不出者,也不宜斗;捼其口噪鸣不止者,捼其尾频频踢腿者,亦不佳;捼其尾则摇而迎之者,处交配期,更不宜出斗。开盖后,若蟋蟀稳步不动,捼其尾辄回身追咬而不鸣者为好。若猛然揭盖,蟋蟀不为之惊,且抬头仰望者,处极佳临战状态。

斗蟋蟀时,两方均要把自己的蟋蟀用过筒从养盆中捉出,放入高大的斗钵中,众人聚首围观。参斗的蟋蟀放入斗钵时要拉开一定距离,让它们自己慢慢寻敌对咬。若两虫入斗钵后久不寻战,主人则各持捼子以引敌,然只能引捼自己的蟋蟀以促战,不得碰捼对手的,以免伤害之嫌,这也是聚斗中常有的规则。蟋蟀交口后,若一方弃斗逃窜被对方追咬,或自跳出钵外者,为负。负者不鸣,而胜者在逐咬中不断"鸣叫"。

从无败绩的蟋蟀叫"头口虫子",败过一次的叫"二口虫子",败过两次的叫"三口虫子",败过三次的一般被主人丢弃,不再畜养。畜养人将自己最凶悍的蟋蟀称作"头盆儿",意即"老大";第二厉害者称作"二盆儿",意即"老二",亦有称"上将""中将""少将"者。斗蟋蟀时,养者一般不拿"头盆儿""二盆儿"出斗,除非是为赢钱,或所畜者均败北时,才将主帅出敌。

　　蟋蟀因多而易捉,畜养简单,故比斗牛、斗鸡、斗鱼等更为普及。旧时,斗蟋蟀既为闲乐,又为赌博,蟋蟀因此还成为商品,竟有"价值数十金者"。[①] 作为一项过时的娱乐或博戏,斗蟋蟀活动已伴随着社会生活的变化而逐渐消隐,仅在地方民俗活动中略有所见,然作为一种民间游乐文化现象,仍有其探究的价值。

（原刊于《东南文化》1991 年第 1 期）

---

① 潘荣陛:《帝京岁时纪胜》七月。

民间小戏略论

民间小戏是文艺百花园中的一朵最富乡土气息的小花，它根植于民间生活的沃土，果成于民歌、民间舞蹈和说唱艺术的融合。作为一种原生的综合艺术，它是集体意识与经验的体现，是乡民功利心理和审美情感的外化，也是一幅动态的、逼真的风俗画卷。民间小戏不仅是地方大戏形成的基础，而且也影响着民间艺术的其他门类，其剧目、角色、故事等广泛移植或复现于皮影戏、木偶戏、泥塑、糖塑、织染、壁画、砖刻、木雕、瓷画、剪纸、年画等领域，在艺术世界占有不可忽略的地位。

民间小戏多为独幕单场，角色仅有旦、丑"二小"或旦、丑、生"三小"，主题单一，情节亦无枝蔓，从戏剧艺术的发展看，它还没有达到成熟阶段。然而，作为一种原生的、具有浓郁地方色调的综合表演艺术，它不仅具有自己的风格特点，而且充分地展现出一般戏剧的本质，并与其赖以生成的民间歌舞、说唱等艺术形式泾渭分明。本文拟就戏剧理论中有关本质、风格、手段的几个范畴对民间小戏略加论说,以冀推进对它的认识和探究。

动作与仪式

动作是戏剧的本质,是一切戏剧赖以形成的主核。戏之所以为戏,不在于戏文的文学性质,也不在于游离于冲突之外、渲染效果的舞蹈,而取决于演员以动作演示的情节。

从世界戏剧史看,古希腊人所称的戏剧(drama),本就是动作(action)的意思。亚里士多德曾对悲剧的定义作过权威的表述,他说:"悲剧是对于一个严肃、完整、有一定长度的行动的摹仿;……摹仿方式是借人物的动作来表达,而不是采用叙述法,借以引起怜悯与恐惧来使这种情感得到陶冶。"① 这里以"摹仿说"释悲剧,并把"动作"作为摹仿的基准,触及了戏剧的本质。他还将悲剧的成分剖析为六个方面,即情节、性格、言词、思想、形象与歌曲,并认为其中最重要的是情节,而情节即出于对人物行动的摹仿。悲剧如此,喜剧亦然,只有演员演示出"完整、有一定长度的行动",才具有真正戏剧的意义。这种强调"动作"(行动)的戏剧理论,两千多年来一直受到人们的重视。

我国的民间小戏之所以称作"戏剧",也是以动作展

---

① 亚里士多德《诗学》第六章。

示情节,不过它与古希腊戏剧略有不同。民间小戏中民歌的对唱应和,唱、白并用,以及套曲、转调,使演员的动作得以在舞台上应变发挥。由于古希腊戏剧的歌曲是由歌队演唱,而歌队不是演员,在演出中歌唱只起渲染气氛和转场的作用,因而它与"动作"脱节,与剧情本身没有直接的勾连。中国的民间小戏则没有舞台外伴唱的歌队,亦没有专事应和对答的"歌队长",而是唱、念、做、舞系于演员一身,因此民歌套曲的演唱及念白,亦能成为动作表演的契机。此外,民间小戏还留有显著的民间舞蹈的印记,扭秧歌、踩高跷、跑旱船、打莲湘、打花鼓等舞蹈形式被广泛移植利用,其载歌载舞的舞台表演,虽不是严格的戏剧理论上的"动作",但却是人物行动的过渡或象征,与情节往往有若隐若现的联系。特别是在一些表现劳动生活的小戏里,摹仿劳动方式的象征性舞蹈,构成了剧情的一个重要方面,如《双推磨》《三伢子锄棉花》《磨豆腐》《小放牛》《兄妹开荒》等,其中推磨、锄田、放牛、开荒等象征性动作,既是舞蹈表演,又是展开剧情的链结。因此,中国民间小戏的"动作"有着多种形式,其唱、念、做、舞除了部分用于交代环境、制造气氛、叙说原委,也都能用以推动情节的发展,成为人物的行动。

没有动作,就没有情节;没有情节,就没有戏剧。戏剧可以揭示由"劫数"主宰的"幸福与不幸"的神秘命运,也可以展现苦乐交融的现实人生;可以作哲学与玄学的思考,亦可表现劳动、爱情等寻常琐事。然而,不论是希腊的古典戏剧,还是中国的民间小戏,都不能没有"动作"。正因为有了人物的行动(动作),民间小戏才不复是民间歌舞,两者虽有承继的亲缘关系,但已分属于不同的艺术范畴而各具本质。

　　至于仪式,它是在社会群体中传布集体体验的手段,本具有模拟与表演的性质,其程式化的动作往往具有象征、隐喻的意义,可视作一种非舞台的、广义的戏剧。仪式不论在原始部落,还是在高度文明的社会都时有所见:文身饰面的表现图腾崇拜的舞蹈,祈雨的队列、祝祷和秧歌,萨满驱鬼请祖时手击神鼓、身摆腰铃的唱颂及模拟动物的动作,帝王的登基大典,迎接国宾的仪式,隆重的国葬,国庆的阅兵式,重大体育比赛的开幕式等,都具有戏剧的因素。其中,宗教仪式与戏剧最相类似。英国当代戏剧理论家马丁·艾思林曾论述过仪式与戏剧相类似的目标和手段,他指出:"在仪式里如同在戏剧里一样,其目的是要提高觉悟水平,使人对于生存的性质获得一次永志不忘的领悟,使个人重新精力充沛去面对世界。用戏剧术语来说是:净化;用宗教术语来说是:神交,教化,彻悟。"至于达到这种目标的手段,他指出,是"利用精炼的语言或诗句、歌曲、音乐、赞美诗;还利用引人注目的视觉效果,如服装、面具、舞蹈、富丽堂皇的建筑。"①

　　戏剧与宗教仪式的渊源关系是两者相类的基础。希

---

① 马丁·艾思林:《戏剧剖析》,中国戏剧出版社 1981 年版,第 21 页。

腊戏剧源起于对酒神的祭颂,由春秋两季祈神与谢神的仪式所演进而成;中世纪的神秘剧和传奇剧则与基督教教义和仪式相关,有的甚至是对耶稣受难的摹仿。中国民间小戏的普遍繁盛虽较晚近,然与原始的巫术、宗教亦密切相关。巫术仪式、迎神赛会、逐疫弭灾的傩舞傩戏等,均为表现现实生活的民间小戏准备了条件。

被称为戏剧"化石"的傩戏,其功用不在于赏玩消遣,而有其信仰中的巫术作用。在江苏方志中我们能看到有关的记述:

> 十二月朔,乞儿作男、妇装,称灶公、灶母,执竹杖噪于门,曰"保平安"(俗云"跳灶王"),至二十四日乃止。又有涂面扮钟馗逐鬼者,除夕乃止。盖即傩之遗意。①

康熙二十六年《常熟县志》卷九载:

> 十二月初一日,乞人始偶,男女傅粉墨妆,为钟馗、灶王,持竿剑望门歌舞以乞,亦傩之遗意云。

除了逐疫驱鬼,还演剧弭灾求安。乾隆《句容县志》卷一载,中元"演剧祀田祖,谓之'青苗戏',又谓之'平安戏',弭虫灾也"。这种巫剧的扮演是巫术仪式艺术化的结果,也是向民间小戏渐变的一步。

---

① 王大经:《太仓迎神赛会的调查》,江苏省民俗学会编《民俗学论文选》,1984年铅印本。

至于迎神赛会的仪式也颇具戏剧因素。拿江苏太仓县的迎神赛会说，它有"议会""开光""募捐""宿夜""走会""解粮"等仪式，其中"走会"的仪仗和表演几乎与演剧无异：队前有"报导"，有金鼓、头锣开道，其次是飞龙飞虎旗，"肃静""回避"牌；出会"老爷"的头衔及銮驾：龙头、金瓜、斧、刀、剑、戟等，然后是"万民伞"及各色彩伞，再后是"看马""台阁""西洋台""十姐妹""十女婿""荡湖船""滚灯""龙灯""痴官""矛子午""臂锣臂香"等民间杂技表演队伍，最后是老爷的八人大轿。[①] 民间小戏虽没有这般的浩大，但与其却有着形式间的关联。

民间小戏与宗教仪式具有人物程式化、行为隐喻化和经验群体化的共性，又有着效果上失时与守时，思想上入世与出世，及形式上不定与稳定的区分。同"动作"一样，对"仪式"的理解也是认识小戏本质的蹊径。

固定与流动

民间小戏是地方性与社会性的群众文艺，是乡民村妇们的集体创作，它多没有戏文、剧本的著录，靠言传身教而世代承传。它既有固定的因素，又有流动的成分：一方面，它愈趋成熟，在角色、调式、词令、剧目、表演、服装、道具等方面愈具程式化的倾向，呈现出稳固的传统风格；另一方

[①] 王大经《太仓迎神赛会的调查》，江苏省民俗学会编《民俗学论文选》，1984年铅印本。

面,它随着社会生活的发展,舞台的变换,时令的转移,演员兴致与素养的差异,观众发挥的移情作用的大小等,又往往效果不一,并不可避免地导致戏剧成分自身的变化,显示出流动的风格。固定性使小戏保持了"种"的特点,而流动性则使之赢得了"命"的机遇。也就是说,固定性使其保留了剧种的风貌,而流动性则使它在变化中延续、发展。因此,固定与流动既是民间小戏的基本风格,也是其存亡的命脉。

拿角色与演员说,民间小戏的"两小",戏的角色固定为小丑、小旦,而"三小"戏则固定为小丑、小旦、小生。其身份与扮相也较为固定:旦角是村妇打扮,穿花衫,扎彩头,系腰裙;丑角是农夫打扮,戴绒帽,扎腰带。[①] 这种固定的角色与扮相因流动的演员而效果各异。演员有年龄大小、素养高低、男女性别、经验多寡、气质优劣、声色美丑、身段拙巧等诸多不同,因而戏文受到了不同的处理,风格也必然因之而歧变。此外,同一个演员在不同的时空条件下演出同一出剧目,也会有不同的发挥和效果,场地的自然条件、时令与农事的顺违、年成的丰歉等都会影响农夫村妇们的兴致,使移情作用或大或小。观众的情绪,场外的气氛必然反馈到演员身上,使其在台上或夸张,或简约,从而让剧目定本受到不期而然的改造。固定的剧目角色、脸谱、服装受制于流动的演员,因而发生形象、性格,乃

[①] 参见张紫晨《民间文学基本知识》,上海文艺出版社,1979,第131页。

至剧情的变易本不可避免。

拿时间因素说,民间小戏的演出除了部分走入都市剧场,大多留在乡野草台上,因而它受农事与岁时的制约,有固定的演出期日和固定的剧目,并形成自己的传统。以浙江省宁波地区为例,那里春演"年规戏",五月关帝戏,六月酬神戏(老郎神诞),七月焰口戏(盂兰盆会),旱年唱龙王戏,八月龙船会戏、羊府胜会(祈丰年)应时戏,九月安神戏、元红戏、出洋戏、回洋戏,十、十一月冬至戏、祖师庙"寿戏"、庙会戏,十二月各班回城演年脚戏。[①] 不同的地区,因时代的变迁、社会的发展、文化的普及、耕作制度的变化、农村经济结构的调整等因素,也会影响演剧与观剧的传统习俗,从而产生制约作用,使剧目的岁时性日趋淡化。这样,那些不能在固定与流动间协调的剧目就走向了衰亡,例如酬神戏、焰口戏之类,在当今乡间舞台上就已经基本绝迹。

拿空间环境说,民间小戏主要活跃于乡间的谷场和草台上,一旦进入城市,往往发展成地方戏剧而失却原貌。只有当它在场头、山坡、草台、堂屋、庙院等处由乡民自演自娱时,才是真正的民间艺术,而一旦进入城市,走上有票房的戏台,便失却了民间小戏的性质。因此,舞台的流动亦关系到小戏风格的保持与变易。坐在散发着稻香的谷场,观众或坐木凳,或倚草垛,或立船头,或卧瓜棚,他们捧

[①] 金名:《吴语地区戏曲曲艺概况》,《民间文艺季刊》1987年第4期。

着饭碗、抱着孩子、扶着车把、搓着草绳、吃着炒豆,在随意而自在的氛围中观看表现自己劳动与生活的剧目,其方言乡音、俚曲俗调,及推车、摇船、赶牛、行路等动作,无不唤起他们的体验和情感,演员与观众得到了最大限度的交流。然而,当观众坐入华灯灿然的广厅大厦,座位蜂然,舞台高出,且有幕布、乐池拉开演员与观众的距离,戏剧仅提供旁观的欣赏,而割开一体的感受,这样,民间小戏即使有固定的剧目、固定的情节、固定的角色、固定的演员,也终因舞台的流动而失却原有的风韵。民间小戏是民俗的产物,其固定与流动的过程只能在原俗民社会中进行,一旦它被移植、被加工、被调出,就不再是民俗意义上的小戏,而发展为独立的地方剧种。

拿功能作用说,民间小戏由信仰活动向自娱自乐的方向发展。在前期,小戏作为信仰习俗的一个方面,与祈神或谢神的宗教活动相连,与岁时性的宗教节日相连,除了农事上祈雨求丰的拜神性质,还有逐疫驱鬼免灾的巫术成分。小戏往往在社祭、赛会、庙会时表演,作为崇神祭祖的一种手段。由于时代的变迁,民间年节岁时对宗教祭日的冲击,以及农事时令历来受到的特别重视,小戏愈来愈离虚向实,到后期终发展为表现现实人生苦乐的生活戏剧。这一功能的流动使民间小戏获得了生机,并循此而不断发展。其形式的相对固定,反映了艺术传统的存留,而功能的转移则反映了它具有不断再生的活力。

固定与流动是民间小戏的基本风格,也反映出它从民间歌舞到地方剧种的中介性质。

道具与象征

　　道具是丰富戏剧舞台的手段，是点画人物形象的工具，有时也是剧情发展的媒介。民间小戏的道具运用具有象征、隐喻与指事的意义，因此对道具的剖析已成为认识小戏特征与价值的一条路径。

　　道具在民间小戏中有着广泛的运用，其种类有扇子、手绢、花鼓、花棍、腰带、鞭子、担子、面具，等等。它们一方面可突出角色的类型，另一方面也用于推进剧中的动作和舞蹈，甚至还能成为舞台表演的中心。

　　应当指出，小戏中的道具是宗教仪式的产物，是巫术法具的孑遗和摹仿。巫师手中的羽毛、花草、铃鼓、号角、杖棒、水、火、刀、剑等，都曾作为招神引鬼、通天入地的神物，并在祭神仪式中得到反复的运用和夸张。戏剧是非宗教的仪式，道具作为戏剧的有机成分，也就是仪式的一个部分。正如法具在宗教仪式中具有绝地通天的象征一样，道具在民间小戏中也有通连生活的象征、隐喻性质。它打破了舞台上的板滞，赋予角色以灵气，帮助角色完成舞蹈和动作，点画形象，并暗示冲突。花鼓戏若无花鼓，秧歌剧若无腰带，不仅在舞台上失去了活气，就连其自身也无法存在。小戏的舞台动作多为暗示性的模拟，如开门关门、骑马行路、划船推磨、吃喝穿戴一类，往往是无伴唱的象征动作，不一定使用道具。至于和歌入乐的舞蹈动作，角色打逗争白的场面,则常常借助道具而加以烘托和渲染。当然,花鼓、花棍、小扇、长绸等道具主要不在于创造喧闹的场面,它们在特定情境中的运用能唤起观众的生活体验,从而引发旁通的联想。从这方面讲,道具与法具在不同仪式中有着"同工"之妙。法具在祭神仪式中庄严而神秘,能唤起观者崇神的宗教情感;道具在舞台表演时亦能引导观众的注意力,发生从视觉到想象的转移。

民间小戏的简单道具是同它无布景、少服装、短剧情等相协调的,发展到地方剧或大戏,随着角色的增多,服装的纷杂,布景的起用,道具也越来越纷繁。我们从山西省洪洞县明应王庙内的元代戏曲壁画上可看到这一变化:前排居中者手执朝笏,左第一人手持宫扇,右第一人手持长刀,左第二人戴黑札,右第二人戴黲三;后排者有的执鼓,有的执节板,有持长柄扇,有的吹笛。这些道具既区分了角色与司乐,也点画了场面,表明了身份,确定了各自的动作范围,并对剧中事件作了暗示。因此,道具从民间小戏到地方大戏的发展都表现出参与仪式的作用。

道具的象征还能强化人物的性格,成为剧情发展的媒介或矛盾冲突的焦点。挥舞小扇的扑蝶,甩弄手绢的笑骂比徒手作戏更富情趣,而花鼓、莲湘棍的穿插则有衔接剧情或类似转场的作用。有时道具还是角色争执的中心,它或在唱段与念白中被反复提及,或在舞台角色中转传易手,成为戏台上下注目的焦点。

民间小戏的道具不少是从民间舞蹈直接移植而来的,

但两者的作用却大相径庭,如扇子、花鼓、花棍、手绢等,在民间歌舞中的作用仅在节奏、构图、色彩及变化等方面,而用之于小戏,它们服务于形象与性格、情节与冲突、背景与场面、象征与隐喻等,它们勾连起不同的角色,并把它们协调到同一画面、同一情节、同一主题之中。没有道具的戏剧是不可想象的,实际上,即使在最简略的小戏中,道具也是不可或缺的。不少剧目因舞台或实物的限制,常采用虚拟的动作来展示。如《双推磨》的演出,台上不必放置石磨,《打面缸》的演出,也不必在台上真的放上一两口面缸,《纺棉纱》可不置纺车,《小放牛》更无须牵牛上场,演员用模拟的动作来表现它们的存在,通过象征、暗喻,让这些无形的"道具"伴随着观众的体验和联感而俨然"活"在台上。这种有形的舞台道具与无形的"观念道具"的并用,拓宽了小戏的舞台空间,并在其虚实之间给观众留下了想象与玩味的余地。

　　道具作为丰富舞台的手段,可谓显而易见。演员手执道具更易"进入角色",而角色配有道具可点明形象类型及剧中身份,实际上道具在小戏中常常辅助单一的服装,构成"扮相"的要素。民间小戏中的歌舞成分也使道具有了"用武之地",它们打节奏,做花样,声形并茂,使台上气氛变得活跃。由于小戏多在乡野谷场或山坡上演出,没有布景、灯光及别的舞台装饰,因此道具的运用就成了补台的重要手段。它丰富了舞台的色调和构图,并伴随着角色的动作,产生了动静、大小、虚实、远近的变化,从而使舞台有了生气。

　　总之,道具如同法具在仪式中发挥效应一样,它是情节发展的媒介,又是丰富舞台的手段,它靠象征和隐喻唤起观众的体验和联想,从而扩大了舞台空间,淡化了时间观念,诱发了移情作用,并使小戏在这一过程中为乡民所喜闻乐见,乃至被视作"自己"的艺术。

（原刊于《民俗研究》1992年第1期）

纸马探论

纸马是中国民俗版画体系中的特殊类型，它以道佛之神和民间俗神为表现对象，专用于民间的信仰活动和礼俗仪典。纸马出现在我国中古时期，但经历了一个漫长而复杂的孕育阶段，它始终交织着巫术的、宗教的、风俗的与艺术的因素，其形式与应用也总是与时而化，因俗异变。作为巫术与宗教的遗物，纸马留有神圣的光晕，传导着时人对神祇与祖灵的虔敬；作为民俗风物，纸马融入了民间生活，成为民间祈禳心理的寄托；作为民艺物品，纸马又展露着鲜明的地方特色和淳厚的民族风格。它亦圣亦俗，亦奇亦平，亦庄亦随，堪称中国文化园苑中的一树奇花。

一　纸马溯源

纸马又称"神马""马子""甲马""佛马"等，此外，民间还有"马纸""菩萨纸"之谓。"纸马"之名早在宋代已见载述，孟元老《东京梦华录》卷第七曰：

(清明节)士庶阗塞。诸门纸马铺,皆于当街用纸衮迭成楼阁之状。

吴自牧《梦粱录》卷六又载:

岁旦在迩,席铺百货,画门神、桃符、迎春牌儿,纸马铺印钟馗、财马、回头马等,馈与主顾。①

此外,周密《武林旧事》卷六中载有杭州的"印马"作坊,而《宋史·礼志》记契丹贺正使为本国皇后成服后,亦有焚纸马、举哭事。可见,在宋辽时期纸马已遍及国中,成为官礼与民俗中的寻常之物。因此,纸马的出现绝不晚于北宋。

纸马之谓"马",前人略有阐释。清人虞兆隆《天香楼偶得·马字寓用》曰:

俗于纸上画神佛像,涂以红黄彩色而祭赛之,毕即焚化,谓之甲马。以此纸为神佛之所凭依,似乎马也。

清赵翼《陔余丛考》则持另说:

然则昔时画神像于纸,皆有马,以为乘骑之用,故曰纸马也。

前者强调"神佛之所凭依",其意晦秘;后者则因"画马其上",而略显附会。从现存纸马看,确有不少画马其上,以

---

① 吴自牧《梦粱录》卷六"十二月",浙江人民出版社,1984,第50页。

图1 猪栏圈神

供神祇"乘骑之用"者(图1),较为直露地点画出马与延神巫术间的信仰联系。

纸马之谓"马"与刻画马形,同先人对马的出天入地的通神认识相关。《白虎通·封公侯》曰:"马,阳物。"《左传》曰:"凡马,日中而出,日中而入。"这种将马与太阳的相提并论,源自马引日车的天体神话。《淮南子·天文训》载:

> 日出于旸谷,浴于咸池,拂于扶桑,是谓晨明;登于扶桑,爰始将行,是谓朏明;至于曲阿,是谓旦明;至于曾泉,是谓蚤食;至于桑野,是谓晏食;至于衡阳,是谓隅中;至于昆吾,是谓正中;至于鸟次,是谓小还;至于悲谷,是谓铺时;至于女纪,是谓大还;至于渊虞,是谓高舂;至于连石,是谓下舂;至于悲泉,爰止其女,爰息其马,是谓县车。

以上神话中的行天之日乃由马车牵引,马遂有"阳物""天马"之称。天马作为"天之驿骑",又有"天驷"之谓。"天驷"乃星名,因"日分为星",故天驷实乃日之"家族"。

依存于原始思维的神话形态不可避免地随传承而变异,这种"文化变迁"往往能改变对象的性质和价值。马

正是如此,既为"阳物",又为"地精"。《初学记》卷二十九引《春秋说题辞》曰:

> 地精为马,十二月而生,应阴纪阳以合功,故人驾马,任重致远利天下。

此外,《汉书·食货志》言及汉武帝造银锡白金时曰:

> 天用莫如龙,地用莫如马,人用莫如龟。

马为"地用"之物,"地精"之征,且能阴阳合功,故被视作沟通天地、交通神鬼的巫物。明人高启《里巫行》诗中有"送神上马巫出门,家人登屋啼招魂"句,而古之巫师亦多骑马,并以马合阴阳,接天地。

图2 汉画像石上的壮马与扶桑树

汉代画像石中常见巨树壮马的刻画,其石以树表绝地通天,以马表"阴阳合功",由于它们多用于墓室、祠庙,故马纹的刻画有引导亡灵入地登天的意旨,为用以安魂的巫法。在山东省微山县两城出土的一块画像石上,巨树枝杈虬结,树端青鸟翔集,树下壮马长嘶,一人侧身弯弓(图2)。弯弓者是蹶张图的变形,意在驱祟镇墓;而虬结之枝是生命延绵往复的象征,具有神话中扶桑树之形,后世所谓"盘长纹"的吉祥图饰乃出于对它的模拟,以表生命不绝;青鸟在天,壮马立地,天地之对应暗示了图中生命之树的安魂意义。这里的马、鸟均为亡灵的引导,也是神迁魂变的凭依。类似的构图在其他画像石中亦可见之。值得一提的是,在微山县两城出土的另一块汉画像石上,巨大的"连理树"枝枝勾连,树端群儿相戏,树下亦有壮马挺立。儿生于树,点明了"连理枝"即为"生命树"。其实,生命树的信仰与日栖枝头的神话相关,太阳与万物生长的内在联系,使之成为生命之神。因此,树下立马既表"日中而出,日中而入",又表天地相接。纸马之谓"马",即源于这种马能绝地通天、阴阳幻化、近神远鬼的信仰。事实上,有关马的巫术与神话观是纸马得以产生的最初的、潜在的诱因。

纸马在形式上与马纹经幡也有一定的亲缘关系,汉、藏之布幡、纸幡也正是巫术与宗教的法物。拿"甲马"说,作为纸马中的一类,它以马为中心构图,用于延神或神行。施耐庵《水浒传》第四十四回"锦豹子小径逢戴宗"云,以甲马拴腿上便可神行。① 从甲马实物看,不论是苏北的甲马,还是苏南的甲马(图3),或是云南的甲马,都同西藏马纹经幡相像(图4),均以奔马踏云或幡旗高飘表现其行空邀神之功。藏民称马纹经幡为"朗达"(rlung-rta),"朗"是"风"的意思,"达"是"马"的意思,因此,"朗达"的汉译为"风马"。"风马"既有纸印的,又有布印的;既用以烧

---

① 《水浒传》第四十四回:神行太保戴宗对杨林说:"我的神行法也带得人同行,我把两个甲马拴在你腿上,作起法来也和我一般走得快,要行便行,要住便住……"

化，也贴于门首，或制为小幡插于屋顶高处。

图3　苏南甲马

图4　西藏甲马

　　所谓"风马"，实为中国古代神话中神马或神车的别称。《汉书·礼乐志》中的《郊祀歌》中有"灵之下，若风马"句。此外，唐元稹《长庆集》二七《郊天日五色祥云赋》中亦有"羽盖凝而轩皇暂驻，风马驾而王母欲前"的歌咏。可见，纸马与马纹经幡的启用有着幽远的信仰根源。如果说纸幡、布幡是招神御鬼的神秘法具，那么，纸马、甲马则成了略具巫风的民俗物品。

　　佛教在唐代的兴盛及版印佛经的流布，是纸马得以由起的重要契机。唐咸通九年（868）刻印的《金刚经》卷首画《释迦牟尼说法图》及唐成都府都县龙池下家印卖的《陀罗尼咒本》中的莲座佛像是现存最早的木版佛画，也是纸马的先型。佛教石窟造像的构图对后世纸马亦有一定的影响。例如陕西耀县药王山造像，佛像居中，两旁加有边饰,顶端凿有帽饰,而"帽"底又有双龙的雕凿。此种构图为后世纸马所效仿,苏中地区的纸马即有"龙楼"帽子头的附缀,与此类佛神造像的配饰颇为相像。在近、现代流行的纸马中,仍有如来佛、阿弥陀佛、弥勒佛、观音菩萨、地藏王菩萨、十殿阎王、大圣国师王等佛氏诸神,此外,纸马中的俗神尚有额点吉祥痣者,留下了佛画的印记。从民间称纸马为"佛马""神佛画""菩萨纸"等叫法看,纸马与佛教也有着内在的联系。木刻经咒在被民间风俗包容的过程中发生了图像与咒文的分解,其图像因素导致纸马的产生,其文字因素则导致《般若心经》、疏文及佛语符咒类冥币的生成。

　　道教的符箓也是纸马的先型,特别是人形符画及其贴挂与焚化的应用为纸马所承袭。例如,在敦煌地区的唐代"安心符"上,一神左手握棒,右手执鬼,上有"盛安心,符前大吉,立有脸(验)知,十六日却"的咒文。其棒当为"桃棓"。《淮南子·诠言篇》许慎注曰:"棓,大杖,以桃木为之,以击杀羿,由是以来鬼畏桃也。"可见,此镇宅符与桃符相类,是后者的图形化。近代印制的"钟馗捉鬼"纸马与"安心符"惟妙惟肖,透露出二者的传承关系。此外,敦煌的"树神"符,也以人形构图、咒语、符箓的迭加,追求禳除的功用。这种对自然物的人格化和人形化正是后世纸马神祇体系的最基本的表现方法,诸如水神、山神、路神、虫神等,均取人形构图,与道教的符画相仿。因此,道符也是纸马不可忽略的源头之一,它不仅提供了神形的摹写方式,更提供了庞大的神祇体系,成为纸马在民间流布的重要背景。

纸马的出现除了有神话、巫术及原始信仰的深厚基础,有佛教兴盛的诱发因素,有道教和民间宗教提供的庞杂的神祇体系,有画鸡于门、画鱼于门、悬桃符、剪楮焚币等俗信传统,还有艺术方面的长期准备。

在江苏省盱眙县出土的汉代木刻星象图上,有金乌载日、蟾蜍伏月、两飞仙、三游鱼和众星宿,它不仅反映了雕版技术早在汉代已经成熟,同时为神仙、灵兽、祥物、日月、星辰等同图的后世纸马提供了范例。从江苏南通地区的"魁星神君"纸马上,我们不难发现汉代星象图的余韵。

汉代画像砖石的雕凿也为纸马的雕版准备了条件。如在山东微山县出土的"皇母"画像石上,西王母端坐拢袖,张口若笑;侍者左右分立,手擎小扇;上有青鸟栖息;下有蛇躯虬结;背有蟠曲之枝,旁有称谓题刻,这种构图立意在近代纸马中仍见传承。苏中地区民间习用的灶神祇马正与上述汉画像石有诸多相合:灶君端坐拢袖,面露笑容;侍者为春耕的农人,其二亦举旗分立;上有雀鸟双飞,拟青鸟来去有时,知归善报;下有耕牛举足,牛,土属,[①]与蛇同为土地的象征;身后亦有蟠曲的如意拐子纹,头上为灶君神龛,框内刻印"定福宫"三字(图5),以拟指这位"家主

[①]《经籍籑诂》卷二十六载:"牛,土畜也。"《贾子·胎教》曰:"牛者,中央之牲也。"

图 5　灶神

之神"的身份。由此可见,纸马的源头绝非佛画、道符等宗教艺术一途,在两汉、先秦的文物中都可以找到它们的踪影。《天问》王逸序云:"楚先王之庙及公卿祠堂,图画天地山川神灵,及古圣贤怪物行事。"此外,《鲁灵光殿赋》亦曰:

> 图画天地,品类群生,杂物奇怪;山神海灵,写载其状,托之丹青。千变万化,事各缪形。随色象类,曲得其情。

汉时祠堂与墓室的图画或雕凿均以神怪为主体,用以辟鬼安魂。此外,缯画、精怪图、经咒绢画等,也有相近的意义。

湖南长沙出土的战国缯书,以怪兽、人兽合体、多头怪及一些奇诞的图像与咒文相配,用以呵护死者的灵魂,它同敦煌发现的《白泽精怪图》相仿,具有傩祭的性质,追求禳除的功利。战国的缯书也是唐五代经咒绢画的先型,不过有从灵兽到神佛的化变,而以神佛为中心的经咒绢画则是版印纸质经咒的前身,也是纸马形制的又一源头。此外,先秦及两汉的瓦当、铜镜的制模亦涉及神兽、宇宙、帝王及仙人,也为纸马的雕印提供了艺术经验。1978 年 3 月在江苏淮阴高庄发现的战国青铜器上有《山海图》,铸有夸父、九尾狐等神话题材,同样在雕模技术与选题上对纸马的制作有潜在的影响。

总之,纸马的产生交织着巫术的、宗教的、习俗的与艺术的多重因素,其中,对神鬼的信仰和人神、人鬼间凭物交通的巫术观念是纸马产生的精神基础,也决定了其名称的寓意;佛教在唐代的兴盛及经咒绢画、版印佛画的出现,是纸马兴起的直接诱因;道教诸神及民间俗神的庞杂体系是纸马主要的表现对象,也是纸马得以广泛流布的依托;民俗节令与仪礼中延神敬先的传统及焚纸设供的惯习使纸马成为传习性的世俗风物;先秦、两汉以来的木雕、石刻及绘画的艺术成就给纸马提供了技术手段和艺术的范例,并奠定了中国民俗版画的象征风格。纸马的由起源远流长,它以艺术的、宗教的和风俗的形式留下了唐宋间文化传承与文化整合的时代印记。

二　神祇体系

中国古代宗教与民间信仰中的神祇体系十分庞杂,其繁复的系列、纷乱的名称、多层的结构,奇妙地互通互补,混成共融,终构建起一座层套锁连的巍峨神殿。中国诸神体系的庞杂,除了历史的、地理的、民族的、宗教的因素,同先人对神鬼这一子虚之物的纷纭阐释亦不无关系。

神鬼本于人类的精神创造,起初它们被认作视之无形、听之无声、变化无方、去来无碍的超自然之力。在原始农业兴起之后,神与万物生长间的幻想联系被极端地夸张,农业社会的功利追求成了最有力的造神动因。《说文》曰:"神,天神,引出万物者也。"《礼记·祭法》曰:

山林川谷丘陵,能出云,为风雨,见怪物,皆曰神。

《荀子·天论》云:

> 列星随旋,日月递炤,四时代御,阴阳大化,风雨博施,万物各得其和以生,各得其养以成。不见其事而见其功,夫是之谓神。

王充《论衡·论死篇》亦曰:"神者,伸也。申复无已,终而复始。"实际上,神的伸发万物、博施风雨、御制四时之性正是先民对田功农时盼求的折光。

随着自然崇拜向祖先崇拜的演进,人的神格化和神的人格化更其明朗,世俗的祖先与圣贤得以升格为神,开始了神性与神系的社会化进程。《礼记·礼运》曰:"修其祝嘏,以降上神与其先祖。"《正义》曰:

> 上神,谓在上精魂之神,即先祖也。指其精气谓之上神,指其亡亲谓之先祖。

《左传·庄公三十二年》载:"神,聪明正直壹者也。"《礼记·乐记》"幽则有鬼神"注云:

> 圣人之精气谓之神,贤知之精气谓之鬼。

可见,在人祖、圣贤升格为神的同时,神的禀赋也发生了变化,"聪明正直"成了神性的标志,这为后世英雄神、行业神、帝王神之类俗神的大量涌出提供了信仰基础。

道家则以神、气之说推论宇宙与人生,其对神的解说具有哲学化的意义。《道法精微》曰:

神不可离于气,气不可离于神,神乃气之子,气乃神之母,子母相亲如磁吸铁。刘真人曰:"非法非真非色,无形无相无情。本来一物冷清清,有甚闲名杂姓。动则鬼神潜伏,静时天地交并。视之不见听无声,默叩须还相应。"

此外,《大玄宝典·神灵天象章》亦曰:

　　气虚生神,神虚生化,化虚生象,皆出太虚。太虚者,天地之中,无方无所,非气非形,其中有象,清而为天,浊而为地,清浊分而生人。

由于人是气化神生,道家把对神的理解又投射到人体自身,视人体若自然,其发肤骨肉亦各为神。《上阳子》把身神体系分为上、中、下三部,计二十四"景":

　　上部八景:发神、脑神、眼神、鼻神、耳神、口神、舌神、齿神。中部八景:肺神、心神、肝神、脾神、左肾神、右肾神、胆神、喉神。下部八景:肾神、大小肠神、胴神、骨神、膈神、两肋神、左阴左阳神、右阴右阳神。

1985年宁夏同心县出土明正德年间印制的《太上灵宝补谢灶神经》中有《净口神咒》言及某些身神的职司与神能:

　　丹朱口神,吐秽除氛。舌神正伦,通命养神。罗千齿神,却邪秽真。喉神虎贲,冲炁引津。心神丹元,令我通真。思神炼液,正气长存。

《酉阳杂俎》前集之十一"广知"则收录了部分身神的

名称：

> 身神及诸神名异者：脑神曰觉元，发神曰玄华，目神曰虚监，鼻神曰冲龙玉，舌神曰始梁。

人体既为神，人影亦然，因形影不离，相照相守，也为道家尊之为神。道士郭采真言影神有九：

> 影神，一名右皇，二名魍魉，三名泄节枢，四名尺凫，五名索关，六名魄奴，七名灶（一曰囱），八名玄灵胎，九（鱼全食不辨）。[1]

可见，神的观念本转易多变，由自然而社会，由社会而人体。在这一过程中，天神、地祇、人鬼、身神上下叠积，左右通连，使中国神祇体系纷乱庞杂，颇难疏理。

在中国神祇体系的总构架中，至少包括有道教系、佛教系、巫神系、神话系、传说系、风俗系等六大支系。

道教系在其发展中最具包容性，它能兼收并蓄其他支系的神祇，形成"三界十方"的庞大阵容，因而最为浩繁，并成为中国神祇体系的代表。道教系主要分天神、仙人、俗神三支。天神支包括"三清"（玉清元始天尊、上清灵宝天尊、太清道德天尊），"四御"（玉皇大帝、北极大帝、天皇大帝、后土皇祇），日月星辰，风雨雷电，四方之神（东方青龙、南方朱雀、西方白虎、北方玄武）等。仙人支包括天仙、地仙、尸解仙"三等"和上仙、次仙、太上真人、飞天真

---

[1] 段成式：《酉阳杂俎》前集卷之十一。

人、灵仙、真人、灵人、飞仙、仙人"九品",其中名仙有赤松子、甯封子、马师皇、黄帝、偓佺、老子、吕尚、彭祖、介子推、江妃二女、范蠡、琴高、安期生、东方朔等。俗神支则包揽了民间信奉的各类英雄神、行业神、守护神与家神等,其中有关圣帝君、刘猛将军、鲁班、华佗、城隍、财神、门神等。

佛教系诸神传入中土后,经过汉化,也纳入了中国的神祇体系之中。佛系神包括佛、菩萨、天王、阿罗汉、伽蓝神与阎摩罗的层分或类别。其中,佛有"竖三世佛"(过去佛燃灯佛,现在佛释迦牟尼佛,未来佛弥勒佛),"横三世佛"(西方佛阿弥陀佛,中间佛释迦牟尼佛,东方佛药师佛),及"五方佛""七佛""千佛"之分;菩萨有观世音、大势至、地藏王等;此外,还有"四大天王""十八罗汉""十八伽蓝神"及"十殿阎王"等佛神系列。

巫神系以山精海怪为主,服务于民间近福远祸的祈禳追求。巫神系的诸神多以自然之物、多体异兽、人兽合体或人造之物的形态出现。如《山海经》中,"其状如鲤而鸡足,食之已疣"的鱃鱼,"其状如鹊而十翼""可以御火,食之不瘅"的鳛鳛鱼,"鱼身而鸟翼,苍文而白首、赤喙","见则天下大穰"的文鳐鱼等,以及飞煞、替人、游魂、收瘟一类有形或无形的禳镇神,都归于巫神系列。

神话系出自古代神话,有原始思维的深厚基础,又有美妙的幻想故事相附丽,它们多作为恩主而受人敬奉。神话系包括伏羲、女娲、西王母、盘古、黄帝、神农、大禹等,它们虽被道教所包容,仍以源头幽深而可独作一系。

传说系以史事传说和民间传说为造神的基础,如夜郎竹王神、屈原、孟姜女、八仙、二十四孝神等,成为神祇体系中的又一构架。

风俗系则包罗着一切与民间风俗活动有关的大小神祇。如腊月二十四祝其"上天言好事,下界保平安"的灶神,正月十五夜迎于厕间或猪栏旁的紫姑神,正旦杖捶粪堆,令其赐富的"如愿"神,正月十三"赛猛将"供奉的"八蜡之神",二月二祭奉的"土地正神"等,以及小孩度关礼俗中拜祭的各种延生解厄的关煞之神,诸如"四柱关""百日关""雷公关""铁蛇关""鬼门关""童命关""急脚关""周岁关""四季关""冲天关""短命关""金锁关"等。此外,民间游乐活动中有十二月花神的绘制,如江苏高淳县薛城乡的"花台会"戏台上所绘的十二月花神为:正月花神柳孟梅,二月花神杨玉环,三月花神杨延昭,四月花神姜贵华,五月花神丑钟馗,六月花神美西施,七月花神傅石雄,八月花神钱素款,九月花神陶渊明,十月花神汉貂蝉,十一月花神白乐天,十二月花神佘赛花。① 此类花神亦属风俗系神祇。至于家堂神、家主神、家柱神、门栏神之类的家神,以及民间行业神等,实也出于俗神系列。

上述神祇的六大支系是依其由来的大略划分,支系间有交叉共通部分,但由此亦足见中国神祇体系的浩繁与庞杂。

---

① 这十二月花神见薛城乡戏台上的绘画,于采风中记录。

纸马所载承的各路神祇都出于上述体系框架，但尤以道教系和风俗系为甚。为了展现纸马的类型和特点，可将其作"天神""地祇""家神""物神""自然神""人杰神""道仙神""佛氏神"的划分。

天神包括天上的日月、星辰、化入民间的道教"天尊"，及各类沟通天地、人神的神使，诸如北斗、南斗、斗姥、本命星君、魁星神君、寿星、紫微星、太岁星、四方之神、三清、玉帝、太乙、使符、甲马、监斋使者之类。

地祇主要收罗掌管冥界的地府之主或地方之神，及一些用以辟祟禳疫的禳镇神，包括：土地正神（福德正神）、钟馗、城隍、东岳大帝、酆都大帝、冥府十王、痘神、收瘟、辟瘟猴、飞煞、伤神等。

家神是与家祭、家宅相关的神灵；包括家堂香火、司命灶君、门神、门栏神、宅神、家柱神、禁忌六神等。

物神主要指人类造物的神格化，包括井神、桥梁神、船神（顺风大吉）、牛栏之神、猪拦之神、圈神、床神（床公床婆）等。

自然神主要指水火、山川、雷电、龙蛇、牛马、虫王之类的自然之物和自然现象。

人杰神即英雄神、行业神等人神的类归，包括关圣帝君、梓潼文昌帝君、刘猛将、姜太公、耿七公、张巡、鲁班等。

道仙神指道教中的祖师与仙人，包括三茅真君、张天师、和合二仙、财神、利市仙官、王灵官、张仙等。

佛氏神，指佛教传入中土而带来的神佛及圣徒。纸马中的神佛主要有如来佛、阿弥陀佛、弥勒佛、观音菩萨、地藏王菩萨、韦陀菩萨、大圣国师王等。

除了上述八类，纸马中还有一类众神图谱，往往荟萃道、释、儒诸神，而表对"天地三界，十方万灵"的收罗。其中"三十六神图"为常年贴换之大神马，并由此演化出一些众神同图的中堂画，在一定程度上反映了民间对神祇体系加以融合的努力和艺术表现的丰富想象力。

三 民俗仪礼

纸马多由乡野村民的家庭作坊自刻自印，一般在伏天过后，这些家庭作坊即已开工，至冬、腊二月最为忙碌。纸马的销售时间主要集中在春节前的十数天，特别是在腊月二十至除夕。除了纸马铺、香烛店专门销售纸马外，亦有街头设摊和走村串户的游动兜售。

纸马的应用主要在春节期间，此外，生者做寿，丧祭"做七"，讲经说卷，小孩度关，砌房造屋，店铺开张，生灾害病，神仙诞日等也需要供奉和焚化纸马。

纸马的启用方式有供、贴、挂、焚数种。供奉的纸马一般要折成条状，内衬麦秆或草纸，使其外观形似牌位，供奉在神龛内，或靠放在供桌前。在南京，旧时人家逢年则削木做架，以供放财神、仙官之类的纸马。据《金陵岁时记》载：

> 取纸长约五尺，墨印财神、仙官或莲座等状，新年立春供设厅堂。削木如牌坊形高尺余，曰纸马架。

除了这种"纸马架",民间尚有多种砖砌、木制和纸质的神龛以供放纸马。一般砖砌神龛就灶而砌,以供灶马;木制神龛多供家堂之神,悬于堂屋东墙;纸质神龛或供灶君或供家堂,多置于中堂前的供桌上。贴用的纸马一般是众神图或有较多陪衬人物及生活场景的重彩纸马,实际上它已带有年画的性质。这类纸马一般尺幅较大,甚至有长达六尺者,它们一年一换,换下后即于庭前焚化。挂用的纸马有春节挂于门楣的财马,也有端午日悬于屋内檩条间的天师符和钟馗像。挂用的纸马亦一年一换,取下后亦即付丙丁。焚用的纸马多为单色,在民俗仪典中用于迎神和送神。

纸马在岁时风俗中的应用一般从腊月廿三或廿四的"送灶"开始。在苏中地区,送灶日的白天先以食糖、青葱、豆腐、红豆饭、酒肉等致祭,晚上则送其上天。"送灶"时,要以竹为杠,以纸为幔扎一大轿,由家主在户外连同从大灶神龛上取下的旧灶马、新购的白底灶马及剪成一寸长充作马料的稻草一并焚化。到除夕接灶时,各家再烧一张白底灶马以示迎神,然后将红底灶马贴于灶壁上或供在神龛中。在苏南地区则有"红纸叠马"的送灶之俗。据光绪十一年《丹阳县志》卷二十九载:

> 是日送灶,祀以米饧。红纸叠马同楮锭焚之,以酒糟、红豆、猪肝、稻秆等撒空,云"喂马",儿童唱送灶词。除夕接灶,贴灶马。

在中国其他地区也有灶马之用,灶君纸马是中国纸马中流布最广,形制最多的一种。

陈纸马于家堂并设供祭奉,多在除夕之夜或正旦凌晨。在江苏靖江地区,春节供奉的纸马主要有五种:佛、观音、天地、东厨司命和"总圣"。在除夕,人们先虔敬地将纸马折叠成祖灵牌位状,正月初一凌晨始陈列于供桌上,供桌用木版印制的大团花作"桌围",以遮住桌沿。纸马的供奉从正旦延至正月十八,每天要燃香致祭,其中十三日"上灯日"至十八日"落灯日"每夜要加燃大红烛一对,十八日夜则由家主从供桌上取而烧化,以送走诸神。正旦的供品一般为米面的小圆子,上元日则供"花果"。所谓"花果",即做成鸡、鸭、棉桃、石榴等形状的米面果或加印红点的大元宵。在苏北地区过去则以牲醴致祭,在苏南地区多用活鱼、猪头、鸡卵、雌雄鸡及干湿素菜祀奉。此外,正月初五敬财神,正月十五迎紫姑,二月初二祭土地,五月十三供关帝,八月十五拜月宫等岁时活动,也都另有纸马的祭供。其中,中秋拜月的纸马,在江苏有《清凉照夜月宫尊天》,在北京则有长者七八尺,短者二三尺,上绘太阴星君,下绘月宫及捣药玉兔的"月光马儿"。

"十里不同风,百里不同俗",各地对神祇的选择有异,供奉的纸马也不同。苏州地区在春节期间敬供的纸马有玉皇、灶君、财神、玄坛、土地诸神。如皋地区则供有家堂香火列位高真、聚宝增福财神、招财和合利市、顺风大吉、猪栏之神、牛栏之神、水母娘娘(图6)、耿七公公、井泉童子、本命星君、三官大帝、八蜡之神(图7)、关圣帝君、南无观世音、梓潼文昌帝君、值年太岁正神、禁忌六神、大圣国师王等。在南通地区还有"三十六神"纸马于除夕换贴,其神祇包括道、佛、儒及民间宗教的尊神与先师:城隍、准提、孔圣、玉皇、公侯、东岳、天后、火星、观音、佛、华王、太子、太公、北斗、文昌、大圣、南斗、灶君、和合、财神、天官、关帝、本命、张仙、利市、龙王、雷祖、三官、玄坛、招财、土地、月宫、紫微、吕祖、日宫、泉神。此外,还有"三十神"纸马,另收有真武、魁星、三郎、太尉、五路等神祇。在苏南溧水县有灶君、张仙、和合、桥梁、顺风、祠山、冥府十王殿、替人等纸马,在高淳县则有直符、腾蛇、甲马、水神、消灾(图8)、游魂、斩鬼、土地正神、沙衣、草鞋、往生咒等神祇、灵符的印制。在华北地区多有"牛王""马王""水草"一类的纸马,在云南有"开山""兵""木神""桥路二神""庙神""天狗""哭神""退扫"等众多的品种。

图6 水母娘娘

图7 八蜡之神

图8 消灾纸马

纸马不仅因地而异，也因用而别。除了年节岁时祭祀，在其他用途中对纸马的择取往往也有一定的规矩。过去多由道士按事由开列神名，让主家到纸马铺或印马坊请购。例如做寿，须请"寿星""本命星君""星主"三神，其中"寿星"又有单、双之分，若夫妻双双健在，便用"双寿星"纸马，若其一先亡，则只能延"单寿星"为用。另外，小孩满月、过生日以及丧家做"寿材"，也只能供奉"单寿星"纸马。再如超度祖先之灵，和尚与道士在作场时各有所取：和尚须用"佛""观音""地藏王"纸马，而道士则选用"三清""玉帝""星主""紫微""东岳大帝""城隍""土地正神""酆都大帝"等。民间的讲经说卷活动亦需要供奉纸马。在讲《三茅传》《大圣传》时，所供的纸马是"大圣国师王""南无观世音""佛""地藏王""东岳大帝""三茅真君""三官大帝"等，若为小孩讲经，则须加用"梓潼文昌帝君"，以表劝学。讲经由"佛头"主讲，六个妇女应和，"佛头"每说完一段，应和人即以"阿弥陀佛"的呼声相伴。讲经时，纸马叠成牌位状，列于供桌，燃香致祭，讲毕即取而焚化。

纸马中有不少功能单一的品种，保留着巫药或巫具的性质。它们因事而用，而非应时之物，带有巫术与原始宗教的神秘色彩。例如，"痘神"纸马作为驱疫的镇物，用于小儿患天花或麻疹；"床公床婆"用于小儿夜哭，以逐祟护床；"降福收瘟"，用于免疫辟瘟；"沙衣""草鞋"象征亡灵的行头，意在安魂远鬼；"火德"即火神，祀之以镇火怪、压火祥;"斩鬼"则用以驱邪逐祟、打鬼除妖……

除了身份与职掌明确的神祇,各地还有一些在祭神中灵活补用的替神纸,其种类有"黄元纸"、"团花"(又称"元花")、缺名神像等,它们可由祭者根据需要,将欲请的神祇名号填写其上,即可充作该神的纸马而祭用。

如果说纸马在年节岁时中的供奉是一种惯习性的行为,那么,其在专项民俗中的应用则属功能性的追求。正是有确定的祈禳功利相依附,纸马才得以承传和流布,甚至时越千载,在某些地域仍然留有它的踪迹。目前,灶神纸马最为多见,其流布最广,种类最繁,在苏南某些经济发达的乡镇,如今诸神俱废,唯余灶君,不少人家新砌的大灶上仍辟有供放灶王爷纸马的神龛。其次,财神纸马亦较易见,但大多刻印粗陋,挂于门楣或贴附外墙,远不及"家神"灶君受虔敬。此外,与农事相关的土地正神、圈神之类及用于祭祖或镇宅的家堂神、宅神、钟馗等纸马,在部分地区亦略可见之。

纸马的刻印、销售和应用是民俗文化现象,而不属纯正的宗教行为,它似圣实俗,似诚而随,寄无形于有形,融无妄于现实;它以艺术的、象征的方式表达时人的祈禳心态,并寄托对生活的热望。纸马不是神灵的凭依,也并非佛道的法物,它是历史的俗信实录,也是现实的生活折光,它在人与自然、人与社会及人与自身精神现象的冲突中起着特殊的调节作用,并以艺术性、礼俗性与宗教性的混融显示出一般宗教偶像所欠缺的生活风韵和地方特征。

四　形制演化

作为俗信物品，纸马总是随着社会生活的变迁和社群需求的转化而不断演进。在其生成、发展的过程中，纸马的形制与构图也时有转易，既保有承传的历史因素，又有变异新生的成分。

纸马在近现代的应用仍然是祭供、贴挂和焚化。除了灶君神龛、家堂神龛常年祭奉外，在岁时风俗、人生礼俗及其他祈禳仪典中亦有陈纸马、燃香烛、设供物的祭神方式。纸马的这一应用，保留着"神佛之所凭依"的神秘观念，版印之神祇被视同泥塑木雕的宗教偶像，人们以"敬神如在"的信仰感召神灵，盼其降福赐佑。这一应用是宗教仪典的泛化，纸马也因此以神像为中心构图，并带上佛、道等人为宗教的历史印记。

纸马之用于贴挂，如门神贴于大门，钟馗贴于后门或北门，和合、招财、利市等贴于房门或挂于屋室门楣，或用以招神镇宅，或用以祈神赐福。贴挂的纸马一般不设供祭神，在功用上虽与经幡相类——挂以招神，但在俗用中它们的神圣光晕几已消失，成为纸马向年画渐进的中介。当今乡村人家多挂有"钟馗打鬼""关羽夜读""紫微星君""诸神图谱"一类的"中堂画"，虽都以民间神祇为构图中心，但不受敬奉，实际上，它们是纸马向年画演进的又一版印作品。

纸马取而焚化的基本应用方式，也决定了它自身类型的变化,并使其带上了冥币的性质。广东的"禄马",浙江普陀山的"福禄寿",江苏的"草鞋""沙衣""往生咒",各地时见的各类版印冥钞等,都以其图像形式显示出与纸马间的"亲缘"关系。

民间木版印制的带有经文和图像的纸锱封袋,透露了其与佛经的渊源关系,也显示了纸马、符咒和冥币的初始形态。著者收藏有版印图经的纸锱袋,尺寸为35×50厘米,分经文与图像两部分。上部刻为《般若波罗蜜多心经》,字凡二百七十余;下部为图,图中是祖灵牌位,旁有二侍者各持条幡,上书"承先人志"和"尽后裔心",图旁印有一联曰:"经文宣妙谛,锱币答故灵",其下有荷花、鹿、鹤的配置。从全图的主题看,显然是"宣经致孝",它糅合了佛教与儒学的因素,为佛教汉化的派生物。它以祖代佛,以焚代诵,使经咒与经画化入民间,并成为以图像为主的纸马、冥币和以文字为主的符咒、疏文一类的版印制品的混合物。就类型而论,佛画形成后,祖佛交混,佛道合流,产生了佛经与道符交并,神佛与祖灵并尊的图文,于是为纸马的独出完成了过渡。

道教的图咒是佛教经咒的翻版,但构图更接近纸马,为纸马的产生和增繁打开了路径。如道家的赦罪咒文和"赦王菩萨",为黄纸版印之品,尺寸为36×87厘米,上列可赦的三十六罪,并印神像一尊,侍从二人,几与纸马无异。可见,道画也是纸马生成的过渡,并可能是其最后的阶段。

纸马的形制五花八门：就用色而言，有墨印单色、墨印彩绘、套色彩印数种，其色序一般是先黑，次青，再黄，最后用红，也有的作坊先黑，次红，再绿，最后用黄。在江苏南通、河南朱仙镇等地，纸马多用紫、红、黄、绿等鲜艳色彩，而江苏无锡纸马则在版印的轮廓上用肉色、灰色、白色、红色等作渲染。就大小而言，规格不一，大者长愈六尺，小者仅巴掌见方。就用纸而言，纸马多用白纸印制，亦有用红、绿、黄等色纸制作，甚至有用黄草纸印制者：其"白纸马"多用以祭奉，其"彩纸马"可用以贴挂，其"草纸马"一般在祭仪中仅用以焚化。就版面处理而言，有独神图、双神图和众神图；有无边框者，有加框者；有顶盖"帽子头"的"脊饰"，也有旁加拼纹的"边饰"；有无字图，亦有点明神祇名号者；有外加戳印的装饰，亦有其他吉祥图案或器物的配置，总之颇多变化。

纸马构图内容的变化最能反映时代的变迁和社会的发展，让人们看到承传与变异的动态轨迹。起初的纸马当与佛画相类，以超凡入圣的天神地祇为唯一的表现对象，或以马匹为中心，寄托招引神灵的企望。后由"神佛"转为"神人"，出现了英雄、先师、圣徒的纸马，并配以侍者和俗用器物，甚至还有配偶的设置，以大妇、小妇陪侍左右，此时的纸马已开始失却宗教的神圣光晕。在近现代，纸马上更出现了世俗生活场景或生产劳动画面，甚至出现拖拉机、摩托车和小轿车的图形，出世的神祇敬仰与入世的生活追求竟奇妙地混融一统。在灶神纸马上多见有"五子登科"图和"麒麟送子"图,图上有吹笙奏笛者,有举扇相随的使女,有嬉戏的娇儿……此类纸马包孕着年画的因素,留下了纸马向年画过渡的踪迹。

至于劳动场景,我们可从"猪栏之神"上的"喂猪图"、灶神纸马上的"春耕图"上看到。有一张"猪栏之神"纸马,图上没有端坐的尊神,刻绘着一猪倌提桶举瓢给猪添食,圈内外各有猪一头向人举首待哺,全图没有任何神秘气氛,俨然乡村生活的写真。在苏中地区流行的红灶马上,上端为眉清目秀、美髯长垂的灶公端坐中央,下为牵牛抱麦、荷锄挥臂的农人,演示了50年代初集体出工的情状。值得注意的是,其数为"五",反映了与传统"五子登科"图间的潜在联系。60年代以后,上述灶马上的春耕图又有变化,象征丰稔的麦把被刻作五星的角旗所替代,暗示了"革命"对"生产"的统帅关系。进入80年代,社会生活与人们的精神观念有了新的发展,但纸马作为风俗物品在某些地区依旧承传,除了传统构图的保留,亦见有时代精神的楔入。在上述灶马上,灶君像与"春耕图"基本未变,但五星角旗恢复为沉甸甸的麦把,同时在农民高擎的红旗上添刻上"干四化"三个大字,从而传导出当时的时代气息。纸马的这种追踪时代、包容生活的奇妙发展正表明了它神性的淡化和作为传统风物的长效生命。

五 文化价值

纸马作为传承性的俗信物品和民艺物品,自有其认识的、学术的与艺术的价值。

纸马的产生与应用主要是民俗文化现象,而不是宗教行为。它上承神话、巫术,下贯人为宗教与民间信仰,其神祇体系与信仰方式不为任何宗教所包揽。纸马在民间的祭奉有很大的随意性:无固定场合,可室内,亦可室外,可家堂,亦可猪栏;无统一的祭仪,可供奉,可贴挂,亦可焚化,从没有严格的程式和定规;多无僧道主持,一般由家主亲祭,特别是岁时性的应用,已完全融入俗民生活,如祭灶马、敬家堂、贴门神、挂天师符等,都毋需神职人员参与;无教义可奉,尽管纸马产生的契机是版印佛经与经画,后世纸马与冥币中也略见佛祖与菩萨的神位,以及"心经""往生咒"一类的经文,但这只是形式的借取,其经义与教义从未随纸马同传。纸马虽以"神佛"为构图中心,却与世俗追求联系在一起。民间之祭纸马从不往求西天净土,也不贪恋海上仙国,而是以祈丰求稔、祈福求禄、辟邪驱祟、辟瘟禳疫等入世的生活追求为目标。作为俗信物品,纸马成为民间祈禳行为的象征;作为民艺物品,它又是对自然与社会的审美心理的寄托与流露。

纸马在民间的广泛应用,从性质上说,是俗信,而不是迷信。所谓"迷信",应指非理性、反科学、对社会与个人有害的信仰,它往往颠倒事物现象与本质的关系,从非逻辑出发,导致对个人的生命、财产和社会的道德与风俗的实际伤害。而"俗信",指与巫术、宗教相关,但在民间的长期传习中退化为惯习性行为的古代信仰,作为风俗的一个方面，它失却了对神秘力量的笃信和对社会生活的实际危害，构成一定时空条件下人们精神生活和社会生活的一个方面。纸马正是这样，它作为惯习性行为的伴物而时越千载，地传九州，并能超越时代与社会的限制，至今留有踪迹。纸马在近代的应用主要是传统的延续，气氛的烘托，乡土情趣的宣泄，从实质上说，同春节贴对联、燃爆竹一样，人们不再注意它潜隐的、初始的意义，而仅取其可观的气氛与效果。著者在田野作业中对乡民的纸马购取与民俗应用做过考察，他们对神祇虽有择取，但绝非盲信。纸马中，司命灶君、增福财神、家堂香火列位高真、土地正神、猪栏之神、春牛神图等较为畅销，此外，梓潼文昌帝君也颇受敬重，购者踊跃。由此可见，敬祖、耕读、发家是纸马选购的价值取向。至于纸马的应用，已无时辰、祭品、仪礼的顾忌，多在除夕随同对联、年画、挂钱等节物一并贴挂。如同挂钱上的图案和"大地皆春""鱼跃龙门"的吉语一样，纸马的贴挂、陈列或焚化亦有报春求吉、渲染喜庆气氛的意义。

纸马是民间的版画艺术，具有民族特色和地方风格。云南的纸马多为墨线单色构图，刀工稚朴，画面较少配饰，在内容上多有原始宗教和民族宗教的成分，如彝族地区有"路神""土主"，白族地区有"本主""大黑天神"等纸马。京津、鲁豫、江浙等地的纸马刻工较细，用色不一，有单色、彩绘、套色版印多种版式，内容上多仙道神、英雄神、祖先神，版面多配饰，画面较丰富，其中彩印纸马已形同年画，除信仰的寄托,亦具有审美教育与艺术欣赏的作用。

纸马对于学术的价值,在于提供了一个新的研究领域。纸马的产生及其神祇体系所体现的道、佛、儒及民间宗教的融合,为宗教的传承与流变准备了课题。纸马在民俗氛围中的应用,交织着祈禳的功利追求和神人相感、物物相通的神秘信仰,又有因时而举,随俗而行的惯习性行为,为图像型祈禳文化的功用和民间俗信的类型研究开辟了新的视点。纸马作为民间版画艺术,凝聚着传统的艺术经验和创作风格,不论在构图立意方面,还是在刻工刀法方面,在点彩渲染方面,还是在虚实象征方面,都留下了可供借鉴的实物资料。

纸马作为功用特殊的民俗版画,在其发展历程中交织着宗教的、民俗的与艺术的因素,其宗教成分由浓而淡,其民俗应用的由庄而随,其艺术构成由简及繁,在当今年画、符咒、疏文、冥币等俗用版画"家族"中是颇受瞩目又颇费探究的一类。由于纸马的历史遗存甚少,搜集不易,而受人珍视;同时又因其源头幽深,体系繁杂和变化多端而耐人寻味。可以说,纸马已成为中国民间艺苑中似圣而俗、似平而奇、似庄亦随的一树奇花,在民族文化传统中保有永久的价值。

(原刊于《中国民间工艺》第 15 期,1995 年)

七夕风俗的文化解读

一 七夕与星辰信仰

夏历七月七日古称"七夕",又称"巧日",是夕妇女祭祈牵牛、织女二星,以追慕织女的工巧和牛女鹊桥相会的恩爱,故素有"女儿节"之称。

织女、牵牛二星本因形似得名,二者原无瓜葛。《诗经·小雅·大东》云:

> 维天有汉,监亦有光。
> 跂彼织女,终日七襄。
> 虽则七襄,不成报章。
> 睆彼牵牛,不以服箱。

此说他们劳而无功,二者并无直接的联系。在汉代的《古诗十九首》中,有关两星的悲剧性爱情开始明朗:

> 迢迢牵牛星,皎皎河汉女,

> 纤纤濯素手，札札弄机杼，
> 终日不成章，涕泣零如雨。
> 河汉清且浅，相去复几许？
> 盈盈一水间，脉脉不得语。

诗歌言及织女、牛郎因天河相隔，欲语不得的苦恋，以及"不成章"是导致悲情发生的纽结。

在汉代文献《淮南子》中，有"乌鹊填河而渡织女"之说，成为最早的有关乌鹊作美引渡织女与牛郎相会的神话记录。此外，《岁华纪丽》卷三引《风俗通》云："织女七夕当渡河，使鹊为桥。"《风俗通》为东汉应劭之作，可见，在东汉时，已有乌鹊架桥及七夕相会的明确说法。乌鹊即西王母座前的"青鸟"，也是中国神话中的神使。王母娘娘即西王母的演化，她既用簪子划出天河，又准允织女七夕渡河，故乌鹊的引渡也是遵从了王母娘娘的旨意。可见，在中国神话的叙述中，王母娘娘这个专横的老太太对女儿的情爱还留有几许恻隐的善心。

乌鹊于七夕架桥，还因为鹊在七月里脱毛之故。《尔雅翼》卷十三曰：

> 涉秋七日，鹊首无故皆髡，相传是日河鼓与织女会于汉东，役乌鹊为梁以渡，故毛皆脱去。

"七夕"前后，织女、河鼓（牵牛）二星彻夜闪亮，而此时乌鹊有换毛之性，人们总是习惯于把天象与物象、人事联结起来，以岁时观念阐释自然与人文现象，并努力给远古的神话一个合理的解说,于是便有了乌鹊架天桥之说。

南朝梁代的殷芸在其《小说》中对织女、牛郎的分离与相会有较完整的载述:

> 天河之东有织女,天帝之子也,年年机杼劳役,织成云锦天衣,容貌不暇整。帝怜其独处,许嫁河西牵牛郎。嫁后遂废织纴。天帝怒,责令归河东,许一年一度相会。

这一说法出现在父权制社会并不奇怪,"天帝"掌有生杀予夺的大权,俨然地上的君主,其喜怒恩怨均带有社会的印记。他既悲怜其女,又严加惩戒,表现了人性的分裂和情感的表里抵牾,使神话故事的悲剧美注入了性格与社会的因素。

在中国,牛郎与织女一年一度鹊桥相会的神话推动了星辰崇拜的习俗化。最晚在东汉已有七月七日祭河鼓、织女双星的风俗。东汉崔寔《四民月令》载:

> 七月七日曝经书,设酒脯时果,散香粉于庭,祈请河鼓、织女。

祭祈河鼓、织女为何用"时果"?《晋书·天文志》称:"织女,天女也,主司瓜果、丝帛、珍宝。"以瓜果献祭,实际上,是为祈得织女星对瓜果丰产的护佑。

可见,七夕风俗与星辰的神话与信仰早在两千年前就已息息相关。

二　七夕风俗的主题

七夕风俗具有多源头、多主题的特点。具体说,至少包含了乞巧、乞爱、乞美、乞子、乞寿、乞年等基本主题。

其中,自汉代以来,乞巧成为七夕节俗的最大主题。晋葛洪《西京杂记》卷一载:

> 汉彩女常以七月七日穿七孔针于开襟楼,俱以习之。

葛洪虽未明言"乞巧",但象征性的乞巧卜具——七孔针已经出现,并传承久远。

较早明确指出祭双星为"乞巧"的,是梁代宗懔的《荆楚岁时记》:

> 七月七日为牵牛、织女聚会之夜,是夕人家妇女结彩缕,穿七孔针,或以金银鍮石为针。陈瓜果于庭中以乞巧,有蟢子网于瓜上,则以为有符应。

从此,"乞巧"成为中国"七夕"风俗的核心,也是祭祈双星的主题。

唐代延续汉代和南朝的传统,在朝廷内宫中也大兴乞巧之风,玄宗时曾建有规模壮观的"乞巧楼"。五代王仁裕《开元天宝遗事》载:

> 宫中以锦结成楼殿,高百尺,上可以胜数十人,陈以瓜果酒炙,设坐具,以祀牛、女二星。嫔妃各以九孔

> 针、五色线,向月穿之,过者为得巧之候。动清商之曲,宴乐达旦。士民之家皆效之。

可见,唐代的"七夕"已有全民庆节的性质。此外,在七夕捉蜘蛛藏盒中的卜巧游戏在唐代也已流行。穿针、藏蛛、供果等乞巧风俗直到清代和民国时期仍见传承和载述:

> 七夕,家设瓜果、酒肴于庭或楼台之上,为"乞巧会"。谈牛、女渡河事,令儿女辈悉预,谓之"小儿节"。妇女对月穿针,谓之"乞巧"。(乾隆《吴江县志》卷三十九)

> 向夕,陈瓜果祀织女星,别供彩丝、绣针、脂粉。又于奁盒贮蜘蛛,晓启视之,以布网为得巧。(《武进阳湖县合志》卷二)

在中国北方,乞巧不用奁盒,而是先一日,"削瓜牙错如花瓣",插针瓜上,让蜘蛛自行缠丝,以为得巧之兆。

浮针、浮草,或浮豆芽、浮稻芽之类的乞巧风俗,在近古以来颇为多见。光绪《丹阳县志》卷二十九载:

> (七月七日)水碗丢针乞巧。先以盎水夜露,曝日中,向午膜生,以绣针投之水面,看水底针形,有如笔、如锥、如算珠者,为之"得巧"。

另,《武进阳湖县合志》卷二载:

> (七月七日)午时取河、井水各半,贮一器曝日中,浮针其上,承日影视之,作宝塔或笔形者,巧。

河水为地上之水,即"阳水";而井水为地下之水,即"阴水"。"河、井水各半",即"阳水""阴水"相就,喻指牛郎、织女相会,显然,在物理的背后潜藏着事理与人情。

在南京,旧时妇女则截取一段蟋蟀草丢于水上以乞巧。《金陵岁时记》载:

> 七夕前日,妇女取水一盂,曝烈日中,使水面起油皮,截蟋蟀草如针,泛之,勿令沉下。共观水影中,如珠如伞,如箭如笔等状,以验吉凶。

在其他地方还有用稻谷芽、绿豆芽或豌豆芽浮水的乞巧卜戏。在月影或日影下,一般均以"散如花、动如云、细如线、粗如椎"为判别巧拙的标志。

此外,七夕节还有吃"巧果"、陈针巧、编七色线、办"乞巧会"等妇女活动。

"乞爱""乞美"也是七夕风俗的重要主题。七月七日夜青年男女分别坐瓜藤下、葡萄架下悄悄偷听牛郎、织女的窃窃私语,以盼获取男女心心相印的恋爱秘密,当他们听到"哝哝哝""咻咻咻"的声响时,便认为听到了牛女间的情话,而得到了取悦异性的魔力。其实,那不过是小蜘蛛、小虫子在瓜叶上爬。

旧时七夕,妇女有用脸盆搁屋檐承露水的风俗,叫"接牛女泪"。第二天清早,妇女们用盆中的露水擦洗自己的眼睛,信能让自己像织女一样的美貌。农村妇女则一起床,就跑到池塘边、小河旁,捧起一捧清水来洗脸,俗信池塘里、小河中有昨夜织女与牛郎相会时喜极而泣的泪水,用它洗脸自己也能变得花容月貌。这种交感巫术观反映了古代妇女求美、求爱的心理,以及对情爱、幸福的苦苦追求,当然,也使七夕节俗变得多彩多趣。

七夕节从前是小女孩染红指甲的日子。她们采来凤仙花,捣碎,加上明矾,用来涂抹指甲,就能让指甲变得红艳艳的,而且不掉色、无污染。小妮子们的爱美之心来自成年妇女的感染,在节日的气氛里,在风俗的熏陶中,她们也渐渐感受到爱与美的力量,并成为毕生的最大心愿。

至于乞子,则是乞爱的延伸,但在个人性爱追求的同时,多了家族的世系观,反映了社会文化的成熟。

此外,乞寿、乞年、乞富等,则是星辰崇拜的泛化,也是对七夕乞爱、乞巧等主题的烘托。主题对祈愿者有选择的约定,俗信不可兼得。据周处《风土记》载:

> 此夜(七夕)洒扫中庭,施几筵,设酒脯,二星相会。守夜者咸怀私愿,或曰见天汉中有奕奕白气,光曜五色,以此为征应。见者便拜,愿乞富,乞寿;无子者,乞子。惟得乞一,不得兼求,三年乃得。

由于节俗与规则紧密相连,因此,在民俗活动的表象下有一个广阔的社会背景和文化道德。

三 情爱与七夕节解秘

七夕节的缘起其实并非简单地出于星辰的崇拜,而是情爱、婚合的驱动。当氏族社会的婚姻制度从血缘婚转向族外婚阶段时,同一母系氏族内开始禁止内部发生两性关系。由于懵懵懂懂地感觉到优生的需要和氏族壮大的需要,原始先民只能在氏族外寻求性的满足和人口的生产。为了避免血缘婚在不经间重又发生,先民们在成丁礼时施行文身,并用这一方式在肌肤上留下识别与警示的永久标志——本氏族图腾物的象征符号。

族外婚有个别进行的,但更多的是在两个氏族间形成松散的婚姻集团,他们选择适当的时间和适当的地点,完成一年一度的集体性野地婚合。这个时间就在七夕前后,而族外婚的发生地就在水边。

七夕的"七"是一个宇宙数,它表示东、南、西、北、中、上、下七个方位,它还表示完整、成熟和阳气旺盛。晋周处《风土记》载:

> 魏时人或问董勋云:"七月七日为良日,饮食不同于古,何也?"勋云:"七月黍熟,七日为阳数,故以黍为珍。"

其中,"七月黍熟"具有象征的意味,黍熟了,结籽了,成种了,而人熬过了漫长的春夏,也成熟了,也要下种了。阳数与"生"相联,与生命的活动相联,因此七月七日成了张扬生命活动的日子,成了氏族或部族间野地群婚的日子。此外,"七"又有"多"的意思。集团婚合时不仅多人聚集,而且由于性伙伴的不固定,婚姻集团成员间的性关系是多重的、交叉的。因此,"七"有"多""淫"之意。七夕风俗中的穿针乞巧活动,其实是性交的暗示,而穿七孔针、穿九孔针等,因"七""九"之数亦含有多重性关系的寓意。

七夕与天河的联系,出于河流两岸氏族间的情爱交流和婚合关系。河流是划分氏族空间的最好界线,也是两个平时隔绝的不同氏族相联系的便利地带。在远古时期,到处是茫茫丛林,只有河面和河滩上才有开阔的空间供人群聚集、表现、交流和戏耍。先民也许早就发现,入水洗澡、嬉戏是有效的挑逗情欲的方式,尤其是女子在裸浴时的东跑西走,最能吸引男子们的注目和追逐。《诗经》中的"汉有游女""所谓伊人,在水一方"等,正是说出了河流在两性间的情爱牵挂。

牵牛星、织女星位于银河的两侧,织女星一夜间的七次位置变换正如裸女在河中和河边的奔走,因此,情爱、欢合的真实文化背景被虚幻的天上神话所遮掩,以适应道德化的社会秩序。织女星在天空中的"游动",有如织梭在织机上的飞动,故被视作工巧的象征。于是地上河边的游女及其淫奔的风俗则隐没在"天帝之子""天孙"的神话背后,两相重叠,潜显不一。

不过,七夕文化几乎所有的主题都与情爱有关,或者说,是情爱追求的延伸和另种表达。乞巧看似祭星无疑,但穿针、捉蜘蛛(又称"蟢子")、藏盒子等习俗,又留下了性爱的印记。至于乞爱、乞美、乞子、乞年等,都是族外婚以来的功利追求及其目标泛化。

一般说来,人类的天体认识、宇宙玄想要晚于繁衍追求和情爱关注,因此,可以判断,早期的水边情场为天河的鹊桥相会画下了雏形,并成为七夕节缘起的真正动因。

　　　　（原刊于《七夕·民俗·情感文化》,中国广播电视出版社2007年版）

论民俗艺术学的研究

民俗艺术学作为艺术学的分支学科,愈来愈受到学界和社会的普遍关注,尤其是在我国艺术学学科的迅速发展中和全国范围的非物质文化遗产抢救与保护的实践中,民俗艺术学理论的构建已成为十分急迫的任务。它需要进行概念界定,构建体系框架,树立理论支点,并扩大研究视角。

中国民俗艺术源远流长,丰厚精深,是中国文化艺术的宝库和土壤,也是世界上其他国度所难企及的无形财富。它既质朴通俗,又睿智精妙;既取法自然和生活,又彰显着理想和创造精神。民俗艺术学的研究对象是传统的,而其学理却是新兴的,作为中国艺术学中最富特色的领域,它有希望引领国际民俗艺术的研究,因此,一些相关的理论问题需要我们再做深入的思考与探究。

一 概念界定

民俗艺术学是以民俗艺术为研究对象的学科,而"民俗艺术"自有其特征和规律。"民俗艺术"与"民间艺术""民艺""民间文化"等概念常常被人混用不分,似乎被看作彼此无甚区别的同义词。

其实,尽管它们在名称上都有一个"民"字,在社会层次上都与下层之"民"相关,但因视角不同、内涵有别,而各有其意。

"民俗艺术",系传承性的民间艺术,或指民间艺术中融入传统风俗的部分。它往往作为文化传统的艺术符号,在岁时节令、人生礼俗、民间信仰、日常生活等方面广泛应用。"传承""传统"和"群体性"作为民俗艺术的特征,使其具有深厚的文化背景和坚实的社会基础。

"民间艺术",系相对于宫廷艺术、官府艺术等上层而言的下层艺术,作为一种空间性的概括,它强调创作与应用视域的下层性,而不强调艺术活动和艺术作品本身的传承因素。其类型与作品既包括来自传统的成分,又包括各种民间的新创,甚至还包括庶民中非群体的个人创作,诸如邮票剪贴、种子拼贴、包装带编结、易拉罐饰物,等等。

"民艺",系自日本传入的外来语词,它同"民谣""民具""民俗"等名称一样,意在强调主体为民的性质。它不是"民间艺术"或"民俗艺术"的简称,而是从创作者与享用者的身份所做出的文化判断。如果一定要说简称的话,它倒是有"民众艺术""庶民艺术"的含义。

至于"民间文化"与"民间艺术"或"民俗艺术"等是属与种的关系,艺术本属文化,它们相互间并非同一的,或并列的关系。民间文化包括民间风俗、民间文学、民间艺术、民间宗教,以及其他的民间知识与民间创造。

总之,"民俗艺术"的概念是从传承性、风俗性所做出的文化判断,而"民间艺术"的概念乃立足于社会空间的分野,至于"民艺"一词,则出于对创作与应用主体的身份所做的类型划分。当然,它们都具有"民"的性质,就具体作品而言,从说者不同的观察角度而各有归属,这正是它们易被混用的原因,但作为概念,对它们的概括与把握需要有学理的支撑和区分。

二 研究体系

民俗艺术学作为艺术学的分支学科应构建自身的研究体系,以显现学科的严整,并推进学术的发展与繁荣。

民俗艺术学的研究体系包括民俗艺术志、民俗艺术史、民俗艺术论、民俗艺术应用研究、民俗艺术专题研究等基本范畴。

"民俗艺术志",是对民俗艺术的类型、作品、传承、分布、现状、制作或表演等情况加以搜集、记录、整理、编写的基础性工作。作为民俗艺术研究的对象,它提供了实证材料和研究课题。"民俗艺术志"的研究,在方法上主要靠田野调查和文献搜求,需要对作者、作品、创作过程、展演空间、发生背景、艺术组织、地域分布、传承情况等做出详实的调查和科学的判断。"民俗艺术志"的研究,通常按国别、民族、地区、时代、类型、品种等进行,其选题诸如《中国民俗艺术志》《苗族民俗艺术志》《南京民俗艺术志》《宋代民俗艺术志》《民俗版画志》等。其研究范围能大能小,大到《亚洲民俗艺术志》,小到《××村剪纸艺术志》《××镇印染艺术志》等,都能成为研究的选题。"民俗艺术志"是民俗艺术学框架的基础,也是民俗艺术研究的起点。

"民俗艺术史"在研究对象上包括"民俗艺术发展史"和"民俗艺术研究史"两个基本领域。"民俗艺术发展史"主要着眼于时间坐标下的民俗艺术及其自身的传承、演化,从而让人们对某地或某类民俗艺术有纵向的全局的把握。"民俗艺术研究史"则是对民俗艺术的研究做历史的回顾和总结,涉及研究组织、研讨活动、理论发展、出版情况、学术论争、研究成果等方面,偏重理论的归纳与总结。"民俗艺术史"作为民俗艺术学的基本框架,其存在能表明学科固有的历史积累和自身完善的过程,具有重要的建设意义。

"民俗艺术论"系民俗艺术学的基本理论部分,也是民俗艺术学体系中的核心。它的研究对象,包括概念、类型、题材、主题、特征、性质、价值、功能、传承、变迁、方法、背景等,涉及民俗艺术的各种内外部规律及其研究方法。"民俗艺术论"着重于理论的阐发和规律的概括,成为民俗艺术学体系建设中最重要的方面。可以说,"民俗艺术论"的完善与否,关系到民俗艺术学这一分支学科的建设水平和理论程度。

"民俗艺术应用研究"主要进行民俗艺术的市场研究,以及相关文化产业的研究,同时也包括保护、展示、培训、创研等领域的研究。民俗艺术存在于民间,本是民间生活的组成部分,也是民族文化传统的显著标志,长期以来它在乡村和城镇自然传习,满足着自然经济状态下的民众的精神需求,美化着艰辛、贫乏的劳动生活,而在当今城市化、全球化的背景下,民俗艺术已成为特色鲜明的民族文化资源,获得了新的应用空间。应用研究包括应用源、应用者、应用场的规律研究,[①]就民俗艺术而言,就是扩大或改变其自然传承的定势,走向市场,走向新的空间和新的功用。

"民俗艺术专题研究"旨在对民俗艺术的某些类型或品种进行深入的具体研究,它以实证为基础,并要求从个案分析上升到理论概括。它没有刻意的"史""论"之分,其宏观的概括总是以微观的探究为先导。诸如"纸马研究""年画研究""皮影研究""傩舞研究"等,作为一个个的专题,既有相通的民俗传统和艺术背景,又各有自己的个性风格。专题研究就是要揭示民俗艺术的"类"的特点和"种"的规律。专题面广量大,虽不构成研究体系的主

---

① 详见陶思炎《应用民俗学》第二章,江苏教育出版社,2001。

脉,但能推动学科向纵深发展。

就上述体系而言,当今我国的民俗艺术研究还未能充分展开,民俗艺术学的建设还需要多领域地加以推进。

三 理论支点

理论支点是理论系统的支撑,或专指理论范畴中最具个性特色的部分。对民俗艺术学的理论支点,我们可以用"三论"来概括,即:"传承论""社会论""象征论",它们分别从存在特征、属性风格和表现方式三个方面构成了民俗艺术学的理论基础。

"传承论"的核心是强调民俗艺术的要旨为传承性文化现象。民俗艺术不是无本之木、无源之水,其发生和存在既不会突然偶见,也不会昙花一现,而是有着历史的脉络和代代相传的印迹。我们研究所关注的"传承"首先是有时序的,它从过去到现在,再到未来,体现出古今相贯、承前启后的特点。"传承"作为动态的过程,本立足于时间的跨度,而"传承论"的理论乃是对民俗艺术传统的沿袭所做出的文化判断与表述。可以说,没有传承,就没有传统,传统依赖传承而发展。"传承论"包括传承人、传承地、传承时机、传承方式、传承路径、传承媒介、传承节律等范畴的研究,成为一个内涵丰富而又相互关联的研究领域。由于民俗艺术以传承为其最显著的存在特征,因此,"传承论"就当然成为民俗艺术学理论的重要支柱。

"社会论"的着眼点是强调民俗艺术的群体属性和社

会风格。民俗艺术作为民间的传统艺术,不论在成果形式、题材内容、材料选择、工艺手段、功能取向、应用时空、信仰表达等方面,都有共同的基础——社会的需要与认同。民俗艺术从总体上来说,不是某个个人的独创,它不以个性风格相标榜,而是社群风俗的体现,集体创作的延伸,其间虽有个人的局部改进或创新,但仍顺应社会风俗的氛围,其社会性仍强于个体性。社会以地域的、民族的、行业的人群所构成,正是有共同的风俗习惯、文化精神和价值追求,才形成一个个各有传统的整体。民俗艺术作为民俗的产物,是一定社会文化精神的表达,也是其艺术审美的张扬。"社会论"着眼于民俗艺术的主体成分,包括制作者、表演者、赏玩者、享用者,以及营销者、管理者等艺术中介,研究其群体属性,从主体和社会背景等方面支撑民俗艺术学的理论框架。

"象征论"强调符号的意义表达,把民俗艺术视作各有隐义的符号系统。作为民俗艺术最基本的表达方式,象征把意象与物象、事象相联结,虽幽隐、迂曲,却自有其文化逻辑和解读方式。《易传》有"在天成象,在地成形","见乃谓之象,形乃谓之器"之说,并提出了"立象以尽意"的命题。由此可见,"形""器"相连,"象""意"相承,"器"以"形"显,而"意"以"象"隐。艺术象征往往表现为物理、事理、心理与哲理的统成。象征的本质是"将抽象的感觉诉诸感性,将真正的生活化为有意义的意象。"(弗赖塔格)①作为集体意识的表达和解读,象征缘起于原始文化阶段,在文字尚未发明、语言尚未成熟的时期,它是有效的交流手段,它拓展了人类思维的想象空间,并激发了艺术创造的激情。正如黑格尔在《美学》第2卷所说:"'象征'无论就它的概念来说,还是就它在历史上出现的次第来说,都是艺术的开始……"

象征实际上是一种文化创造方式,其意义与本体间不呈直接的因果关系,仅建筑在相似的联想和文化认同之上,从而创造自身的"密码"。民俗艺术与原始艺术有着渊源关系,象征仍是其主要的表达方式。因此,"象征论"亦构成民俗艺术理论的重要方面。

四 研究视野

研究视野是带有空间性的探索领域,它既能反映研究者的学识广度,又能在一定程度上检测学科的发展程度。民俗艺术学作为新兴的艺术学科,其理论构建应包括研究视野的开拓与认定。我们可以从基本类型、主要环节、自身层次、存在属性、传承形态等角度,为民俗艺术学展开研究的视野。

从基本类型看,民俗艺术学的研究涉及民俗造型艺术、民俗表演艺术、民间口承文学等。"民俗造型艺术",

---

① 转引自汉斯·比德曼著,刘玉红等译《世界文化象征辞典》,漓江出版社,2000,第2页。

即木雕、石雕、编织、泥塑、纸扎等手工制作,它以有形有色的具象成果、传统工艺和风俗应用成为其存在的标志。"民俗表演艺术",即民间小戏、民俗歌舞、傩戏傩仪、商卖吆喝、绝技绝活、民俗游戏、民俗礼仪等,它们依存于一定的民俗氛围,以动态的展演为特征。"民间口承文学",即神话、传说、故事、笑话、歌谣、谚语、谜语等,它们伴随着生产、生活而讲传,形成以语言(方言)为媒介的特征。

从主要环节看,民俗艺术学的研究涉及主体、客体、中介等方面。其中,"主体",指民俗艺术的制作者、表演者、研习者、应用者、享用者等民俗艺术与民俗生活的传承人;"客体",指对象,包括材料、作品、工艺、技巧、社会环境、风俗背景、展演时空、文化传统等方面;"中介",则指推介、经营、组织、管理等民俗艺术的应用领域。这一视角着眼于主客体的联系和中介对应用的推动作用

从自身层次看,民俗艺术学的研究涉及艺术成果、艺术过程和艺术精神三个相互依存、不可分割、不可漠视的层面。"艺术成果"即最终完成、加以展演的作品,它大多是可视、可感的,故成为人们通常最关注的方面。"艺术过程",是动态的、从起始到终点的线形进程,它是作品完成的必要流程和相关活动的概括,与"艺术成果"相比,它常常被人们所漠视。所谓"艺术精神",即体现在作品里和艺术传承中的艺术法则、信仰观念、民族性格、气质品质、审美情趣等,这些潜在无形的成分使民俗艺术大多具有非物质文化遗产的性质。民俗艺术学的研究要摆脱单纯注意作品的

片面,在三个层次的考察中完善自身的学科理论。

　　从存在属性看,民俗艺术学的研究涉及物质文化和非物质文化两大范畴。物质文化指有形而立体的、可感而可触的、静态存在的作品;非物质文化指过程性的或精神性的作品或作品创作中的相关成分。民俗艺术品基本属非物质文化的范畴,即使风筝、剪纸、泥人等民俗艺术品是有形的,但更重要的是它的风俗传统。其实,无形与有形是相反相成的,在深层上是统一的,在非物质文化遗产抢救与保护的工程中,有必要强调民俗艺术中曾被忽视的非物质文化成分。

　　从传承形态看,民俗艺术学应注意"四态"并存的实际,对物态、动态、语态、心态的资料加以全面地搜集与研究。所谓的"物态"资料,涉及造物艺术的材料、工具和作品,也包括表演艺术中的服装、道具、布景等;"动态"资料,指制作或表演的过程,包括动作、步法、工艺、工序等;"语态"资料,指口承文艺、行话、艺诀等;而"心态"资料,则主要指祖师崇拜、行业禁忌、神秘观念等民间信仰和其他宗教行为。

　　研究视野是舒展学术触角的思维空间,由于民俗艺术植根于庶民百姓丰富的日常生活,又具有代代相传的历史传统,因此,它需要不断拓展其广度和深度,从而使研究符合实际,使理论臻于完善。

（原刊于《东南大学学报》2008年第1期）

荠菜花与上巳节

夏历三月三日是中国的传统民俗节日——上巳节,也是古代风俗传说中的"荠菜花生日"。不论是荠菜花,还是上巳节,都曾与妇女的生活追求密切相关,也都以岁时的、俗事的、信仰的、游戏的成分反映了花卉与节事的难解难分,以及它们在文化精神层面的息息相通。

一 赛似牡丹荠菜花

五十年前,在南京地区曾广泛流传过《我在张家学打铁》的童谣,它逐月述说年中节事,具有浓郁的风俗韵味。其中,就有这样的谣谚:

> 打铁打到正月正,家家户户挂红灯;
> 打铁打到二月二,家家开门接女儿;
> 打铁打到三月三,荠菜花,赛牡丹;
> ……

除了民间口头的传承,关于"荠菜花,赛牡丹"的俗谚,还以文字形式记录于多种地方志中。例如,民国《首都志》卷十三引《金陵杂志》曰:

> 三月三为荠菜花生日,妇女均摘荠花插于鬓边,以为纪念。谚云:"三月三,荠菜花,赛牡丹,女人不插无钱用,女人一插米满仓。"

可见,荠菜花是三月三的节物,也是旧时妇女的岁时装饰。

荠菜(Capsella bursa-pastoris),属十字花科,一二年生草本,春天开花,总状花序,花小,白色,性喜温和,耐寒力强。①

荠菜虽不起眼,却早已受到民间的歌咏和文人的关注,春秋时已载录于《诗经》之中,如《诗·邶风·谷风》中就有"谁谓荼苦,其甘如荠"之句。荠菜不仅口味甘甜,且有止血、止痢等药物功效,被古代药书称作"护生草"。《本草》载:

> 荠生济济,故谓之荠。释家取其茎作灯杖,可避蚊蛾,谓之"护生草"。②

"护生草"之名无疑使荠菜被古人视作嘉卉祥草,并成为风俗应用中的吉瑞象征。

荠菜的品种很多,有大、小荠菜之分,其名称据《广群

---

①《辞海》(缩印本),上海辞书出版社,1980,第580页。
②汪灏等:《广群芳谱》卷十五,上海书店,1985年影印版,第356页。

芳谱》引《野菜谱》载,有"江荠""倒灌荠""蒿柴荠""扫帚荠""碎米荠"等,有的供食用,有的作燃料,有的可入药,各有其用。

荠菜虽为野草之属,却能作为古人心目中农家丰乐的标志。明人陈继儒的四言古诗云:

> 十亩之郊,菜叶荠花,
> 抱瓮灌之,乐哉农家。

从中我们不难看到,荠菜花不仅装点了乡野农家的生活景象,更隐含着开朗、自在的乐生情调。一朵看似不起眼的野田小花,却能令人心向神往,这正展现了荠花所以赛似牡丹的文化魅力。

二 丽人临水上巳节

上巳节时在夏历三月初三,又称"三巳""重三",是古代妇女出游水滨,并下水沐浴的日子。是日入水沐浴称作"祓禊","祓",即祛除;而"禊",为洁意。所谓"祓禊",即以水洗去污垢和疾疫之意。

祓禊风俗由来已久,《周礼·春官·女巫》有"女巫掌岁时祓除衅浴"之载,郑玄注云:

> 岁时祓除,如今三月上巳,如水上之类。衅浴谓以香薰草药沐浴。

由女巫所掌,可见是妇女们的浴事,而浴中用草药,寄托了除疫的愿望。上巳节古人所用的草药为何呢？唐欧阳询《艺文类聚》引韩诗曰：

> 三月桃花水之时，郑国之俗，三月上巳，于溱、洧两水之上，执兰招魂续魄，拂除不祥。

所用为兰草，其意，据《毛诗正义》解释，乃因男女"感春气并出，托采芳香之草而为淫泆之行"。

上巳节的祓禊风俗在汉代已经形成。东汉蔡邕有"今三月上巳，祓禊于水滨"之言，而《续汉书·礼仪志》载：

> 三月上巳，官民皆洁于东流水上，自洗濯，祓除宿垢，为大洁。

汉代的祓禊以"洗濯"为主要行为，到魏晋时期则演变为女子沐浴于河，男子水滨饮酒游戏。晋人张华《上巳篇》曰："伶人理新乐，膳夫熟时珍。……妙舞起齐赵，悲歌出三秦。"可见，"祓禊"在晋代已成了春游野宴的行乐活动。在东晋，三月三更有"流杯曲水之饮"的风俗时尚和历史记录，[①]并形成了特定的岁时文化。

流杯曲水之戏不仅盛行于文人雅士之间，而且也为庶民百姓所热衷，在梁代宗懔《荆楚岁时记》里，就有"三月三日，士民并出江渚池沼间，为流杯曲水之饮"的记载。直到唐代，上巳风俗仍见于诗文歌咏，如杜甫《丽人行》中

[①]宗懔《荆楚岁时记》载："三月三日，士民并出江渚池沼间，为流杯曲水之饮。"见姜彦稚辑校本，岳麓书社，1986，第26页。

的"三月三日天气新,长安水边多丽人"句,就记录了长安曲江池畔的祓禊游乐活动。

上巳节的祓禊之事本是男女春日相欢、妇女乞孕的信仰风俗。从衣饰看,"男则朱服耀路,女则锦绮铄烂",其意乃在相互吸引。至于"秉执兰草","以香薰草药沐浴",也都有唤起性欲的作用。水是神秘的感生物质,妇人临河不仅欲洗去冬日的尘垢,同时盼触水感孕而得子。为使这一主题明确,祓禊中有一些乞孕的游戏,诸如浮枣之戏、浮素卵之戏等。人们在三月三日把红枣、水煮鸡蛋掷于水中,让入水的妇女争食,以争得为感孕之兆。后汉杜笃"浮枣绛水,酹酒釀川"之句,梁萧子范"洒玄醁于沼沚,浮绛枣于泱泱"之咏,都是对上巳节水中乞子活动的描述。[①]

近古以降,妇女在三月三以荠菜花插头,并吃荠菜花炒鸡蛋以"驱睡",实以荠菜作为兰草一类"香薰草"的替代。荠菜为多子植物,又别有芳香,故成为上巳节物和旧时妇女春日求欢乞孕的象征。

三 节事荠花说旧俗

荠菜和荠菜花自古与中国的民间生活难解难分,它不仅是上巳节的独特节物,更是人们暮春祈福禳凶的吉祥标志。

荠菜经冬而发,被古人视作具有类似松竹一般的品

---

① 详见陶思炎:《风俗探幽》,东南大学出版社,1995年,第27—30页。

格。晋人夏侯湛《荠赋》云：

> 见芳荠之时生,被畦畴而独繁。钻重冰而挺茂,蒙严霜以发鲜。含盛阳而弗萌,在太阴而斯育。永安性于猛寒,羌无宁乎暖燠。齐精气于款冬,均贞固乎松竹。

正是荠菜有如此的性格和品质,才受到民间的普遍喜爱,并进入风俗活动之中。

荠菜或荠菜花的民俗功用很多,且略举数例:

其一,甘美野蔬。

传说,唐代高力士逐于巫山,见当地人不吃荠菜,乃作诗曰:"两京作斤卖,巫溪无人采。夷夏虽有殊,气味终不改。"诗中透露出荠菜在京城的热卖。宋人苏东坡称荠菜"极美","为幽人山居之禄"和"天然之珍"。[1] 陆游则在《食荠十韵》中写道:"吾馋实易足,扪腹喜欲狂。一扫万钱食,终老稽山旁。"陆游还以七言绝句的形式写下了多首《食荠》诗,表达了他对荠菜的钟爱:

> 日日思归饱蕨薇, 春来荠美忽忘归。
> 传夸真欲嫌茶苦, 自笑何时得瓠肥。

> 采采珍蔬不待畦, 中原正味压篝丝。
> 挑根择叶无虚日, 直到开花如雪时。

---

[1] 语出苏轼与徐十二之"尺牍",见《广群芳谱》卷十五,上海辞书出版社,1985年影印版,第357页。

荠菜的甘美不独为古人所赞,也为现代人所爱,荠菜包子、荠菜圆子、掺入荠菜的"十景菜"等,仍被今人视作胜似佳肴的美食。

其二,驱虫治病。

荠菜因有清香药味,民间用以驱除蚂蚁、蚊虫之类;又因荠菜含有荠菜酸、生物碱、氨基酸、黄酮类等成分,荠菜又有治病的药用价值。

古人在三月三用荠菜花拂灶、抹灶,或置于灶头,以辟虫蚁。道光六年《昆新两县志》载:三月三日乡村有"野菜会","以野菜花抹灶,可免虫蚁"。光绪八年《苏州府志》载:三月三日"士夫皆集名园,游胜地,饮酒赋诗,修禊事。妇稚以野菜拂灶,并戴之。"文中所说的"野菜",就是荠菜。此外,荠茎候干作灯杖的俗用,也意在使"蚊蛾不敢近"。

在药用方面,荠菜花能免头晕,并因此成为妇女插头的装饰。嘉庆十八年《无锡金匮县志》曰:"上巳戴荠花,谓能已睡。"此外,民国十四年《盛湖志》载:"三月三日为上巳日,妇女各戴荠花。谚云可免头晕。"

可见,驱虫止晕成为荠菜花在上巳节俗用的重要动因。

其三,丰稔占验。

在天气占中,阴晴、雨日常与农蚕之事相比附。《杂五行书》曰:

> 三月三日,天阴而无日,不见雨,蚕大善。①

其言上巳节阴而不雨,宜蚕桑。在地物占中,古人往往又以某植物的先生作为观察丰歉的征兆。师旷曰:

> 某年一物先生,主一年之候:荠先生,主丰;葶苈先生,主苦;藕先生,主水;蒺藜先生,主旱;蓬先生,主流亡;藻先生,主疾。

直到民国,这种巫风意识仍体现在民间风俗中。民国八年《太仓州志》载:三月"三日,上巳,簪荠花。谚云:三春戴荠花,桃子羞繁华。盖取岁丰甘草先生之意。"至于女子用荠花插头之俗,被说成是"女人不插无钱用,女人一插米满仓",也反映了来自与丰收占验相关的巫术感应观念。

其四,乞孕祥物。

三月三日的祓禊活动本有乞孕求子的信仰功能。妇人戴荠花、吃荠菜花炒鸡蛋,同水中争食红枣、素卵一样,为能得子。在四川,还有妇女水中摸石的上巳节乞子风俗,《太平寰宇记》卷七十六载:

> 四川横县玉华池,每三月上巳有乞子者,漉得石即是男,瓦即是女,自古有验。

上巳的节物总或明或暗地与求子相关,枣、蛋、石、荠菜等构成了这一节俗中的乞孕祥物系列。古人认为,不孕或只

---

① 欧阳询《艺文类聚》卷四,上海古籍出版社,1982,第63页。

生女不生男也是一种疾病,故多子房而又有药杀之性的荠菜因暮春花盛、随地可得,便成为近古以来最习见的上巳风物。可以说,荠菜花是点画上巳主题的最好标志。

　　荠菜花,这一最寻常不过的小花,载承着中国古代丽人们的祈愿与秘密,使三月三上巳节真正充满了烂漫而无尽的春光。

　　　　　　(原刊于《文化遗产》2008年第2期)

民俗艺术研究的历史回顾

一 民俗艺术研究的发轫

"民俗""艺术"这两个汉语词汇至迟在汉代即已出现,在中国古代文献中不乏相关的载录。①

"民俗"为何?"民俗"本指接受教化的下层小民们的风俗习惯。至于"艺术"何指呢?当为各种技术技能。古人云:"艺谓书、数、射、御,术谓医、方、卜、筮。"②直到晋代,帝王仍以"艺术"来"决犹豫,定吉凶,审存亡,省祸

---

①戴圣《礼记·缁衣》载:"故君民者,章好以示民俗,慎恶以御民之淫,则民不惑矣。"司马迁《史记·孙叔敖传》曰:"楚民俗,好庳车。"班固《汉书·董仲舒传》中有"变民风,化民俗"之言。《管子·正世》则曰:"料事务,察民俗"。《后汉书》卷二六《伏湛传附伏无忌传》载:"永和元年,诏无忌与议郎黄景校定中书五经、诸子百家、艺术。"
②见《辞源·艸部》"艺术"条。

福"。① 不过,"艺"也指"多才能",②"术"指技术、手段、方法。这样,"艺术"就泛指各种技术和才能。

"民俗"与"艺术"二词在中国古代未见前后连接形成词组,"民俗艺术"四字的连排并作为学术概念首见于普遍使用汉字的日本。大约在1926年的年中,数十名日本民俗学者、文艺家、美术家、建筑家、音乐家共同发起,成立了一个小型学术团体,取名为"民俗艺术之会"。从此,"民俗艺术"作为专用名词出现在学术界。

日本"民俗艺术之会"的会员当时经常在全国进行采风调查,每月召开一次例会,讨论和争辩有关民俗艺术的一些问题。该会于昭和三年一月(1927年1月)创办了自己的学术刊物——《民俗艺术》。由于有了这一杂志作为阵地和旗帜,"民俗艺术"的概念得到了广泛的传播和接受。

对于《民俗艺术》创刊的目的,编者在《创刊寄语》中做了如下的交代:

> 为了探讨从古至今亿万人共同体味的生活方式,我们并不想仅仅在少数智者的那些高见的指引下进行。因此,我们想首先把眼前丰富的事实确切地记载下来,再把这些资料变成尽可能多的人的共识。这样一来,我们想通过对资料的整理和比较,根据那些自

---

① 见《晋书·艺术传序》。
② 《论语·雍也》:"求也艺。"朱熹注:"艺,多才能。"

然而然明确起来的共通现象,来把所谓的现世的一些法则提取出来看一看。①

显然,他们主要是进行资料的调查、记录、整理和比较,然后再从"共通现象"来探讨民俗艺术的法则。此外,编者还以"一会员"的名义在创刊号的《微小的希望》里谈及刊物的时空视野和目标:

> 浏览一下本刊的内容便会明白,我们绝不是仅仅局限于对古代日本的回顾研究,而是经常在思考现在的日本和将来的日本。另外,我们一直不断致力于本国和外国的比较研究。同时,在既有的类似杂志和现行的类似杂志已经开拓出的这条路上,《民俗艺术》这本杂志,努力向前,不想重复花费前人的劳力,想要开辟出尽管微小但崭新的一条路。②

它在时间上着眼于民俗艺术的古今相贯,在空间上重视国际间的比较研究,在前程上努力开拓出一条办刊新路。

日本《民俗艺术》杂志从1927年1月创刊,到1931年9月终刊,历时近五年,共出刊物48号。刊发的文章涉及民间舞蹈,诸如狮子舞、人形舞、盆舞、马鹿舞、鹤踌舞、延年舞、供养舞、祈雨舞、番乐舞等;祭祀仪式,诸如神祭、花祭、夏祭、秋祭、船祭、炬火祭、田植祭、七夕祭、梵天祭、追傩、裸祭等;还涉及神乐、狂言、歌舞伎、田乐、歌谣、民谣、

---

① 民俗艺术之会:《创刊寄语》,载《民俗艺术》第一卷第一号(日文版)。
② 一会员:《微小的希望》,载《民俗艺术》第一卷第一号。

童谣、传说、梵呗乐谱、人偶、假面、钱包、腰带、琵琶、文身、刺青、岁时节令、儿童游戏、男戏、理论研究、会议动态等。

在《民俗艺术》的全部48期中,出刊过多种专号和特辑。例如:《祭礼号》(两期)、《花祭的研究》专号、《正月行事号》、《人形研究专号》、《狮子舞号》、《歌舞伎的民俗学研究》专号、《民间特殊的演剧》专号、《童戏、童谣、童词》特辑,等等。而在发表的文章中,使用了"民俗艺术"一词做文章主标题的有《关于民俗艺术采集方法》《从民俗艺术看古代歌谣》《对民俗艺术保存的思考》《民俗艺术和民族志》等12篇。

随着民俗艺术之会的成立和《民俗艺术》杂志的创刊,"民俗艺术"已经成为一个新的研究领域,并受到了学界的关注。民俗艺术之会在1931年9月的《民俗艺术》终刊号上登载了"民俗艺术讲座"的信息,其系列讲座的总题目是:"民俗艺术学问体系的完成",其下共设11讲。①

可见,在上世纪30年代初,"民俗艺术"不仅为学者所研究,已开始向社会普及,它作为一门相对独立的学问已初步建立起来了。当然,在"民俗艺术"概念启用和确立的过程中,还另有"乡土艺术""俗艺""民俗工艺""民俗美术"等概念在使用,但它们均不及"民俗艺术"更具影

---

① 1.民俗艺术概说;2.乡土舞蹈的基本形式;3.神乐的系统与分布;4.偶人戏的种类与欣赏;5.民谣研究;6.故事的种类和变迁;7.民间音乐概说;8.民俗的造型物;9.神事和艺能;10.农村娱乐的研究;11.儿童游戏的研究。

响力。

　　日本"民俗艺术之会"的成立和《民俗艺术》刊物的创办标志着学科性民俗艺术研究的发轫,其价值、意义主要体现在以下几个方面:

　　1.确立了"民俗艺术"的学术名称,拓展了民俗学和艺术学的研究空间,并使二者得以交叉、统一。

　　2.在民俗艺术的研究中开启了实地调查的传统,并提出了调查方法与资料"保存"的问题。

　　3.拓宽了民俗艺术研究的视野,注意到造物、表演、美术、风俗、信仰、宗教、地理、民族、口头文学与文献等的资料价值和相互关系。

　　4.民俗艺术研究突破了本土"民族艺术"的范畴,开始走向了国际化,并注意到不同民族与国家间的比较研究和国际学术交流。

　　5.对往后的"民俗艺术"和"民族艺术"的研究产生了深远的影响,哲口信夫、柳田国男等著名学者在《民俗艺术》上发表的文章及其关注过的研究课题,至今仍被学界研讨和承袭。

　　可以说,在1926—1927年间,"民俗艺术"已经开始从民俗学中被剥离出来,成为艺术学研究中的一个与传统生活紧密联系的新方向。当然,日本的"民俗艺术"名称的被接受与"世界民俗艺术大会"的召开也有一定关系。"世界民俗艺术大会"于1928年10月7—13日在布拉格召开,有美国、加拿大、罗马尼亚、德国、法国、日本、埃及、希腊等31个国家的280余名学者参加,会议共有5个议题:(1)民俗艺术与人类学、民俗学的关系;(2)装饰美术;(3)民俗家屋;(4)民俗音乐;(5)民谣、民俗剧。会议英文名称中的 popular art 的原意为"大众艺术""通俗艺术",被日本学者译成了"民俗艺术"。其实"大众艺术"或"通俗艺术"与"民俗艺术"虽有交叉,但并非等同划一,也许当时的日本学者采用这种译法意在借助国际学术活动推进方兴未艾的民俗艺术研究,并开启广阔的国际视野,拓展比较研究的方向。

二 中国的民俗艺术研究

中国的民俗艺术研究是从民俗学的研究开始的,当民俗学的研究视域涉及"歌谣"和"民间艺术"的时候,"民俗艺术"的观念实际上就已悄然产生。

早在1914年周作人在浙江刊登儿歌、童话启事时就指出:"儿歌童话,录为一编以存越国土风之特色,为民俗研究儿童教育之资料。"[1]一般认为,中国较自觉的民俗学运动是从北京大学1918年的"近世歌谣"征集和1922年12月的《歌谣周刊》的创刊开始的。周作人在《歌谣周刊》的"发刊词"中写道:"歌谣是民俗学上的一种重要的资料,我们把它辑录起来,以备专门的研究。"可见,歌谣的征集与民俗学的研究密切相关。

---

[1] 见王文宝:《中国民俗研究史》,黑龙江人民出版社,2003,第53页。

其实,在中国民俗学的起始阶段,"民间艺术""美感"等艺术概念也早已受到重视。胡愈之1921年1月谈到了民俗学研究的三个基本事项:

> Folklore——这个字不容易译成中文,现在只好译作"民情学",但这是很牵强的。民情学所研究的事项,分为三种:第一是民间的信仰和风俗(像婚丧俗例和一切的迷信禁忌等);第二是民间文学;第三是民间艺术。①

民俗学研究中包含"民间艺术"的观点为后来"民俗艺术"概念的产生打下了基础。

1923年5月14日开始筹备成立的北大"风俗调查会"曾提出一份《风俗调查表》,在这份调查提纲的"调查种类"中,除列入"歌谣""戏剧"外,还有"美感"一条,其下包括"雕刻、图画、音乐、唱歌、织绣等"。这些涉及口承艺术、表演艺术、造型艺术和美术的类型均构成了"民俗艺术"研究的范畴。

"民俗艺术"一词出现在中国的学术著述中,较早并较有影响的当数常任侠先生编著的《民俗艺术考古论集》,该书于1943年9月由重庆正中书局作为"现代文艺丛书"出版。

作者在书中对写作的起因作了如下的交代:

---

① 胡愈之:《论民间文学》,载《妇女杂志》月刊第七卷,1921年1月。

> 余昔居东京帝大,常习艺术考古之业,虽无所就,然心笃好之,曾得参考图籍五六千册,自波斯、印度以东,亚洲诸国绘画、雕刻、建筑、音乐、舞蹈诸艺,靡不喜爱,日久屡见,则足忘倦。……二十八年春,始来川中。……探寻重庆近郊古迹,著为短论。其中以发现汉墓汉阙资料为多,综计二十八、二十九两年,关于民俗艺术考古散篇,得文六七万言。①

常任侠《民俗艺术考古论集》包括《沙坪坝出土之石棺画像研究》《牵牛与织女》等文章八篇,其研究对象涉及神话、传说、歌谣、建筑、砖雕、碑刻、墓葬等。其中,《饕餮终葵神荼郁垒石敢当小考》一文在开篇中两次提到"民俗艺术"这一学术名称:

> 今民俗艺术之中,有饕餮、终葵、神荼、郁垒、石敢当诸物,虽形制不同,而皆作狞恶怪异之状,且取以为压胜之具,禁御不祥,用意相同。此为研究中国古代民俗艺术之资料。

常先生的这篇文章写于1940年3月,在1941年夏作了修改,可见上世纪40年代初,"民俗艺术"的学术概念已在中国使用,而常先生可能是中国最早在研究论著中使用"民俗艺术"概念的学者。

在常先生之后,使用"民俗艺术"这一概念的,是岑家

---

① 见常任侠:《民俗艺术考古论集》"自序",正中书局,1943。

梧先生。他在1944年11月写于重庆沙坪坝的《中国民俗艺术概说》一文,收入他的《中国艺术论集》,由考古学社于1949年出版。这篇文章对民俗学(Folklore)的概念加以了界定,指出了民俗与艺术的联系:"就作者个人观察,它只是研究文明民族遗留于下层社会之传统的信仰、习俗、歌谣、传说及艺术的科学。"他认为,民俗学可分为"普通民俗学"和"特殊民俗学",而"特殊民俗学"又可分"宗教民俗学"和"艺术民俗学"等。岑家梧还指出,包括"空间艺术"和"时间艺术"的"所有民间艺术,均属于艺术民俗学范围之中。"①

岑家梧在《中国民俗艺术概说》里使用了"民俗艺术""艺术民俗学"和"民间艺术"三个概念,但他并未做出界定和辨析,看来,当时在他的观念中,它们是相同的事物。《中国民俗艺术概说》一文在论说民间艺术的各类基本构成与内涵特点后,对"民俗艺术"的价值、意义做了三点结论性的概括:

> 综上所述,中国民俗艺术,种类之多,内容之富,可以概见,民俗艺术,均经长期间之传授,而渗入民众生活之深处,今日固已不辨其渊源来历,然传统之力量,已使此种艺术生命,以不期然而然之方式,继续滋长。民间每一神像,每一歌谣,每一工艺品,均为传统精神之精华,吾人苟欲理解传统生活习俗,则当自民

---

① 岑家梧:《中国艺术论集》,上海书店,1991年影印本,第101页。

俗艺术始。质言之,民俗艺术之研究,可为理解民间生活之钥匙,当无疑问。此其一。……民俗艺术为中国传统艺术之遗存,可为研究中国古代艺术之唯一活的资料。此其二。……今后新兴艺术之创造,民族元素,必不可少,此种民族元素,可于民俗艺术中,抽炼提取,集其精华,如此而新兴艺术始能代表吾全民族之血肉生命,始为广大民众所享有,则民俗艺术之研究,又有助于新兴艺术之建立者至明。此其三。①

岑家梧先生在结语中不仅高度肯定了民俗艺术的价值、意义,还发出了"中国民俗艺术之研究,为刻不容缓之事"的感叹,并使开篇有关"民间艺术""艺术民俗学"的讨论归结于"民俗艺术"的研究中。

在1949年前,中国的民俗艺术研究以常任侠、岑家梧等先生的著述为主,他们都在中国艺术史研究的同时,开拓了中国民俗艺术学研究的新方向。尽管与日本相比,中国现代的民俗艺术研究在时间上稍晚了若干年,然中国民俗艺术学从概念的提出开始,就初步形成了注意理论阐发和实证研究相结合的学术传统。

1949年以后,海峡两岸仍见有"民俗艺术"的研究与成果。其中,台湾学者宋龙飞在1982年出版了《民俗艺术探源》一书,系从民俗学、民族学、考古学等学科视角研究民俗艺术的著作。该著作分上下两册,于1982年12月

---

① 岑家梧:《中国艺术论集》,上海书店,1991年影印本,第114—115页。

在台北由艺术家出版社出版。全书共包括37篇文章,除一篇有关凌纯声先生的年谱外,共涉及五个主题,即"宗教、宗教艺术、民俗艺术、山地文化和田野考古"。[①]其中,有关民俗艺术的研究,包括年画、剪纸、刻纸、石雕狮子、泥偶、鸟兽图纹、凤鸟图腾、醮坛彩棚、雕刻渔船、陶偶、黥面、文身、服装、饰物,等等。

宋龙飞的《民俗艺术探源》着重在田野调查的基础上对民俗艺术类别和个案进行记述和讨论,但没有从理论上对"民俗艺术"加以学理的研究和阐发,而且他对"民俗艺术"和"民间艺术"也没有加以界定和辨析,似乎被看作是可互称互代的一回事儿。该书"后记"对"民间艺术"提出了"善加保护"的问题,并高度评价它的价值、影响。《民俗艺术探源》中所说的"民间艺术",其实,就是指"民俗艺术",这种标题与行文的不一致,乃由于作者注意田野作业,而未做概念界定和学理的研讨。

此外,台湾学者邱坤良写作了《民俗艺术的维护》一书,该书由台湾文建会于1985年出版,"保护""维护"作为关键词成了民俗艺术研究的重要话题。

台湾的民俗艺术研究还导致相应机构的建立和研究生教育的启动。台北大学于2001年成立了民俗艺术研究所,其宗旨是"培育具研究本土民俗艺术能力之人才"。该所招收2年制硕士生,授予文学硕士学位,其课程分四

---

① 见宋龙飞:《民俗艺术探源》陈昌锐序,艺术家出版社,1982,第11页。

大类:台湾民间戏曲类、台湾美术工艺类、台湾文化空间与古迹类、台湾民俗文化类。该所确定的"发展重点",是"以民俗艺术为核心,汇集艺术学、文学、人类学、历史学、建筑学、宗教学、博物学等学科,进行多层面的民俗艺术研究"。台北大学民俗艺术研究所设想的"未来发展目标"包括四个方面,即:(1)建立本土民俗艺术研究之理论基础;(2)建立本土民俗艺术之调查方法;(3)探究本土民俗艺术空间意涵;(4)逐步建立民俗艺术资讯中心。可以说,台北大学民俗艺术研究所的成立和研究生教育的启动,在一定程度上推动了台湾地区民俗艺术研究的发展。

近20年来,随着民俗学与艺术学的发展,中国大陆的民俗艺术研究又受到了学术界和教育界的关注。

在著作出版方面,先后有:《中国民俗艺术工艺文化丛书》(北京工艺美术出版社,1991年),李瑞岐《论群众文化与民俗艺术》(贵州民族出版社,1994年),《中华民俗艺术精粹丛书》(黑龙江美术出版社,1999年),孙建军《中国民俗艺术图说》(天津人民出版社,2001年),《中国民俗艺术品鉴赏丛书》(山东科学技术出版社,2001年),靳之林《生命之树与中国民间民俗艺术》(广西师范大学出版社,2002年),马银文《中华民俗艺术大全》(中国三峡出版社,2006年),郑巨欣主编《民俗艺术研究》(中国美术学院出版社,2008年),张道一"民俗艺术研究系列"之《麒麟送子考索》(山东美术出版社,2008年),陈绘《民俗艺术符号与当代广告设计》(东南大学出版社,2009

年),李昃《图说中国民俗艺术》(江苏人民出版社,2009年),陶思炎、王廷信主编《民俗艺术学研究丛书》(东南大学出版社,2010年)等等。其中,有图集,有论文集,有专题研究,有应用研究,有系列丛书,但大多为民俗或工艺的介绍与研讨,而有关"民俗艺术"的基础理论研究仍涉及甚少,学科建设还显得比较薄弱。

上述著作除去"图说""大全""鉴赏""丛书"之类,其他成果对"民俗艺术"的概念把握与理论研讨大多也不够充分,有的仅仅在书名中使用了"民俗艺术"一词而已,讨论的却是其他范畴的问题。

李瑞岐的《论群众文化与民俗艺术》一书作为以"群众文化"研究为主的文集,涉及"民俗艺术"的论述甚少,甚至就没有关于"民俗艺术"的专论。纵观全书,共收31篇各类文章,仅有《论民俗与民间艺术的关系》一文谈及"民俗"与"艺术"的关系问题。该文提出了这样的观点:"民俗规定着艺术,民俗也依赖着艺术","艺术体现着民俗,也丰富着民俗",它们"走过的乃是一条民俗艺术化和艺术民俗化的道路"。[1] 此论比较含混,停留在"民俗"与"艺术"二者外在关系的讨论上,虽全书使用了"民俗艺术"四字作书名,但并未把"民俗艺术"作为一个独立的学术概念来探讨。

靳之林的《生命之树与中国民间民俗艺术》一书系民

---

[1] 李瑞岐:《论群众文化与民俗艺术》,贵州民族出版社,1994,第135—138页。

俗艺术的一个专题研究,书中所举实例甚多,涉及剪纸、石雕、绣品、年画、糕馍、纸扎、建筑装饰等,但略显散杂,论说的系统性、理论性也有所欠缺。同时,该书的书名还可推敲,例如在"民俗艺术"前再加"民间"二字,似乎在"民俗艺术"中还存在"非民间"的部分。

郑巨欣主编的《民俗艺术研究》一书系论文集,内设"民俗艺术理论研究""民俗艺术管理研究""民俗艺术传承研究""民俗艺术事象研究""民俗艺术调查研究""民俗艺术个案研究"六个栏目,除"事象研究"与"个案研究"两相交叉外,栏目名称所设甚好。不过,全书所收28篇文章中在标题上使用了"民俗艺术"语词的仅有三篇,其余文章大多并非致力于民俗艺术的研讨,主要是进行民艺学、非物质文化遗产、民俗文物、民间美术和民俗学专题等研究。在该书中使用了"民俗艺术"语词作标题的三篇文章是:叶大兵的《谈民俗艺术与造型艺术》,顾希佳的《民俗艺术的嬗变:以蚕猫和茧圆为例》,陈永怡的《盘瓠崇拜与民俗艺术》。在这三篇文章中,前两篇部分涉及了"民俗艺术"的理论问题,而后一篇主要是研究图腾信仰,没有对"民俗艺术"本身作理论表述。

其中,顾希佳在文章中对"民俗艺术"和"艺术民俗"两概念做了判断,他说:"民俗艺术,一般又称为艺术民俗,它具有综合性和不稳定性的特征,因而容易引起争议。"在说二者相同的同时,他又指出二者在分类上的侧重点有所区别:"艺术民俗,它理所当然地是民俗范畴里的一种分类",而民俗艺术,"我们首先要强调这是一种艺术。"①

"民俗艺术"与"艺术民俗"两词组因主词与偏词的颠倒,已分属不同的学科范畴,顾希佳已发现了这一点,但并未细加厘清,却基本认同了它们可以相互混称的说法,故而未能使有关"民俗艺术"的理论研究深入下去。

陈绘的《民俗艺术符号与当代广告设计》一书作为民俗艺术的应用研究,集中在民俗艺术符号的讨论上,该书从概念界定入手,着重研究民俗艺术符号的生成、特征、识读、意义及广告应用等,是近年来有关民俗艺术研究出版物中的一本较为用功之作。该书虽着眼于当代广告的应用,但较重视理论阐述,对"民俗艺术"也有一定的理解和表述。该书在概念界定中对"民俗艺术"做了这样的论断:

> 民俗艺术,即劳动群众在民间习俗中,为满足自身物质和精神生活需要所共同进行的活动,并且作为习俗惯制和生活经验而世代传承的一种艺术表现形式。民俗艺术是民间文化的重要组成部分,是大众的、生活的艺术。②

该定义注意到了民俗艺术"世代传承"的基本特点,但"大众的、生活的艺术"的概括又与"民间艺术""大众艺术"

---

① 见郑巨欣主编:《民俗艺术研究》,中国美术学院出版社,2008,第155页。
② 陈绘:《民俗艺术符号与当代广告设计》,东南大学出版社,2009,第6页。

"群众艺术"等概念混同。该书还提出了民俗艺术"有形的物化形态"和"无形的心意表象"的区分,并指出它们代代相传和历史沿袭的载体是"口头、行为、心理",这是有新意的。

在探讨"民俗"与"艺术"相互关联的成果中,张士闪、耿波合著的《中国艺术民俗学》是一部力作,尽管它的中心词是"艺术民俗学",但仍然是我们在研究民俗艺术学时应当提及的一部相关著作。

《中国艺术民俗学》由山东人民出版社于2008年4月出版,全书332页,320千字,共分9章。就全书章节看,该书是从民俗学的角度来论述的,或者说,作者力图将"艺术民俗学"作为民俗学的一个分支学科来进行理论与方法的构建。

该书第一章涉及对"艺术民俗学"的界定,并做出了这样的判断:

> 艺术民俗学是从民俗学角度展开的对于艺术活动的阐释,并探索艺术活动与民俗整体之间内在关联的学科。"艺术民俗"概念的提出,意在提倡从生活——文化整体的角度去解读艺术。[①]

这段话已明白无误地把"艺术民俗学"界定为民俗学的范畴。关于"艺术民俗学"的研究任务,作者指出:

---

① 张士闪、耿波:《中国艺术民俗学》,山东人民出版社,2008,第1页。

> 在具体操作层面,艺术民俗学首先是研究作为艺术活动背景的诸多民俗事象与民俗意识,然后是以民俗学的研究方法探解艺术的起源、创作、传承、功能、价值、接受等系统过程,最终破解艺术与民俗的深层关联之谜。[①]

可见,"艺术民俗学"不仅立足于民俗学学科的理论与方法,而且主要是探究"艺术"与"民俗"的相互关联。这同"民俗艺术学"立足于艺术学学科不同,而且"民俗艺术学"不再以"民俗"与"艺术"二者的相互关系为研讨重点,而是把"民俗艺术"作为一个整体去研究它的内外部规律。当然,"艺术民俗学"的研讨对于"民俗艺术学"的建设是有益的,它们从不同的视角考察"民俗"与"艺术"的交叉,有着不同的建设目标,但相互映衬,促进着学术的繁荣。

除了上述书籍,还有一些论文涉及"民俗艺术学"的研究,其中《论民俗艺术学研究》一文,在学术界较明确地提出了"民俗艺术学"概念,并从概念界定、研究体系、理论支点、研究视野等方面对"民俗艺术"加以论述,提出了民俗艺术学学科建设的问题。该文对民俗艺术学的研究体系也做了归纳,指出:"民俗艺术学的研究体系包括民俗艺术志、民俗艺术史、民俗艺术论、民俗艺术应用研究、民俗艺术专题研究等基本范畴。"文章还从存在特征、属

[①] 张士闪、耿波:《中国艺术民俗学》,山东人民出版社,2008,第5页。

性风格和表现方式三个方面概括出作为民俗艺术学理论基础的"三论",即:"传承论""社会论"和"象征论"。此外,该文还从基本类型、主要环节、自身层次、存在属性、传承形态等方面探讨了民俗艺术学研究视野的展开问题。[①]

在研究生教育方面,东南大学率先从1999年秋季开始招收民俗艺术学硕士生,从2003年春季开始招收攻读民俗艺术学的博士生,至2010年夏,已培养民俗艺术学硕士13名,民俗艺术学博士13名,另有两名从事民俗艺术学研究的博士后出站。现在,民俗艺术学作为艺术学的一个重要分支学科,已随学科建设的加强而得到凸现。

在机构设置方面,1970年国际间成立了"世界民俗艺术发展协会"(CIOFF),现共有70余会员国,已成为联合国教科文组织A级成员。在芬兰,从1970年起举办"芬兰世界民俗艺术节",主要开展戏剧、舞蹈、音乐、工艺等民俗活动。我国虽没有成立相应的组织,但有关民俗艺术的活动在不断开展。近年来在我国还出现了一批使用"民俗艺术"名称的单位,例如"关中民俗艺术博物院""济南市民俗艺术馆""新疆民俗艺术学校""中国民俗艺术团",等等。这些单位主要进行陈列、教学和表演等活动,它们虽不是有关民俗艺术的专门研究机构,但其成立与发展却反映了我国民俗艺术学研究的直接影响。

对中国的民俗艺术研究,我们可以做出如下的小结:

---

① 陶思炎:《论民俗艺术学的研究》,载《东南大学学报》(哲学社会科学版)2008年第1期。

1.1949年以前,我国的民俗艺术研究以常任侠、岑家梧等为代表,他们主要从艺术史的研究出发,较集中在民俗艺术文物的调查与研究方面,而较少涉及民俗艺术的基本理论问题。他们在自己的论著中提出了"民俗艺术"的概念,但对"民俗艺术""民间艺术"等又未从理论上加以厘清,概念的混用正反映了民俗艺术研究在初始阶段的学术状况。

2.台湾的民俗艺术研究,在三十年前基本沿袭常任侠、岑家梧、凌纯声等学者的治学思路和研究方法,在民俗艺术的研究中同时注意田野调查、宗教艺术、山地文化等方面,对"民俗艺术"开始思考并提出"善加保护"和"维护"的问题。近十余年来,台湾开始在高等院校设立民俗艺术的研究机构,注意"以民俗艺术为核心",汇集众多相关学科,同时强调本地民俗艺术的调查和理论基础的建立。

3.近二十年来,中国大陆的民俗艺术研究和民俗艺术学教育取得了突出的进展,相关论著的出版、民俗艺术学硕士生和博士生的培养、国家社科基金项目的设立、民俗艺术相应机构的建立、非物质文化遗产保护工程的开展等,都反映了中国民俗艺术研究的拓展和繁荣。不过,理论研究还略嫌薄弱,"民俗艺术学"急需加强基本理论的研究和自身学科的建设。可以预见,随着研究的不断深入,我国的"民俗艺术学"一定能真正建立起来,并以自己的理论和实践影响国际学界。

(原刊于《民族艺术》2011年第2期)

从清明柳俗谈柳的文化象征

柳作为清明节中最具特色的节物,与春秋时期晋国的介子推在绵山抱柳烧死的传说联系在一起。两千多年来,柳在清明节俗中广泛应用,成为清明节中最富文化内涵与情感色彩的象征文化符号。

在清明祭扫祖墓时,民间有折柳插坟头的习俗。此外,清明时节旧有带柳还家,插柳于门,身戴柳枝,脚蹬柳屐,头插柳球的做法,在南京还曾流传着"清明不戴柳,死了变黄狗"的谣谚。在唐宋时期,朝廷有皇帝于清明取柳火以赐近臣和姻戚的"赐火"之举。这些风俗和传统分别从物态、动态、语态的层面展现着特定的文化象征意义,并表达着复活诱生的愿望、迎春纳吉的追求和伦理道德的训诫。

柳首先是报告春天信息的使者。有一首在民间流传的《九九歌》说:

> 一九二九不出手,三九四九冰上走。

>　　五九六九河冻开,七九八九燕子来,
>　　九九和十九,河边看杨柳。

这里的"杨柳",就是冬去春来的祥瑞象征。柳树吐芽,带来的不仅是春天的景象,也给人们触物生情,带来无尽的诗兴。唐欧阳詹《御沟新柳》诗中的"媚作千门秀,连为一道春"句,就点出了"柳"与"春"在古人观念中的对应关系。此外,唐诗人王维《田园乐》之六另有"桃红复含宿雨,柳绿更带春烟"的诗句,也是强调了"柳"与"春"的内在联系。

柳不仅是报春的应时节物,其风俗应用更是内涵丰厚的社会文化现象。柳树易生易活、早生早发的物种特点,成为大地回春、生命复苏、超越死亡、转世复活的象征,并被赋予了哲学的、宗教的和美学的意义。

柳枝是北方民族崇拜的对象,也是萨满教用以通神的法物。在满族的萨满神话中,柳枝与女阴崇拜及女始祖观念联系在一起。鄂伦春萨满跳神时,以柳木为"仙人柱",负责供神的"察尔巴来钦"右手拿着带叶的小柳条跪在供品前,念完祷词后将柳叶逐片摘下抛向前方,供以通神。女真人以柳木为家法,并供之于堂子;满族等北方民族对违背宗规族法的族人,往往用柳枝或柳木板鞭笞;满族的神偶也用柳木刻制,俗称"柳木人"或"柳木神",祭神用的枪杆、箭杆、神杆也用粗柳制成。[①]

[①] 参见富育光:《萨满教与神话》第三章第四节,辽宁大学出版社,1990。

柳木作为萨满教的法物,在北方民族的观念中具有延神祈福与镇恶辟凶的作用,而柳与"神""仙"的联系乃源于对柳的长生长活的"不死"联想。这一观念与信仰在汉族地区的民俗生活中同样存在。我们且以"柳矢退煞"和"折柳送别"二事为例,对柳的文化寓意做出简要的分析。

在中国古代,男女婚合均需遵循"六礼",即"纳采""问名""纳吉""纳征""请期""亲迎"。在"亲迎"之礼中,当花轿抬回夫家门前时,人们用桃弓柳矢射向花轿,此俗称作"退煞"。传说所退之"煞"为生前未嫁而死的女鬼,她嫉妒天下的新娘,总想害死新娘而取而代之。因此,民间用桃弓、柳矢、镜子、筛子、火盆等而逐之。其中,桃为"五行之精",被视作"压服邪气、制百鬼"的"仙木";而柳亦被视作长生长活的神树、仙木。

柳树之所以被称作"仙木",是因为它易生易活,充满阳气。汉刘熙《释名·释长幼》曰:"老而不死曰仙。仙,迁也。迁入山也。故其制字,人旁作山也。"柳树在春季随插随活,不怕迁转,正符合"仙"的特性。黎逢《小苑春望·宫池柳色》诗有"色乘阳气重,阴助御楼清"的诗句;此外,丁位在诗中也曾发出"虽以阳和发,能令旅思生"的感慨。① "阳气""阳"成为柳的辟阴内力和"柳矢"在婚礼中俗用之因。古人还有"仙人无影,而全阳也"之说,②因此,作为阳气象征的柳自然便带上了"仙"的气息。可见,

---

① 汪灏等:《广群芳谱》卷七十八,上海书店,1985。
② 见朱梅叔《埋忧集》卷十附录《袁氏传》。

"柳矢"与"桃弓"作为"仙木"和民俗生活中的镇物,表达了以阳克阴、以生辟死的信仰观念,并因此成为古代婚礼的法物。

古时送别故人多有折柳相赠之俗,从《诗经》中"昔我往矣,杨柳依依"之句,不难看到柳枝在风俗中的应用,不论是为死者,还是为生者,都寄托着"依依惜别"之情。柳作为连接生死、彼此的象征,其风俗往往牵心动情,在应和着春天气息的同时,又带着审美的与人伦的情感。这在古诗文中留下了大量的篇章。梁元帝《折杨柳诗》云:

> 巫山巫峡长,垂柳复垂杨。
> 同心宜同折,故人怀故乡。
> ……[1]

诗由物及人,由人及情,表达了托柳"同心"的主题。

唐诗人王之涣的《送别》诗曰:

> 杨柳东风树,青青夹御河。
> 近来攀折苦,应为离别多。

也是借柳写出了在大好春光下人们的离愁与无奈。

折柳送别本因"杨柳依依"的自然本性所触发的社会联想,杨柳众多的枝条随风摆荡,相互偎依,它们的不离不弃成为人们托物寄情的象征。同时,柳枝易插易活,所谓"无心插柳柳成荫"的俗话正是强调了它顽强的生命力。

---

[1] 见欧阳询:《艺文类聚》卷第八十九,上海古籍出版社,1982。

从这一特征说,折柳送别并非要留住故人或亲人,而是表达对行者随遇而安、处处逢源的美好祝愿。

此外,古人俗信柳有柳神,能护佑状元及第。据《云仙杂记》载:

> 李固言未第时,行古柳下,闻有弹指声。固言问之,应曰:"吾柳神九烈君也。已用柳汁染子衣矣,科第无疑。得蓝袍,当以枣糕祀我。"固言许之。未几状元及第。①

这柳神名"九烈君"者,即火焰之君,②其"九烈"之名来自柳木的易燃之性,与古代将柳木用作钻木取火的材料有关。传说中介子推抱柳木遇火而亡的情节,正透露出柳木与烈火的相关相联。至于柳神能助人得第之说,表明了"九烈君"作为吉神的身份及柳予人的恩惠。

陶渊明因"宅边有五柳",自号"五柳先生"。宅边植柳,乃因柳为"仙木",以招引阳气,营造吉宅,而"五柳先生"之号,又隐含着对逍遥洒脱仙人的自喻。至于手拿净瓶、柳枝的观世音菩萨,柳枝则是通神延生的吉祥法物。

现在我们回到清明节的风俗中,看看柳作为清明节物的象征意义。

---

① 汪灏等:《广群芳谱》卷七十八,上海书店,1985。
② 《左传·昭公二十年》:"夫火烈,民望而畏之。"见《词源》合订本商务印书馆,1988,第1040页。

清明扫墓,人们插柳于祖先的坟头,并在柳条上挂上纸幡或纸条,以表追思怀念。清明节因有柳枝之用,又称作"插柳节"。据民国二十六年广西《宜北县志》载:

> 逢清明日,家家户户备办猪肉数斤,大鸡一只,稍裕之家宰用猪仔,造黄花糯饭,香烛纱纸,男女大小上坟拜扫,陈设礼物于坟前,供祭毕而食之,曰"插柳节"。①

显然,"插柳节"的柳作为最重要的清明节物点画了清明节的主题,即:怀念的表达和复活的祈愿。柳春来吐绿、易插易活,于是成为再生萌发、长生长在的象征。清明节我国还有带柳还家、插柳于门的风俗。柳有"仙木""鬼怖木"之称,插于门户,用以驱邪辟鬼。《齐民要术》中有"取柳枝著户上,百鬼不入家"之载。宋吴自牧《梦粱录》曰:"家家以柳条插于门上,名曰'明眼'。"另,胡朴安《中华全国风俗志》记寿春风俗说:

> 清明日,家家门插新柳,俗意谓可祛疫鬼。

柳之所以能辟鬼祛疫,因其带有生机和阳气,故被古人注入了以生克死、以阳辟阴的信仰观念。

清明戴柳也是从前各地多见的风俗,女子于头上簪柳,男子则身上佩柳。在南京,无论大人、孩子均有清明佩

---

① 丁世良等编:《中国地方志民俗资料汇编》"中南卷"下,书目文献出版社,1991,第931页。

柳的习俗。据《正德江宁志》载："清明插柳,村夫稚子皆佩之。"①其中,妇女所戴的柳往往做成杨柳球,戴在鬓边。近人杨韫华有《山塘棹歌》曰:

  清明一霎又今朝,听得沿街卖柳条。
  相约比邻诸姊妹,一枝斜插绿云翘。②

人们为何要清明戴柳呢?有民谣说:"戴个麦,活一百;戴个花,活百八;插根柳,活百九。"看来是为了健康、长寿。柳作为清明节物,在戴柳风俗中成为护身延命的象征。至于"清明不戴柳,死了变黄狗"的谣谚,除了强调柳能护身的意义,还有道德训诫的成分,因不戴柳者,不仅漠视了自己的性命,更有忘祖不孝的意味。

  总之,清明的柳是"火"与"阳"的象征,是复苏与再生的象征,是生命的礼赞和入世的祥物。可以说,柳在清明节俗中的一切应用,都演示了生生不息的文化象征意义。

（原刊于《民俗研究》2012 年第 3 期）

---

①叶楚伧等主编:《首都志》卷十三,正中书局,1935。
②参见乔继堂等主编:《中国岁时节令辞典》,中国社会科学出版社,1998,第239 页。

中国园林景观建筑中的民俗观

　　中国园林是中国文化的缩影,其景观建筑包容着天文观、地理观、阴阳观和人生观,作为艺术与生活的统一,构成了中国民俗的一个特殊的表现领域,也形成了中国园林景观建筑的独特风格。所谓"园林景观建筑",包括楼台馆榭、亭房廊径、山石池泉、船桥栏靠、龙墙漏窗、奇花异木、嘉卉珍果、装饰摆饰等,涉及园林中的主体建筑、小品配置和细部装饰。所谓"民俗观",则指风俗观、生活观,作为人的生活需要、理想追求、情感抒发和信仰寄托的象征表达,它们通过叠山、理水、造屋、铺路、装饰、摆饰、小筑、对景、借景、莳花和植木等造园手法,反映出寄寓在园林艺术中的文化传统、社会风尚、审美习惯和园主的个性风格。

　　中国园林景观建筑中的民俗观,作为生活与艺术的无声表达,主要表现出"刚柔相济,阴阳和顺";"时空流动,内外交通";"除凶纳吉,入世乐生";"统一变化,彰显个性"等基本的文化特征。

一　刚柔相济,阴阳和顺

"刚柔相济、阴阳和顺"是大自然的法则,也是人生之道和中国的民俗传统。作为理想的境界和精神的家园,中国园林追寻着这样的法则和传统。在园林景观中,往往山水同在、曲直互见、虚实对应、强弱并用,表现为刚柔、阴阳的协调、和顺,人生与自然的呼应、谐同,以及不偏不倚、能屈能伸的心境与气度。中国古代的私家园林多为园主隐入"城市山林"的别业,他们曾经为官或经商,崇文而知礼,大多信天理、重人伦、爱自然、读诗书,讲求人文与天文的交并、人道与天道的统一。

在和谐、统一的宇宙观与人生观的潜移默化下,园林景观的建筑往往带上了哲学应用的意味。例如,在中国园林的建造中,人们总少不了运用叠山、理水的基本造园方法,而山、水正好给人以刚柔、阴阳对照的直观印象和相反相成的哲学联想。山石的高耸、坚挺,带上了阳刚气息,而池水的静谧、幽曲和轻缓的涟漪则成了阴柔的象征。

关于石与山的相互关系和文化判断,在中国古代文献中多有著述。《说文》曰:"石,山石也。"《释名·释山》曰:"山体曰石。石,格也。坚捍格也。"《经籍籑诂》卷十五引《周礼·大司徒》注曰:"积石为山。"因此,中国园林中的片石或叠石大多有"山"的取意。古人认为,山能布气调神,①为"阳精德泽所由",②故被视作"阳"的象征。至于水为"阴"之说,也屡见于中国汉代的古籍。《论衡·顺鼓》曰:"水,阴也。"《白虎通·五行》曰:"水者,阴也","水者,盛阴者也。"《淮南子·天文训》曰:"阴气为水。"③其实,山、石在古人看来,本也具有阳、阴之性。《春秋公羊传注疏》卷十七云:"山者,阳精德泽所由,生君之象。"《春秋穀梁传注疏》卷十三引汉许慎之说云:"山者,阳位,君之象也。"山因雄健高峻、与天相接,被视作"阳"的象征。《尔雅》云:"山西曰夕阳,山东曰朝阳。"此说强调了山的东西两面均与"阳"相关。然而,"石"却又被古人视作阴类之物。《经籍籑诂》卷第一百引《汉书·五行志》云:"石,阴类也。"又引《春秋穀梁传》云:"石者,阴德之专者也。"因石为"山物"或"山体",往往隐没山中藏而不露,故古人又有"阴类"的联想。实际上,山本身也有"阴阳"的因素,山之南称之为"阳",山之北称之为"阴",阴阳同在的认知,构成山"吐生万物"的信仰基础。唐代欧阳询《艺文类聚》卷七引《韩诗外传》曰:

> 山者,万物之所瞻仰也。草木生焉,万物植焉,飞鸟集焉,走兽休焉,吐生万物而不私焉,出云导风,天地以成,国家以宁。

---

①《春秋说题辞》云:"山之为言宣也。含泽布气,调五神也。"
②《春秋公羊传注疏》卷十七云:"山者,阳精德泽所由,生君之象。"
③见《经籍籑诂》卷三十四"水"。

"天地以成,国家以宁"是和谐世界的最高表现,也是刚柔相济、阴阳和顺的内力驱动。

此外,水也联系着阴阳,所谓"水之南为阴、水之北为阳",乃从河的南北岸受光与背光的不同联想到"阴"与"阳"的对应,以及它们之间的互联互通。

可见,山、水在文化观念中各有阳、阴的深层意蕴,其自身及彼此间又因阴阳同在而自然、和顺。叠山与理水手法的并用就在于追求阴、阳的同在与和顺,从而为园林提升美感,并营造安宁的气氛。

在中国园林中,不仅在地上植有石峰、石山或片石,人们更在池中水际立石为岛,以象征的、模拟的方式追仿海上五神山或三神山的神话意境,从而使园林景观带上了神话哲学的成分。此外,园林建筑与配物还采用多重对应关系来表达阴阳的相伴相随与调和一统的立意。例如,建筑的立柱和墙体都是笔直的,但屋面、角脊则是弯曲的;厅堂、房室、水榭等建筑的平面一般讲求方正,但路经、迴廊、池岸则多取曲折;园中的树木,以松木为刚劲,以池柳为柔弱;等等。这些对应的配置,除了增加视觉上多重变化的赏景效果,更在于从功能上表达刚柔相济、阴阳和顺的造园主题。

二 时空流动,内外交通

中国园林有"虽由人作,宛自天开"的审美定势和文化追求。园主虽因辞官或歇商而揖别尘世,遁居别业,却思接千载,心连天下,常怀抱合四时、交通内外之想,欲在时空驾驭和内外通达的幻想中实现精神的自由。拿扬州个园中的四季叠石来说,其园以笋石为"春山",以太湖石为"夏山",以黄石为"秋山",以宣石为"冬山",表现出一日之内、一园之中的四时之景和相互间的映照、连接与流动。主人或坐春山,或登秋山,可在夏山纳凉,可临冬山赏雪,如此叠石,营造出了季节更迭、空间流动的景观。园主坐拥四季石山,便一扫蜗居的闭塞和困顿,从而得到逍遥于人世与宇宙之间的快乐。

　　在园林中,厅房楼馆与石山、回廊等虽有平面上的高差,但在造园过程中却往往能做到相互衔接,通连变化,这除了在技艺上表现出造园者们独运的匠心,也在观念上表现出他们对园景时空相贯、彼此流动意境的心向神往。时空衔接、彼此流动的造园思想本来自宇宙法则的启示,也来自人们对传统民俗生活的观察和体验。人生礼俗中的生死相连和阴阳两界间的交通转换;岁时民俗中神秘的时令观念和周而复始的再现特点;神话和传说中有关物物相通、时空生成与变化从无序到有序的循环往复,以及神们上下于天、来去无碍、神人相感的叙说;建筑民俗中"上梁正逢黄道日,立柱巧遇紫微星"之类的吉语应用,以及在"天似穹庐"的建筑宇宙观影响下产生的"五月不上屋"的禁忌,等等,都能诱发时空流动的联想,进而体现在园林的景观设计中。

　　中国园林的一些造园手法还旨在突破园墙的阻隔,追求内外的交通，把园内小天地与园外大世界勾连起来，从而扩大赏景的视觉空间和想象的心灵空间。除了园墙的花窗、漏窗的设置，园林墙角、墙边常见小筑和花木，以改变实墙的沉重和单调，并以窗外对景的形式实现空间的变化与延伸。至于"借景"手法，在造园中也多有运用，其目的就在于突破园林中有限的赏景空间，并从视觉到感觉实现内外的交通。明人计成《园冶》中有"借景"之法，他所说的"萧寺可以卜邻，梵音到耳；远峰偏宜借景，秀色堪飡"，就是要从听觉和视觉上拓展园景的感受空间，打破园墙内外的无奈分隔，达到在园内外心驰神往的自然交通的目的。

在中国园林中常见有船形屋、石舫一类的构筑，例如，在扬州的汪氏小苑中有船形屋的建造，在南京煦园水池中有石舫的砌筑等。船屋、石舫作为景观建筑，所表现的是水陆的相通，内外的相连，显示出园主虽在园内，却能乘船远行，并使想象的能游走景外的交通功能得到有效的发挥。

三　除凶纳吉，入世乐生

民居建筑为"居有所安"，多有镇物与祥物的应用，以退避凶殃、纳吉迎祥，营造吉宅瑞屋的气氛。中国园林建筑亦是如此，也借助构件、装饰、配物、摆饰等表达园主长乐未央、入世乐生的情怀。

所谓"镇物"，又称"禳镇物""辟邪物""厌胜物"，作为传承性器物文化,它发轫于人类社会发展的低级阶段,并随着人类生存空间的拓展、创造手段的丰富及生命意识的增强而愈来愈曲奇庞杂。镇物以有形的器物表达无形的观念,在心理上帮助人们面对各种实际的灾害、危险、凶殃、祸患,以及虚妄的神怪、鬼祟,以克服各种莫名的困惑和惶恐。镇物所辟剋的对象多为鬼祟、物魅、妖邪、精怪、阴气、敌害之类,具有神秘的俗信色彩。由于这种功用的间接性同对象的虚无性、方式的象征性、效果的模糊性和形制的驳杂性并存,因此,镇物历来就显得奇奥而神秘。

镇物作为心化的器物,或物化的精神,是一定历史时期人们的生活实录和心理陈述,也是人们对己身趋吉避祸心态所作的艺术的与哲学式的表达。虽然它联系着神话思维、巫术观念和宗教信仰,但作为一种文化的形态,一种风俗应用的工具,一种寓意明确的象征,表现为对生命、生活的热爱,对现世幸福的憧憬,以及对未来岁月的祈愿。

镇物在园林景观中多有所用。诸如,园门前的石雕门当,以形似大鼓,声似雷霆以除妖;大门内的土地小庙,护佑宅室人口平安;建筑正脊上所做的鸱尾或鸱吻,借助来自印度的河神摩羯以吞火怪;角脊上的神兽和瓦将军,以及带有虎头、八卦等图纹的瓦当和滴水,檐下斜撑的狮子木雕、地下阴沟的古钱纹盖板等,都具有除凶镇辟的文化功能。它们或吞火怪,或阻阴邪,或驱鬼祟,以艺术装饰的方式在美化园景的同时,旨在维护园宅的平静和安宁。

而用以纳吉的祥物,在园林中更是处处可见,俯拾即是。所谓"祥物",又称"吉物""吉祥物",系由原始崇拜物、巫具、宗教法具等而衍生出的福善、嘉瑞的象征物品,它借取自然物、人工物及其他文化形态,遵循物物、物事、物人相感的原始逻辑,在礼俗应用中表达明确而强烈的祈福纳吉的功利追求。"祥物"的名称在汉代已经出现,《后汉书·明帝纪》有载:"祥物显应,乃并集朝堂。"祥物的构成体系,包括日月星辰、山水云气、神佛仙道、动物植物、神兽灵物、日用器具、武器工具、乐器珍玩、经籍图画、文字符箓等,即一切被赋予祥瑞嘉庆意义的自然物、人工物及其文化符号。由于祥物多用类比的、象征的、联想的方式而承传、应用,故而含蓄委婉、曲奇多趣。

园林景观建筑中的祥物也多彩多趣。门窗、裙板、栏板、墙壁、地面、梁柱上的木雕、砖雕、石雕、彩画作品,大多为各类吉祥图案,常见的有盘长纹、卍字纹、方胜纹、万寿纹、冰裂纹、葫芦纹,等等。园中建筑所配的楹联大多为写景抒情的吉祥话语;园内各门的砖雕雕题额多为"通幽""入胜""赏心""揽月""和风"一类的风雅和吉祥的语词;室内摆设以瓶、镜表"平静",以三星的瓷像表福禄寿进门;而建筑上的装饰图案以卍字纹、长寿纹、团寿纹、梅花纹、蝙蝠纹、鹿纹、鱼鳞纹等为多,均有纳吉迎祥的取义。

四 统一变化,彰显个性

园林景观的设计将建筑、山石、水池、花木、路径、小桥、石舫等部分有机地整合在一起,形成一个错落有致、相互衔接、风格统一、独具个性的整体。园林设计讲求统一中有变化，共性中显个性，从而展现园主的文化素养和艺术风格。

中国园林的建筑不仅有体量尺度、几何平面、屋脊形式、回廊复道的变化，还有位置、标高、花木配置、衬景、对景、借景、路径通连等考虑，一般均讲究景到随机，步移景换。例如，园墙一般都坚实、高厚，以营造出一个远离市井尘嚣的"城市山林"，但墙体又不可显得过于沉重和单调，于是人们在墙体前植花木、立石峰、砌小筑、修半亭；此外，还将墙头砌为龙脊，以曲线来改变直线的单一，并产生静中有动的视觉感受。

中国园林的门窗变化多样，是构成园林景观的一个重要方面。门有长方形、圆形、六角形、葫芦形、宝瓶形等做法，而窗扇，尤其是墙体的漏窗，更是图纹多样、造型各异。园林中的木窗或石窗，除了方形、圆形的基本造型，还见有扇形、书卷形、梅花形、六角形、树叶形、寿桃形等多种样式。这些门窗形制的变化旨在打破园林景观的单一，显现统一而变化的特征。

再拿园景中以卵石铺设的"花街"说，它除了改变地面的质地与色彩，也铺就题材不一的吉祥纹样，诸如：仙鹤、回头鹿、菊花、梅花、方胜、盘长、"五福捧寿"、"平安富贵"、"必定如意"、"福在眼前"、"鱼跳龙门"等等，成为园林中又一道既统一又变化的民俗景观。它呼应并衬托着园中的建筑与花木，在渲染吉祥气氛的同时，又成为不同景观建筑的有机连接与自然过渡。

　　从上述民俗观在园林中应用的简略讨论,我们不难得出这样的认识:中国园林景观的建设不仅是建筑与技术的问题,也是民俗与文化的问题。其中的哲学思考、美学法则、功能追求、文化背景等都有民俗传统的影响,反映了民俗观对园林景观建筑具有潜隐而实在的作用。

(原刊于《东南大学学报》2012年第5期)

苏南傩面具略论

一 傩面具概说

面具文化发轫于原始社会阶段,从陶面具、玉面具到青铜面具,早期的面具作为崇拜与祭祈的对象虽不一定作佩戴之用,但"假面"之制却已由此形成,并成为后世傩面具的先型。

从定义上说,所谓"面具",指人们利用自然物或人工物,模仿人面或兽头而制作的各种狰狞的、滑稽的、英武的或和善的人格化的角色象征,它们往往被赋予超自然之力,在祭祀仪式或相关表演中用以近神远鬼、乐神娱人。

在名称上,面具在民间有多种称呼,如"假面""神面""大面""代面""神头""鬼脸壳""鬼面""面子""脸子""脸壳",等等。其中的"假面""神头",除指戴于口耳的一面刻画的"面具"外,也指四面刻画的"套头"。① 当今在民间舞蹈中还能见到的"大头娃娃"之类,就是"套头"假面的遗存和衍化。此外,在古代还有"倛""魌头""魁"等名称。② 称呼的纷纭迭出,正反映了中国面具的源远流长和面广量大。

傩面具伴随着傩文化在中国有广阔的地域分布,据统计,面具文化流布地包括苏、皖、赣、两湖、两广、川、黔、滇、藏、陕、晋、冀、新疆、内蒙古、东北等20多个省(区),涉及汉、土家、苗、瑶、侗、壮、彝、藏、布依、哈尼、毛南等近40个民族。③

1.傩面具的类型

傩面具自古数量众多,在宋代有"八百枚为一副"之载,陆游《老学庵笔记》曰:

> 政和中,大傩,下桂府进面具。比进到,称一副。初讶其少,乃是以八百枚为一副,老少妍陋,无一相似者,乃大惊。

此外,在清代有"面具千面"同时出演之载,赵翼《檐曝杂记》记承德行宫戏中的面具道:"有时神鬼毕集,面具千

---

① 李调元《弄谱》曰:"世俗以刻画一面,系于口耳者,曰'鬼面',兰陵王所用之假面也。四面具而全纳于首者,呼曰'套头'。"
② 《轩辕本纪》:"今人驱傩出魁,击鼓呼噪何也?"
③ 数据参见庹修明:《叩响古代巫风傩俗之门》,贵州民族出版社,2007,第20页。

面,无一相肖者。"

从当代傩面具的遗存看,贵州地戏的面具有百余面之多,黔东北现存老面具1500面以上,江西南丰保留傩面具近百面,南京高淳现有傩面具亦在百面以上,广西、云南、安徽、湖南等省现存面具也为数不少。对这些面具的类型,我们可根据材质、角色、形制、色彩等做出不同的划分。

从材质方面说,目前遗存的傩面具在用材上,以木头为主,亦有布、纸、皮、龟甲、头骨、树皮、椰壳、葫芦、青铜等。因此,根据所用的材质,可作"木面具""布面具""纸面具""皮面具""骨面具"等简单的类归。

从角色方面说,根据身份与性质,有人将黔东北傩戏面具分为"正神""凶神""世俗人物""丑角"和"动物"5种类型。[1] 此外,还有把中国的傩戏假面分为"老态面具""滑稽面具""雷神面具""将帅面具""判官钟馗面具"和"鬼神面具"等几类。[2]

从形制方面说,傩面具有"全脸""半脸""开合脸""套头"和"魁头"等五种基本类型。此外,云南的"吞口"、各地民间舞蹈中的"大头娃娃"等,则是傩面具在晚近时期的变异形式。

所谓"全脸"面具,即面具完整,戴上可覆盖傩文化表

---

[1] 喻帮林:《黔东北傩戏面具漫谈》,《傩魂》,贵州民族出版社,2003,第151页。
[2] 广田律子:《"鬼"之来路——中国的假面与祭仪》,中华书局,2005,第105页。

演者的全部面孔，其眉、眼、鼻、腮、嘴等部位均有，不论写实或夸张，其表现都比较逼真。大部分傩面具都归属"全脸"面具。

所谓"半脸"面具，即半截面具，它们往往没有下巴，面具仅遮挡傩表演者的面颊和鼻、眼，有亦幻亦实、亦人亦神的感觉。

所谓"开合脸"面具，即多层面具，往往为两层，外层从脸的正中分为两半，可或左或右地打开，与里层的面具构成新的面孔。一副两层的"开合脸"面具可构成四副面孔，即全闭、左半开、右半开、全开共四种。南京高淳的"开合脸"面具主要表现傩神的变身、变形。这种借助面具的多角色转换，带有神秘古奥的气息。此外，还有三层六目的面具，它可上下拉合，形成纵向排列的三面面具，这类傩面具出自广西桂林，也是用以表现角色的转换和一人多面性的特点，其具代表性的面具角色有托塔天王李靖等。

所谓"套头"，不同于片状的面具，而是圆雕的中空的大头，它不像面具戴在脸上，而是套在表演者的头上。在南京高淳的傩舞《跳五猖》中，道士、和尚等角色的面具就使用了套头，与五猖神、判官、土地神的面具在形制上完全不同。

所谓"魁头"面具，即面具和装饰头部的神界背景连成一体，因体量硕大、份量较重，故被称作"魁头"。"魁"有高大之意，因"魁为首"，又有"大帅"之说。[1] "魁头"面

---

[1] 见《经籍籑诂》卷九"魁"。

具属于傩文化的现象,《轩辕本纪》有"今人驱傩出魁,击鼓呼噪何也?"之载,可见,"出魁"是驱鬼的傩仪。当今"魁头"面具主要见于江苏南京的郊县高淳,及与其临近的部分皖南地区。"魁头"上除了有主神面具,还有众神像和排列密匝的花树枝叶,其总高度大多在1米以上,显得魁伟高大。

从色彩方面说,傩面具有"素面具"和"彩面具"的区分。"素面具"一般由木头雕刻,不施油漆,在傩戏面具和萨满面具中均可见到;"彩面具"则在制作中涂刷油漆,并用油彩勾画脸谱。前者显得古朴、原始,后者则从视觉上增强了面具的艺术效果。

2.傩面具的制作

傩面具的制作一般选用白杨、丁香木、柳树等质地比较细软的木料进行加工。其主要工序,在贵州的安顺有"一坯""二坯""三坯""上彩"等几道;而在贵州的松桃,傩面具的制作则有"选材""取样""画型""挖瓢""雕刻""打磨""油炸""上彩开光"等8道工序。据喻帮林的介绍,松桃这8道工序的做法和目标是:

(1)选材。选取白杨或柳树为原料,白杨木质轻而不易开裂;柳木在民间是辟邪之物,具有吉祥的取义。

(2)取样。根据树木的大小、现状,确定面具的长短,然后用锯子按尺寸下料,一般要比人头稍大、稍长、稍宽。面具的长一般为15—30厘米,面宽为15厘米左右。

（3）画型。在所下的木料上用笔勾画出面具人物的脸型轮廓。

（4）挖瓢。根据人物脸谱的轮廓形象进行加工，先从背面用挖刀把瓢型的凹处挖出，形成瓢模坯型。

（5）雕刻。瓢模坯制成后，开始着手雕刻，用角刀、平刀、洗刀等工具按人头的比例，把眼、鼻、口、眉、头饰等一一刻出，形成面具的雏形。

（6）打磨。面具雏形雕刻完成后，就用刮刀、瓷片、粗细砂石等进行打磨，使之光滑。

（7）油炸。为了让面具经久耐用不变形，打磨好的面具要放入一定温度的桐油锅里，待油炸到面具颜色发黄即捞出，使之冷却。

（8）上彩开光。将油炸冷却后的面具再用粗细砂石打磨一遍，然后着色，上光油开光，最后根据角色形象配上须发和装饰，面具制作即告完成。①

经过这8道工序，能制出神鬼、男女、凶恶、友善的各种面具角色。

在黔东北傩面具多由傩坛中的"雕法师"刻制，他们除了做面具和道具也参加法事和表演活动，而苏南的傩面具一般由技艺高超的木工师傅在家庭作坊中制作，他们一般不参与傩神的祭仪和傩舞的表演。

在苏南，面具的制作多选用杨木或柳木，也有用樟木、

---

① 喻帮林：《松桃苗族"傩愿"及其面具工艺浅谈》，《傩魂》，贵州民族出版社，2003，第193—194页。

桦木的。制作工序包括：选材、下料、煮木、阴干、雕形、打磨、批腻、刷底色、彩绘等。其中，"雕形"先定中线，再先粗后细地雕刻，民间艺人一般不用画稿，按传统样式的腹稿制作。打了腻子后，面具所加的底色一般取红色。所用的工具包括斧头、圆凿、扁凿、三角凿、蝴蝶凿等近30种。

3.傩面具的功用

傩面具的传承与应用在中国已经历了数千年的发展历程，它在社会生活中以信仰的、审美的、风俗的和艺术的方式发挥着多重的文化功用。及至当代，傩面具除了辟凶除害、迎年祈福的精神追求，还有表演陈列、装饰商卖等实际的功能作用。功能决定了傩文化在时间向度上的存废消长，也决定了其面具在空间向度上的传承与应用。作为人的需要的反映，傩面具不论是用来驱凶，还是用来纳吉，都有其存在的合理性，都有其复杂的文化内蕴，需要深入地发掘和认知。

（1）辟凶除害

傩文化的仪式及其面具所驱辟的"凶""灾"，指疾疫、疫鬼、寒气、阴气、恶鬼、鬼魅、鬼祟、方良（魍魉）、黄鬼、虚耗等，并形成"逐疫""驱疫""殴疫""逐疫鬼""逐阴""埋祟""殴方良""捉黄鬼""攆虚耗""打野胡""跳五猖"等驱傩活动。

傩及其面具的"驱疫"功用，早在周代已经产生。《周礼·夏官》载：

>方相氏掌蒙熊皮,黄金四目,玄衣朱裳,执戈扬盾,帅百隶而时傩,以索室驱疫。

所谓"黄金四目",就是面具的应用。傩本为了"驱疫疠之鬼",又谓之"害除",直到汉代人们仍视疾疫为鬼祟,沿袭以傩"逐疫"之说。《后汉书·律历志》曰:

>季冬之月,星回岁终,阴阳以交,劳农大腊。先腊一日大傩,谓之逐疫。

驱疫疠之鬼的"害除",又称作"埋祟"。孟元老《东京梦华录》卷第十"除夕"条载:

>至除日,禁中呈大傩仪,并用皇城亲事官。诸班直戴假面,绣画色衣,执金枪龙旗,教坊使孟景初,身品魁伟,贯全副金镀铜甲,装将军。用镇殿将军二人,亦介胄,装门神。教坊南河炭丑恶魁肥,装判官。又装钟馗、小妹、土地、灶神之类,共千余人,自禁中驱祟,出南薰门外,转龙弯,谓之"埋祟"而罢。

可见,宋代的傩仪已有众多的角色,其类型开始由仪式向表演的方向演进,其基调则由严肃转向谐乐。到清代,甚至由丐者扮演的傩舞"跳钟馗",也在"逐鬼"的主题下增添了逗乐的成分。①

面具能辟凶驱邪的信仰还体现在民间的风俗活动中,

---

① 顾铁卿《清嘉录》:"丐者衣坏甲胄,装钟馗,沿门跳舞以逐鬼,亦月朔始,届除夕而止,谓之'跳钟馗'。"

宋人陈元靓引《岁时杂记》说到面具"施于门楣"以作为除日的镇物。① 贵州民间有"一傩冲百鬼"的谣谚,而明代的冯梦龙则记述了面具除怪的故事:金陵一卖"鬼脸子者",以面具吓得黑鱼精招认与人家小姐私通,并被擒获,终遭杀而腌之。② 辟凶成为面具最常见的功用之一。

(2)迎年祈福

傩仪活动和面具的使用主要在除夕和新年期间,具有突出的迎年祈福的取义。除日的以驱鬼逐疫为主旨的巫仪傩祭,实际上,就是为排除岁末的阴气、凶殃,迎来新岁的太平、吉祥。面具在岁除的出现如同门神、门钱的贴挂和"天地""百分图"之类的纸马祭供一样,意在为新年祈福。傩面具所谓的"除旧德""立新德"之功,包含着送寒气、迎春气的现实追求和逐阴导阳的信仰观念。③

在江西乐安县流坑傩的面具中,有武财神赵公明和关公,专司赐福的天官,执掌文章文运的魁星神君,以及表夫妇甜蜜和兄弟亲和的和合二仙等,这些吉神面具的应用表明了傩面具及傩戏表演具有借助角色而祈福的成分。

在傩戏和傩仪中还常见手拿长斧的开山者或开路先锋,他们都是作为山神或山神的化身而出现。山在中国古人看来是"阳精"的象征,也是"生君"之象。《春秋公羊传

---

①陈元靓《岁时广记》卷四十引《岁时杂记》曰:"除日作面具,或作鬼神,或作儿女形,或施于门楣。驱傩者以蔽其面,或小儿以为戏。"
②见冯梦龙《谭概》卷三十四。
③高诱《吕氏春秋·季冬纪》注曰:"大傩,逐尽阴气为阳导也。"

注疏》卷十七云:"山者,阳精德泽所由,生君之象。"此外,《春秋穀梁传注疏》卷十三引汉许慎之说云:"山者,阳位,君之象也。"山因雄健高峻,与天相接,被视作"阳"的象征,故此,《尔雅》称:"山西曰夕阳,山东曰朝阳。"此说强调了山的东西两面均与"阳"有关。因山为"阳",山神便无疑是"阳神"了,故能驱邪辟鬼,并带来健康、丰足、兴旺和幸福。

(3)表演陈列

傩面具就表演的功用来说,主要应用在傩舞、傩戏和傩仪方面,并主要以动态的过程来展现信仰的和娱乐的内容,从而在一定社会群体的节日活动中发挥出满足、教化等功能作用。

在当今文化旅游资源的开发与应用中,贵州、江西、安徽、江苏等地均对当地的傩文化遗产加以了保护、开掘和转化,并利用傩舞、傩戏等先天具有的表演性质,形成具有地方特色的旅游产品。例如,贵州安顺的地戏与屯堡景点结合,形成能引发游客兴致的旅游项目;傩舞"跳钟馗",成为安徽歙县乡村旅游的特色文化;南京高淳的傩舞"跳五猖"引入了县城老街"一字街",成为仿古戏台上最受欢迎的节目之一。这些以面具为标志的傩文化,不论在乡野的岁时节日生活中,还是在旅游项目的开发与应用中,都以其展演性而显示出满足的功能。此外,河北的《捉黄鬼》,因有惩戒不孝的内容,其表演则具有教化的功用。

至于伴随民俗生活的各种傩文化形态,诸如《跳灶王》《跳加官》《跳灵官》《跳财神》《耍大头》《跳魁星》《跳马灯》之类的傩舞和其他傩戏表演,较少敬神逐鬼的气氛,在乡民生活中发挥着娱乐的与满足的功能。

近年来,傩面具的陈列、展示也已受到普遍的关注,一些博物馆或艺术馆举办过多次的面具专题展览。例如,在贵州安顺的屯堡,常年都有地戏的表演,其舞台的两旁就有傩面具的陈列,使舞台上下动静交并,让人目不暇接。面具的陈列不仅有保护与观赏的功用,也有学术研究和认识教化的作用。

(4)装饰商卖

傩面具在当代具有装饰美化的功能应用,一些地方和场合用面具作环境装饰,并主要用于广场、景点、饭店、茶楼及其他较大的公共活动空间,以彰显地方的和民族的特色,渲染民俗的与艺术的气氛。

在广西环江县中心的民族文化广场,有毛南族自治县的标志性建筑——"盛世祥傩"群雕。它由72块傩面具垒成,主体雕塑高18米、宽12米,重达2000多吨,整个雕塑占地120平方米,号称"天下第一傩"。[①] 这一面具雕塑群不仅装饰了广场,体现出当地的文化资源特色,而且配合了毛南族的"庙节",即分龙节的三界公爷的傩祭活动。

傩面具在艺术装饰中的应用,扩大了面具文化的影响,为环境艺术设计、景观艺术设计提供了资料和手段,并

---

① 参见朱奕《傩戏班的春天》,载《人民政协报》2009年8月14日A1版。

以面具特有的视觉冲击力扩大了其功用的空间,推动了傩文化的传承和传播。

傩面具也能作为文化产品进入艺术市场,成为商卖活动中的最具特色的艺术品类之一。面具在古代就早已作为文化商品买卖,且价格不菲。宋人范成大《桂海虞衡志》曰:

> 戏面,桂林人以木刻人面,穷极工巧,一枚值万钱。

这既说明宋代的桂林在面具制作方面极为工巧,因而价格高昂,同时也透露出在北宋繁荣的商卖市场中傩戏面具也是炙手可热的文化商品。此外,明代冯梦龙的《谭概》写道,在金陵有挑担专售面具者。面具作为商品,这种走街串巷叫卖的存在,说明当时的普通市民对面具需求的广泛。

在当代,随着文化遗产意识的增强,对装饰风格民族化的热衷,文化艺术市场的繁荣,民众文化消费能力的提高,面具市场也愈来愈活跃。在傩文化传承地、展演地、陈列处、旅游景区、文化大市场等处,常见面具的销售,面具通过商卖而进入当代的寻常人家,发挥装饰、收藏、怀旧、鉴赏等作用,满足着人们信仰之外的功能追求。

二 作为傩文化现象的苏南傩面具

1.苏南傩文化背景

(1)浓郁的巫风

江南吴地作为荆蛮之地,自古巫风盛行,相对于中原地区较早进入文明时代来说,吴地曾长期处于蛮荒状态。鬼神信仰的深厚基础,人与自然浑然不分的思维逻辑,鱼米丰足的原始经济状况,使吴地的巫术活动十分活跃。《战国策·赵策》有"黑齿雕题,鳀冠秫缝,大吴之国也"之载,"黑齿雕题"指染齿和文身,"鳀冠秫缝"则指其发展迟缓、装束原始,字里行间透露出自然宗教的气息。

苏南浓郁的巫风,通过鱼蛇崇拜、立庙祭祀、稻米信仰、行巫杂俗等而显现出来。

鱼蛇崇拜属动物崇拜,它主要包括鱼的信仰崇拜和蛇的信仰崇拜等方面。苏南水源丰足,河流、湖泊数不胜数。单说较大的湖泊,就有太湖、阳澄湖、金鸡湖、长荡湖、滆湖、固城湖、石臼湖、玄武湖等,丰富的鱼类资源不仅构成苏南先民的食物来源,[①]而且成为信仰的中心。在吴语中,"吴"与"鱼"的发音相同,实际上,吴人就是鱼人,即鱼的氏族群体。

至于蛇的崇拜,与龙的崇拜相互交叉,吴越之民的断发文身,本为扮作"龙子",是一种拟龙、亲龙的信仰。在江南吴地,蛇是作为仓神而受祭拜的,俗信蛇与粮多仓满联系在一起。至今在江南宜兴、常州一带还流传着刻印蛇图像的纸马,蛇被称作"蛮家",又称作"仓龙",或称作"天龙"。在苏州娄门还建有蛇王庙,据《吴门表隐》载:"蛇王庙,在娄门城下,向在城外,地名毒蛇墩。凡捕蛙者,祭献

[①]《汉书·五行志》曰:"吴地以船为家,以鱼为食。"

不绝。明末移建今所。"俗传，四月十二为蛇王生日，吴人多往蛇王庙祭拜，并以庙中乞得的符纸粘贴自家户牖，信其能远蛇毒。这里的拜蛇、蛇符均属巫术现象，被清人蔡云称作"妖氛"。其诗云：

日交蛇位麦登场，日纪蛇生验雨旸。
更怪妖氛干正气，丛祠香火拜蛇王。

可见，崇蛇的巫风到清代在吴地依然盛行，并构成吴地文化的标志之一。

立庙祭祀在苏南也较为普遍，其中不乏巫术的成分。除了上述苏州的蛇王庙，还有五通神庙、五猖庙、八蜡庙、狗王庙、刘王庙、山神庙、火神庙、蚕神庙等。其中，苏州上方山"五通神庙"的"借阴债"；行凶作恶，但能乱丢抢来钱物、让人意外发财的五猖神；祭拜蝗虫，避免虫灾的八蜡庙祀；以狗为先祖或忠犬而塑像庙祭的"狗王庙"或"狗头庙"，以除蝗英雄刘猛将军为庙祀对象的"刘王庙"或"猛将庙"，等等，其信仰与活动都有巫风的印记。

至于苏南以面具为庙祀对象的神祠小庙，更具有巫风的气息。例如，高淳的祠山殿中的祠山大帝魁头，配祀的五猖神的面具，和尚、道士的套头，关公、太子、元帅、土地、判官等面具以及眼光娘娘、斑疹娘娘、天花娘娘的塑像等；东坝降福殿和张巡庙里的东平王张巡、元帅、将军、总兵、城隍、土地、祠山、二郎神、关公、五方神、晏公、刘猛将等面具，它们既是出巡时的神列，又是庙祭的对象。面具与塑像、雕像相比，在视觉效果上更为古奥而怪异，因其形象的不完整及傩事中的应用，更具有巫术宗教的神秘性质。

稻米信仰与农耕社会的生产、生活密切相关，作为稻作文化的一部分，其中不乏巫术的成分。在苏南吴地，在稻米信仰中有"供米驱邪""撒米找魂""糙米收晦""稻穗镇宅"等具有巫术气氛的风俗。

所谓"供米驱邪"的"供米"，指春节用以斋神、祭祖的放在堂前的一碗米，也有说是供米神的，它常年供放，俗信可驱邪鬼。在无锡地区流传着这样的谣谚："米是宝中宝，斋神最最好"，"堂前供米神，邪鬼勿进门"。

所谓"撒米找魂"，指小孩受了惊吓，夜里啼哭或胡言乱语，家长就认为他丢了魂，魂被鬼勾去了，于是用撒米的方式把魂找回来。或者把米放在病人枕边，撒少许米到床上，拍床沿喊"归来吧"，"归来了"！或者带一碗米上屋顶，于二更过后把米撒向四周，并呼喊儿名，以家人的应答表魂已找回。

所谓"糙米收晦"，指农家在碾米时留一碗或留一升糙米，叫做"灰米"，米上再撒少许稻草灰，放在家中，俗信能吸去全家的晦气，保佑一家人四季平安。

所谓"稻穗镇宅"，指农民们在自家门前屋檐下挂三五个稻穗，信能镇护宅院，有俗谚道："门上有谷神，全宅保太平。"此外，苏南从前还有用稻穗挂婚床，以祈盼多子多育的风俗。[1]

---

[1] "供米驱邪"等信仰民俗参见朱海荣《古吴春秋》（上），新疆青少年出版社，1994，第77—78页。

上述有关稻米的苏南信仰民俗，均反映出巫术在当地生活层面的深远影响。

在苏南地区的古今风俗中，遗存着大量的行巫杂俗，表现在护儿、乞子、镇宅、治病等许多方面。

在护儿方面，新生儿的衣胞不能随便丢弃，不能让野狗吃了，要装入瓦罐深埋，一般埋在路道上、石板下，或埋在男厕所的路下，俗信让千人踩、万人踏，小孩才能长得健壮。二月二农家炒豆子给小孩吃，叫"吃蝎子爪"，意为小孩当年就不会被蝎子等毒虫咬了。小孩的衣服夜晚不晾在室外，并要祭供"游魂"纸马，以防这个"夜游女"滴血在小孩衣服上而害死小孩。在苏州曾有"卖痴呆"的除夜风俗，小孩子们在外面边跑边叫"卖痴呆"，大人们往往成全他们，叫住孩子，说自己要买，以使孩子们转移掉"痴呆"，变得聪明。这些护儿风俗，显然带上了巫术的印记。

在乞子方面，相关的民俗活动多具有巫术的成分。例如，在南京，中秋月夜妇女到瓜田、菜地偷瓜或豆子，作为诱发怀孕的手段；新年娘家人给出嫁的女儿送灯，以祝其有子，灯投灶中烧掉，看火势尖团、白红卜男女。在吴地，元夕妇女们相约走桥，称作"走三桥"，有的妇女在走桥中有拆一桥砖带回家的做法，俗信拱桥能诱发自己的肚子隆起，并以数字"三"兆男，以乞怀孕产子。在各地，雕花的木质婚床，以大大小小的葫芦为基本图案，称作"瓜瓞绵绵"或"子孙万代"，以此象征传宗接代、香火不熄。旧时婚嫁，当花轿快起轿离家时，娘家人会拎出一只新马桶，里面放着一包枣子、一把筷子,以寄托"早生快养"的祝愿。上述瓜豆、灯盏、桥砖、葫芦、马桶、枣子、筷子等民俗符号的象征应用,均具有巫术的性质。

在镇宅方面,借助石雕、木雕、砖雕、建筑构件、门饰等以护佑,常常显露出巫术信仰的因素。例如,石狮子、石磨盘、砖雕或木雕的狮子、老虎、石刻的带有虎头、八卦的"泰山石敢当",贴挂着门神、桃符、春联、挂钱、雄鸡图、钟馗、吞口、小镜子、八卦牌、剪刀等物的门头与窗户饰物,门当、户对、铺首、鸱吻、瓦将军、瓦当、滴水、脊饰、手纹砖等建筑构件,以及发锤、红绿布、符箓、兵器等在室内的挂置等,都在一定程度上反映了巫术观念在建筑信仰中的存在。其中,在南京高淳民宅墙体上的"手纹砖",以手印纹表两仪和五行的同在,同时以小孩的手印表通神有灵。以手印镇宅属巫术流风,在日本、韩国也有类似的巫术信仰。

在治病方面,有沉疴重病的人家请用"消灾""替身""巫师"之类的纸马祭奉,以图转走病痛;有小儿因缺钙而夜啼的人家,则用红纸写上"天皇皇,地皇皇,我家有个夜哭郎,过路君子念一遍,一觉睡到大天光",贴在男小便池附近让众人诵读,信能止小儿夜啼;有病痛而熬服中药的人家,常常把药渣倒在路道中央让人践踏,以盼集众生之阳气转移到病者身上,让他得以早日康复;旧时小孩得病,人们就请用祝由科的符纸或符水来治,等等,这些都是巫风在习俗中的体现。

苏南地区带有浓郁巫风气息的信仰民俗,构成了傩文化传承的重要基础和背景。

（2）主要传承地的文化基础

泰伯奔吴之后，江南土著的荆蛮文化便与中原的商周文化混融，形成食稻米、重商贾、好祭祀、习水善舟、好勇轻死、讲求工巧的吴文化，使苏南成为经济繁荣、文化丰厚的特殊地域。到西晋，在苏南"人咸安其业而乐其事"，"牛羊被野，余粮栖亩"，"天下无穷人"。[①]

同时商卖兴盛，"都有专市之贾，邑有倾世之商，商贾富于公室。"[②]到唐代有"赋出天下，江南居十九"之说，而宋有"苏湖熟，天下足"之谚。

吴地的经济富足使其信仰文化得以持续传承，由于淫祀、巫道盛行，《淮南子》中有"吴人鬼"之说。在巫风气息下，从中原传来的傩文化也有了立足和发展的可能。直到现在，在苏南的高淳县和溧阳市等地，还有傩祭和傩舞在传承，面具仍然是其风俗信仰和艺术活动的中心。

南京高淳 南京高淳县位处江苏省的西南角，作为边县，其地与安徽省的当涂县、宣州市和郎溪县接壤，是一个鱼米丰足、文化深厚、特色鲜明、传承持久的文化历史名县。高淳地区积淀着吴文化、越文化、楚文化和中原文化的因素，由于湖泊、丘陵较多，离中心城市南京稍远，近代以来又相对闭塞，成为江苏文化遗产蕴藏丰厚的"富矿区"。

高淳在傩文化方面遗存甚多，除了桠溪、定埠等镇有

---

① 干宝：《晋纪·总论》。
② 《全晋文》卷四十七载傅玄《检商贾》。

傩舞《跳五猖》外,傩祭更为普遍,在淳溪、薛城、阳江、砖墙、东坝、固城、桠溪、古柏等镇的乡村,以面具和魁头为祭祀对象的傩祭活动较为突出,不仅有常年的诣庙致祭,还有定期的出会巡游和赛会活动。

在高淳,民俗艺术的根基比较深厚。在传统戏剧方面,有阳腔目连戏、高淳锡剧、高淳高腔等,其中,阳腔目连戏在唱腔上吸收了皖南的"弋阳腔"和"青阳腔",结合本地的"高腔"而形成,并融合了"跳五猖""跳鬼司""跳财神"等傩舞,在元、明时期即已存在。在高淳的东坝、沧溪、阳江、固城的乡村中存留着一些古戏台,在薛城乡有搭台唱戏的"花台会",显示出高淳一直沿袭着"丰年唱戏多"的传统。

在民间舞蹈方面,高淳有东坝大马灯、固城大马灯、砖墙中马灯、桠溪小马灯、阳江打水浒、古柏跳八怪、固城武五猖、桠溪狮子灯、砖墙打罗汉、淳溪荡湖船、长芦杨家抬龙、沛桥高跷、长乐龙吟车等,其中"龙吟车"的面具、魁头、仪仗,具有突出的傩祭性质。

在民间美术方面,有道教水陆画"斗牌",有版印与手绘结合的中堂画"紫微星君",有"斩鬼""游魂""消灾""水神""螣蛇""城隍""五方神咒"等诸神的纸马,有门头壁画和灶头画,有建筑木雕、砖雕、石雕等。

在制作技艺方面,有羽毛扇制作、布鞋制作、豆腐干制作、炒米糖制作、欢喜团制作、糕饼制作、扎塑技艺等,往往都与民俗生活紧密联系在一起。

此外，高淳还有薛城和朝墩头新石器文化遗址，开凿于春秋时期的古运河胥河，古城遗址，自春秋以来人工围垦的圩田，固城和下坝汉墓群区，明清古街和徽派建筑，太平军遗址，大量的民间口承文学作品、民歌和民间音乐等。

溧阳社渚 溧阳市为江苏省众多的历史悠久、山清水秀的旅游城市之一。作为县级市，该市的社渚镇位于两省三县的交界处，即西与江苏省南京市的高淳县接壤，南与安徽省的郎溪县接壤。社渚镇始建于北宋宣和七年（1125），面积为207平方公里，总人口7.6万，下辖30个行政村和两个居委会。

溧阳社渚镇同比邻的高淳和郎溪一样，至今还见有面具和傩文化的传承。社渚的傩文化与高淳县的傩舞、傩祭，以及郎溪县的傩舞之间，既有一定的渊源联系，又有着形态上和程式上的区别，社渚蒋塘村的跳竹马、嵩里村的跳幡神、乘马圩村的冻煞窠、刘家边村的跳祠山等，都是使用木面具的傩文化活动，且形成自己的地方特色。同郎溪一样，社渚的傩文化可能是从高淳传入的，其时间当在明清之际。据在1986年民间文学普查中所搜集到的传说《跳幡神的来历》讲，嵩里村的幡神面具是在清中叶咸丰年间由放牛的牛佬们在村东庙基墩的石板下偶然发现的，它一共有27面，藏在箱子里。村上人后来戴起来跳舞取乐，传承至今。[①] 这一传说的背景可能是真实的，藏在石

---

① 江苏省溧阳县三套集成办公室编：《中国民间文学集成·溧阳县资料本》，1989，第193页。

板下的傩面具有可能是在太平军杀到溧阳时由村民们藏匿起来的，因为信奉拜上帝会的太平天国是反对其他信仰与崇拜的，因此这些面具只有藏匿才能避免焚毁的厄运。这样看来，溧阳社渚的傩面具在清中期前就已存在是可信的。

溧阳民俗文化中的四月八"乌饭节"、太平军锣鼓、踩高跷、舞龙舞狮等也烘托着傩文化的传承。其中，"乌饭"与目连救母的佛教故事相关；太平军锣鼓，由 30 多人表演，前有旌旗开路，后有刀枪压阵，身着太平军戎装，具有一定的仪式性。至于"高跷"，又称作"脚把""拐子"，溧阳高跷的角色有头陀和尚、傻公子、小二哥、渔翁、渔婆、贪官、唐僧师徒四人、白娘子、许仙、梁山伯与祝英台、八仙等，他们以手帕、扇子为道具，配以锣鼓、乐队，场面幽默、生动。它们在灯节、庙会上出演，往往与傩舞相互映衬，烘托气氛。

在溧阳也有距今六七千年的神墩新石器文化遗址，有涉及婚嫁、砌房造屋的仪式歌谣，以及大量的情歌、劳动歌、生活歌和有关历史人物、传统风俗、当地物产、山峰湖泊等的传说、故事，也构成了傩文化传承的基础和背景。

总之，溧阳同高淳一样，经济生活上的富庶，地理上与中心城市的距离较远，历史上巫风与宗教气氛浓郁，民间文化积淀的深厚等，构成了傩文化自然传习的客观基础。

三 苏南傩面具现状

1.分布与类型

苏南的傩文化和傩面具目前主要分布于南京市的高淳县和溧阳市的社渚镇,此外,在南京市的溧水县,亦见有部分面具神的傩祭活动。这些地方过去主要依靠水路通连东面的无锡、苏州、浙江等地,以及与西面的皖南地区相联系,而较少与北面的南京相往来,在语言上基本属于吴方言,与南京的下江官话有着明显的区别。高淳、溧阳相互接壤,都位于江苏省的西南地带,处在省际的交界线上,作为苏南的傩文化"孤岛",它们构成了江苏境内目前尚见面具传承的特色文化板块。

对苏南傩面具的类型,我们可以从功用、形制、结构、角色等方面加以简略的归纳。

从功用方面说,苏南傩面具分为可戴面具和不可戴面具两种基本类型。"可戴面具"属表演类面具,主要用于傩舞的表演和傩仪的出巡活动,具有角色认定、身份转换和通神显灵的艺术作用;而"不可戴面具",没有动态表演的应用,只作为静态陈列、装饰的对象和傩祭、庙祀的神物,其宗教意味更其突出。

从形制方面说,苏南傩面具分为脸壳、套头、魁头三种基本形式。所谓"脸壳",为木雕的呈弧面的面具,它可覆盖扮演者的脸面和额头,脸壳一般用油漆涂绘,其角色形象较为程式化,如祠山大帝的脸面为棕黑色,刘猛将军的脸面为深红色等。所谓"套头",即用木、纸、布等材料做成的头形假面,以套在表演者的头上,作为特殊而神秘的装扮。例如,苏南傩舞《跳五猖》中的道士、和尚等就是用套头作面具,类似今大头娃娃舞的"大头"。所谓"魁头"是高淳傩文化中最为奇特的傩面具,它包括木雕的脸壳、金枝叶和众小神。魁头在出巡时由人戴上面具,扛在双肩上,它一般有1米左右的高度,60厘米以上的宽度,重量在100斤左右。魁头一般为主神而配,出会时显得高大威武,神秘莫测。戴魁头的傩神有祠山大帝、刘猛将军、二郎神、张巡、关公、晏公、神农等。

从面具结构说,苏南傩面具有单层面具和开合面具两种,或者说,有固定的单一面具和活动的可变面具的区分。通常的木雕面具往往有固定的脸谱和专用的角色,一张面具只表现一个神灵或人物,而"开合面具"为两层面具,其第一层从脸的中部可左右打开,开左、开右、全开、全合共能形成四张面孔,起着角色转化的作用,也用来表现二郎神等神灵善变的多面性。

从角色性质方面说,有吉神和凶神两类。所谓"吉神",大多为天地神、英雄神、人杰神、道佛神等,他们是专门助人的恩神,诸如关公、张巡、张渤、杨泗、龙王、土地、二郎神、刘猛将等,他们或招财,或斩鬼,或兴水利,或除虫灾,信能带来吉祥和恩惠。所谓"凶神",能作恶害人,其形多狰狞可怖。苏南傩面具中的凶神主要是五猖神,它们的面具分别为青、红、白、黑、黄五色,其形皆龇牙瞪眼,狰狞可怖。它们因杀人劫财、放火劫色,为人们既痛恨,又敬畏,成为并不真心敬重的凶神而进入傩舞、傩祭之中。

2.活动与时空

苏南的傩文化活动,就面具使用的形式而言,主要体现在傩舞和傩祭两个方面。傩舞的种类,包括《跳五猖》《跳财神》《跳八佾》《跳幡神》《跳竹马》《跳祠山》《冻煞窠》等,均以面具为主要道具表现神人与神鬼间的关系。傩祭则主要包括庙祭、庙会等活动。在庙祭中,面具神作为尊神供奉在庙堂之中,受人香火。不论是可戴的,还是不可戴的面具,都供放在庙堂里,成为平时乡民祭拜的对象。傩祭还包括傩神出巡的庙会和赛会,例如高淳东坝、桠溪七月二十四的东平王庙会(降福会),定埠二月初八的祠山庙会,淳溪薛城三月十六至三月十八的龙吟车会,头陀村三月二十四至二十六的十菩萨会,三月中旬凤山镇永城村的大王会,溧阳社渚河口村二月初八的祠山祭鼓,正月初八至十八蒋塘村的竹马灯等,都是使用面具的傩文化活动。傩祭活动包括场祭、路祭、家祭等形式,祭祀中不乏舞蹈,因此,傩祭与傩舞并非截然分开的两个方面,而是时见交叉和呼应。

就时空来说,苏南傩面具的应用自有其惯性和规律性。傩舞、傩祭的活动时间一般在每年的正月里,在有关主神的神诞日,也在乡民选定的庙会和祭赛的日子,常年庙祀的神庙也有每月初一、十五致祭的现象。正月的傩文化活动主要在初一到元夕这段期间,而神诞日的致祭活动多集中在夏历的二、三月间,并以祠山大帝的祭祀为主。

就空间说,苏南傩面具伴随着傩舞、傩祭主要出现在神庙、谷场、路道、祠堂、戏台、广场等处,有时还进入人家驱傩逐疫,也见存放于村所、库房、老人俱乐部、村中公共用房等处。其中,傩舞的表演主要在谷场、空地和戏台,而傩祭主要在神庙、村道和村中较开敞的空地。

3.角色与应用

苏南傩文化的面具角色以主神为中心,因事用和地方的差别而形成不同的队列和组合。例如,高淳《跳五猖》的面具角色主要有东南西北中五方之神、土地、判官、道士、和尚等9个,而溧阳《跳幡神》在表演与祭祀中的角色,有祠山真君、东方甲乙木、南方丙丁火、西方庚辛金、北方壬癸水、中央戊己土、值符、三眼灵官、杨泗将军、鲍龙、鲍虎、鲍氏三娘、廉康、廉寿、福乐、福寿等。高淳东坝降福殿的傩祭神位有:张巡及二夫人、大太子、二太子、三太子、太监、十符、花元帅、火仙等。溧阳蒋塘竹马灯所配的十名战将均带有面具,其角色为:头马杨文广、二马巴焦女、三马俄皇万岁、四马焦通大将军、五马观音大士、六马吕氏一品夫人、七马黄道士、八马威化将军、九马黑魁大将军、十马祠山张大帝。面具角色的同中有异,反映了民俗与信仰所具有的地方性特点。

当今傩面具遗存在应用方面主要有传统应用和当代应用两类。所谓"传统应用",即沿袭傩文化原本的功能,以驱鬼逐疫、除凶禳祸、祈稔求丰、纳吉迎祥为追求,主要用以调节人与自然的关系,以及人与自我意识的关系,表现为生存斗争的一种特殊方式。所谓"当代应用",即新的应用领域的开拓,在功能上追求生存之外的精神需求和唯美情感的表达。例如,作为民俗博物馆和民俗艺术馆的收藏品和陈列品;作为地方的非物质文化遗产标志,成为旅游项目、建筑装饰、成果展示和地方风物;作为民间工艺品,进入艺术市场和收藏品市场;此外,还作为艺术教育和学术研究的对象,走出了乡野,进入了高等院校和科研机构。当今苏南的傩面具在"当代应用"方面除部分进入博物馆、艺术馆外,尚未像贵州、云南等省那样以文化产品的形式开启新的功用方向,仍处在发现与研究的阶段中。

(原刊于《地方文化研究》2014年第2期)

论苏南傩舞的艺术要素与文化象征

苏南傩舞的当代传承主要在南京高淳区和溧阳社渚镇一带,并以《跳五猖》《跳幡神》《竹马灯》《冻煞窠》等作品为代表。苏南傩舞和傩文化至今尚未引起学界的充分注意,其研究还显得比较寥落。苏南傩舞中的木面具及当地傩祭中的魁头,形制独特,古奥奇绝,其价值、意义的研究只有从艺术要素和文化象征入手,方可洞悉这一巫傩文化的奥秘。

一 苏南傩舞的艺术要素

1.角色与主题

傩舞作为傩祭仪式的一个部分,以夸张的动作表现了巫师以舞蹈通神的法力,它以角色间的联系与制约关系浓缩了傩仪的过程,并以动作语言表达出惩恶扬善、太平丰足的主题。

就苏南地区的傩舞遗存看,面具的使用虽点画出角色的基本形象特征,但其角色类型与相互关系却呈现出多样性的特点,需要我们多角度地对之加以认知。

从傩舞角色的属性看,有吉神和凶神之分。这一吉凶的判断乃依其与人的利害关系:凡护人佑生的神祇被视作"吉神",而给人带来疾疫、灾害、祸患、死亡的神煞则被视作"凶神"。傩舞主要表现它们之间的斗法,突出逢凶化吉的主题。苏南傩舞《跳祠山》《跳幡神》《跳五猖》中的祠山大帝就是最主要的吉神,而五猖神则是被改造了的、可以恶制恶的凶神。祠山神因为民挖沟修渠、兴修水利而受人感戴,而五猖因抢劫杀人、奸淫妇女等恶行本属凶神之列。它们的不同属性决定了舞蹈中的角色冲突和驱傩的主题。

从傩舞角色的地位看,有主导和协从的区分。主从关系虽是社会角色在神界的反映,也为了突出主神在傩仪中的地位与作用。如果说,祠山神是傩舞中的主神,那么,土地神、判官、道士、和尚等就是协从角色,它们以导引、跑场、串场、跟随等形式对明场与暗场中的主神起到烘托、勾连、造势的作用。协从的角色在场上往往以夸张的动作、滑稽的舞步反衬主神的威严和堂皇。例如,判官的夸张和滑稽的舞蹈,和尚的老妇人般的扭摆和颠步,不仅产生了谐乐多趣的现场效果,也为风格迥异的主神出场做出了配合和铺垫。

从傩舞角色的来源看,它们出自不同的系统,同傩祭中的神灵一样,它们主要来自神话系、传说系和宗教系。例如,七十三变的二郎神可归属神话系;消除水旱的祠山大帝张渤,志在斩鬼的东平王张巡,驱灭蝗虫的刘猛将军,制服恶龙、免除洪患的杨泗菩萨,残暴淫邪的五猖神等,都归属传说系;而观音菩萨、判官、和尚、土地神、道士等角色,则归属宗教系。其中,来自"传说系"的角色最为突出,他们是傩祭与傩舞中的主神,处在仪式与舞蹈中的核心位置。传说系的角色多为人杰,他们因英雄行为和崇高德行而受人敬重和感戴。不过,传说系中的五猖神本属邪神,其形成较为复杂,他们抢劫杀人、奸淫妇女的恶行可能是对骚扰我国东南的倭寇的记录,恶人也可成神,乃希望他们不再作恶。在傩舞中,五猖神已受到改造,他们以恶攻恶,成为一方的护卫者,表现出从传说到傩舞其价值取向的悄然变化。

从傩舞角色的队列看,有单个与群体之分。单个的角色包括主神祠山大帝、观音、土地神等,而作为群体出现的角色有五猖神、八恺、十马等。其中,"五猖神"包括东方神、南方神、西方神、北方神、中央神五个,它们的面具分别为青、红、白、黑、黄色;《跳八恺》中的"八恺",为八位尧舜时代的才俊,协助治理百事;①而"十马",则为《竹马灯》中的十位牵马的男女英雄,他们是头马杨文广,二马巴焦女,三马俄皇万岁,四马焦通大将军,五马观音大士,六马吕氏

---

① 《左传·文公十八年》:"舜臣尧,举八恺,使主后土,以揆百事,莫不时序,地平天成。"

一品夫人,七马黄道士,八马威化将军,九马黑魁将军,十马祠山大帝。"五猖""八恺""十马"等在傩舞中往往作整体的亮相,虽各有面具和形象,但往往以群体角色出场,形成傩仪的阵容。

此外,还可以从性别(男女)、身份(文武)的角度去认知傩舞的角色特征,从而把握其丰富的内涵和表现。

傩舞的主题是通过角色间的相互关系和舞蹈的阵法来显现的,近神远鬼、趋吉避凶、驱瘟逐疫、除灾禳祸、人口平安、健康长寿、衣食丰足、天下太平等,是它们共有的主题和功利目标。

2.步法与阵势

步法与阵式构成民间舞蹈的又一艺术要素,尤其是仪式性舞蹈,更具有揭示其文化内涵的象征作用。傩舞作为傩仪的一个部分,本非赏乐性的艺术表演,而是用以通神的巫术手段。舞蹈中的步法是点画角色身份和个性的动作语言,而场面上所排列出的阵势,作为群体的站位与跑动的规则,体现了舞蹈的艺术呈现特点。在苏南的傩舞中不乏步法、阵势的应用,使傩舞中的艺术成分得以凸显。

高淳一带《跳五猖》中的角色使用了踢脚步、碎步、扭丝步、拂尘步、鸡爪步、挥刀步等步法,以表现不同角色的形象特点。《跳五猖》的舞蹈共分六个场次,其第四场即名"布阵",场上由道士引领,众神先后摆出"五角阵""满天星阵""双龙出水阵""天下太平阵"等阵势。高淳傩舞

《跳八恺》，场上有一百多人表演，最后也按"天下太平"四字跑阵摆字。

溧阳傩舞《跳幡神》其场上的步阵有"剪刀阵""四角对阵""起梅花阵""翻腾""别里界""别良头""斗马""白龙穿水阵"等，表现五谷丰登的场面。[①] 溧阳蒋塘的《竹马灯》在舞步方面有"剪刀阵""龙门阵""梅花阵""荷花阵"等十余套，并按"围困敌军""力杀四门""攻破敌城""全歼敌军"的过程排出阵形，上半场结束时用人和马排出"天下太平"之阵，而下半场结束时则排出"五谷丰登"的阵形。

与傩舞密切相关的民间马灯舞，也有阵势的讲究。例如，高淳东坝"大马灯"有"单穿""双穿""列队""对阵""勒缰""长啸""奋蹄"等招式；定埠"小马灯"在阵法上共有九阵，即："大字阵""太字阵""神仙阵""六角阵""梅花阵""紧锁阵""七角阵""八角阵""琵琶阵"等。在南京溧水石湫镇，"小马灯"的阵法则有十阵，其阵势的名称为："剪刀阵""双龙阵""双牌阵""四角阵""单梅花阵""双梅花阵""单元宝阵""双元宝阵""百页阵""螺蛳阵"等。

阵势作为舞蹈造型，既有场上艺术表演的构图需要，又有仪式意义的表达作用，构成傩舞艺术的重要方面。

[①] 溧阳市社渚镇嵩里村幡神协会提供。

3.乐器与音乐

苏南傩舞在表演中均有乐器伴奏,主要使用锣鼓类打击乐器和铜号、唢呐之类的吹奏乐器。由这些乐器所演奏出的乐曲往往音调铿锵,节奏有力,形式粗犷,格调豪放,与佩戴木面具的古奥稚拙的傩舞在风格上十分协调。

溧阳的《跳祠山》使用大小锣鼓伴奏,并形成总名"十面埋伏"和"雨夹雪"的套曲,大锣鼓单敲被叫做"十面埋伏",而大小锣鼓合敲则叫做"雨夹雪"。"十面埋伏"共有十套锣鼓曲谱,而"雨夹雪"有大小锣鼓穿插演奏的曲谱共十二套,其中,大锣鼓代表"雨",小锣鼓代表"雪",以象征一年的十二个月。

在高淳、郎溪的胥河两岸至今传承着傩舞《跳五猖》,在伴奏方面形成了"大锣鼓乐队""小锣鼓乐队"和"吹管乐队"。在乐器方面,"大锣鼓乐队"有堂鼓,苏锣,大镲,铙钹,小锣,长喇叭;"小锣鼓乐队"有板鼓,大锣,小镲,小锣和堂锣;"吹管乐队"有大唢呐,小唢呐,竹笛等。在音乐曲牌方面,就传统的《跳五猖》伴奏乐说,"大锣鼓"系列有十二番锣鼓,长套,快番,小五套,连环套等;"小锣鼓"系列有小十番,三番头,翁叮上水等;"唢呐曲牌"系列有大开门,大凡调,小凡调等;"竹笛曲牌"系列有柳梢景等。就当代传承的《跳五猖》音乐曲牌说,"大锣鼓"有长套,快番,十二番,连环套,小五套;"小锣鼓"有小十番;"唢呐曲牌"有秧歌调,八仙瓢海调,洋调,凡调,种麦调;"竹笛曲牌"有洋调,等等。①

溧阳嵩里傩舞《跳幡神》的伴奏乐器被称作"家声",传说始于明代末年,由汤姓人家内部传承。"家声"是轻重打击乐器,有"大家声"和"小家声"之分。它们的乐器配备为:"大家声"有大鼓1只,毛锣2面,小钹2对,大钹2对,镲吧1对,喇叭2支;"小家声"则有板鼓1只,战鼓1只,京板锣1面,小锣2面,堂锣1只,小钹1对,大钹1对,喇叭2支。《跳幡神》的乐谱分"跳开路""跳小马""跳五猖""跳三圣""上下马"五个部分,含"大家声"八套和"小家声"七套。②

傩舞的舞蹈动作虽比较简单,其伴奏乐器又均以打击乐器为主,但在乐曲上有多种变化,并与传统的民间音乐相联系,构成了傩舞艺术的又一个重要方面。

二 傩舞——傩仪的象征

傩舞与傩仪之间本有着内在的关联,作为傩仪的简约和浓缩,傩舞本身就具有仪式的性质,同傩仪一样,它旨在以象征的动作语言表达人们趋吉避凶的信仰观念。

傩舞作为傩仪的象征,乃因它们有着共同的和相类的特征。

---

① 参见茆耕茹:《胥河两岸的跳五猖》,(台北)施合郑基金会,1995,第109—113页。
② 溧阳市社渚镇嵩里村幡神协会提供。

拿傩仪来说，它有以下的基本特征：①一套有起始、有终结的动态过程，有固定的程式和相应的动作；②有一定的时间长度，能包容仪式的预设程序和即时性的互动活动；③有线索清晰的叙事主题和表达明确的祈禳诉求；④有特定的服装、道具和场景设置，并有仪式开展的空间选择传统；⑤蕴涵着一定的戏剧表演因素，并能产生激发满足情感的观赏效果。

拿傩舞来说，也能体现出傩仪的上述特征。傩舞也有起有止，动作连贯，并有一定的步法和阵势；傩舞有比较紧凑的时间长度，有固定的上下场次和表演阶段；傩舞以神、人、鬼的相互关系为表现内容，表达众神驱鬼佑人、天下太平的主题；傩舞以头戴面具和套头的方式出演，有专用服装和兵器、执物、马灯之类的道具，其表演在传承地有相对固定的村落空间；傩舞有角色、面具、步法、阵势、音乐，具有突出的艺术观赏性，在信仰表达之外能发挥满足的与审美的功能。

傩舞作为傩仪的象征，浓缩了仪式的过程，突出了神、人、鬼之间的利害关系，它以夸张的动作、强劲的打击器乐、程式化的舞步和阵势、形象奇特的面具和色彩明艳的服装等，强烈地表达了"五谷丰登"和"天下太平"的朴素追求，与傩祭仪式相比，更具有艺术的与生活的气息。不过，傩舞作为傩文化的类型之一，既与傩仪相关，又有对原始巫舞的承继，它介于艺术与宗教之间，因而显得古奥而神秘。从它在庙会和傩仪中的呈现来看，傩舞也是傩仪的一个部分,甚至可以说,它就是傩仪的概括和象征。

从苏南地区文化传承看,有傩舞,而无傩戏。傩戏在傩文化的体系中是相对傩舞晚出的类型,在舞台表演上它与傩舞已有所不同。傩戏中的角色增多,故事性增强,表演中增加了对白、唱段和念诵,舞蹈动作减少,在角色方面除了神鬼之外,添加了历史人物和世俗角色,其赏乐的性质更其突出。傩舞与傩戏相比,在发生上较为原始,在功用上巫术通神的印痕明显,表现上与傩祭仪式的结合较为自然,舞台上角色间的关系比较单一,表达上多以动作语言代替有声语言,气氛上巫术宗教的氛围较为浓郁。当然,傩舞、傩戏也并非定格在某一阶段的某一模式上,它们各有发展和变化,在傩的信仰渐趋淡化的过程中,它们的赏乐性有所增强,相互之间的区别也随之缩小。

傩舞是傩文化的艺术形态,而傩仪主要是作为群体的祭祀活动,具有宗教仪式的性质。傩舞一般动跃、欢快,而傩仪相对舒缓、有序,前者主要表现情感的激越和目标追求的恳切,而后者则主要表现信仰的虔敬和过程的完整。其实,傩仪和傩舞作为村民们集体活动的形式和村落的信仰与风俗活动,都在于完成祈禳意义的表达和传递,而彼此功能意义的同一,表明了它们共有文化需要的历史惯性,实现了内在文化元素的自然承接。傩舞所体现的傩文化元素的重组与夸张,是其成为傩仪象征的内在根由。

象征作为舞蹈艺术最基本的表达方式,它把动作与行为、语言、事件、信仰、情感等联结在一起,并透过夸张的动作获得信息的传递和释读。也就是说,艺术象征往往表现为事理、物理、心理与哲理的统成。它不仅是对表达对象的选择和概括,更有对意义的重申和强化。弗赖塔格曾指出,象征的本质是"将抽象的感觉诉诸感性,将真正的生活化为有意义的意象",[①]而傩舞正是用感性和意象来演示傩祭的感觉和意义,成为对傩祭仪式加以概括和凸显的一种特殊的表达。傩舞与傩仪同为过程性的文化现象,都以动态的象征为传导功能指向和行为意义的主要手段,这也为它们的互联互通,以及相互间的替代与彼此展开的过程奠定了客观基础。

三 苏南傩舞的象征运用

1.面具、魁头

傩舞中面具、魁头的运用,不仅是场上角色形象展示和神秘氛围营造的需要,更是直观的傩文化的标志和其意义的象征。面具、魁头古奥、神秘的视觉效果成为傩舞象征运用的心理基础和文化背景。

傩舞面具的象征意义透过造型、颜色、身份等而显现出来。

在造型上,傩舞面具有脸壳面具、复面面具和套头面

[①]转引自汉斯·比德曼著,刘玉红等译:《世界文化象征词典》,漓江出版社,2000,第2页。

具等几种主要类型。所谓"脸壳面具",即常见的用于罩脸的单片面具,就苏南傩舞面具说,脸壳面具是不露脑门或下巴的全面具,它一般制作成整雕的作品,也有少数做成拼接式面具,如溧阳《跳幡神》中的"报信神",就属拼接式的单面面具。脸壳面具一般一神一面,角色固定,使用简便,象征明确,在傩舞中广泛应用。所谓"复面面具",即"开合脸"面具,它属多层面具,这类面具可左右打开,或开半脸,或开全脸,从而形成多个脸谱。复面面具用以表现角色的形变,以象征傩神具有变脸、变形的神力,如二郎神的七十三变等。"复面面具"是在"单面面具"的基础上通过加层表现的,由于木面具的自重较大,"复面面具"的加层不会很多,在高淳所见的"复面面具"为两层,二郎神的七十三变是用多个"复面面具"来象征和表现的。所谓"套头面具",是以完整的头型面具套在表演者的头上出演的,就像民间的大头娃娃舞那样。苏南傩舞中的"套头面具"主要由和尚、道士二角色使用,以同傩神相区别,象征其非"神"的性质。和尚、道士作为神职人员而非神灵,它们因使用套头而让傩除的舞蹈带上了民间舞蹈的气息,并成为沟通神界与人间的中介象征。

在颜色上,傩舞面具有单色面具、群色面具和多彩面具的区分。所谓"单色面具"主要指黑色、红色、白色等单一色调的面具,它们一般为性格稳定的正面角色,例如,祠山大帝的面具为黑色,刘猛将军的面具为红色,而和尚、道士的套头面具为白色等。祠山神面具的黑色象征其原型为猪,以及为民治水、与土地打交道的功绩。刘猛将的面具为红色,以象征火焰和其刚烈易怒的性格,用以逼退和扫灭害农的蝗虫。而道士、和尚本是人间的神职人员,他们的面具使用白色,则作为阳间人的象征,并表明他们的明朗、纯正和易于亲近。所谓"群色面具",即群体角色固定使用的一组分色面具,例如《跳五猖》《跳幡神》中的五猖神、幡神,它们都是五个一组,成群体出现,各戴青、红、白、黑、黄面具,以分别象征东、南、西、北、中五方。所谓"多彩面具",即在单个面具上涂饰着多种色彩,有类戏曲中的花脸脸谱,它们常使用蓝、绿、黑、红等色,并多有狰狞之象,以作为武将威仪的象征。

在身份上,傩舞面具有文武之分。文面具色调单一,慈眉善目,面庞端正,和蔼可亲,诸如《跳五猖》中的土地神面具、道士和和尚的套头,《竹马灯》中的观音大士、吕氏一品夫人、巴焦女等面具,就具有美善品貌的象征作用。武面具色调强烈,涂饰较多,一般怒目圆睁、龇牙咧嘴,并手执兵器,威风凛凛,作为神力的象征,具有喝退鬼祟、灾害的震慑作用。

魁头在傩舞中的运用较少,仅在溧阳的《跳祠山》中,见有魁头置于场边与锣鼓队同列。魁头本用以扩大正神面具的脸面,成为以正压邪的标志和堂皇严正的象征。魁头以木雕众神的密匝排列,在傩舞表演场上营造出万神同在的场景,旨在表现神系的浩荡,并给全场罩上神圣的光晕,从而使傩舞通神的作用得到想象的强化。

2.角色象征

傩舞中的角色不论是神、人、鬼都不是虚设的,透过他们的形象与身份,都可发现其用以傩除的象征意义。在苏南傩舞及相关的祭祀中,主要有祠山大帝、五猖神、土地神、和尚和道士、冻煞等,他们各具象征,各有内涵,使粗犷的傩舞注入了文化的寓意。

祠山大帝是《跳幡神》《跳祠山》《跳五猖》等傩舞中的主要角色或暗场人物的中心,其原型为汉将张渤,他在广德帮民挖沟修渠,不顾家室,不辞劳苦,变形为猪,不复为人,深受百姓们的感戴,被尊为"祠山张大帝"。在傩舞中,他面戴黑色面具,在形象上作为猪的象征,同时在身份上,祠山神又是除灭水旱之灾的恩主象征。正是他的身份与功能,使他在苏南傩舞和傩祭中成为主神之主神,中心之中心。

五猖神是《跳五猖》《跳幡神》《跳祠山》中的五个角色,它们各戴青、红、白、黑、黄色面具,往往成组同时上场,形成群体的角色形象。它们的面具比较狰狞,龇牙咧嘴,粗眉凸眼,胡须粗短,神色暴戾,再加上手执长刀,有一股腾腾的杀气。传说中的五猖神是淫邪之神,它们杀人放火、抢劫财物、奸人妻女,无恶不作。乡民们造神所选择的对象,一是利民的恩神,二是害民的恶神,对恶神加以祭祀是希望它们不再作恶,同时用以毒攻毒的方式让它们去制抑其他的凶险。可见,傩舞中的五猖神既是空间上五方的象征,又是改恶从善、驱除妖邪的象征。

土地神作为傩舞中的次要角色,亦有它的文化取义。土地神慈眉善目,白胡飘飘,手拄木杖,憨态可掬,其形象是对威严的正神和有杀气凶神的对照与补充。其象征作用在于,表明巫傩文化对民间俗神有所包容,同时借助土地神点画出傩舞、傩祭活动本为农事祈禳的象征意义。

和尚、道士是人,是服务宗教的神职人员,他们本身并不是神。他们在傩舞中与神同舞,除了发挥引导、连接、转场等舞台结构的作用,也有文化象征的意义。他们首先是作为人神中介的象征出场的,其次在于表明在乡村的信仰生活中巫傩观念与佛道信仰的融合。

"冻煞"在当今的傩舞《冻煞窠》中是被隐去的角色,场面上并没有它的舞蹈,但其"冻煞"名称的保留还是让它具有暗场的主神地位。从傩祭活动中的"冻煞"看,其形象是赤膊的傩者,其身上、臂膀上缝着长短不一的24根红、绿、黄彩线,当他们跑起来,彩线便随之飞舞,犹如大鸟展翅。所谓"煞",本是鸟形的鬼怪,因此,"冻煞"就是煞鬼的象征。由于它能助人辟凶逐疫,又让人联想到羽人的形象,从而又使其成为神、人、鬼交通的象征。

3.道具寓意

傩舞中使用的道具,不论是五猖神手中的长刀,还是《竹马灯》中的马灯,虽是傩神的执物和乘骑,却均有配合主题的象征意义。

刀作为古代冷兵器中的利器，是最常用的战斗武器。刀的斩杀之功，不仅用在消灭敌人，也被用来除妖斩怪，乡民们信能用以斩鬼驱祟。长期以来，刀在民间被当作辟阴的镇物，广泛用在镇宅、护路、退煞、护身等方面。在南京高淳有一种名为"斩鬼"的纸马品种，其神为唐将张巡，其像高举钢刀一把，突出了以刀除鬼之功。此外，夔峡之人称鸬鹚为"乌鬼"，那里有"家家养乌鬼"的传统，每年正月十一日他们会举行祭祀仪式，以"操兵大噪"的方式来"养乌鬼"。因"乌鬼"名称的不吉，他们在收养时为避免真鬼的进入，便借巫仪来加以禳除。操兵，即握刀剑，刀剑是驱鬼的镇物，而"操兵大噪"的过程，正是傩仪的演示。苏南傩舞中刀作为傩神的重要道具，就在于表现傩仪、傩舞的驱逐之功。

马灯作为傩神的乘骑，是傩舞《竹马灯》中最主要的道具。马灯不仅使主神显得威严，也给场上带来了雄壮、欢悦的气氛。灯本为道教的法器，马灯舞当为道教灯仪的衍生形态，各地马灯多变的阵法，实际上是道教灯仪的艺术再现。就傩舞中的马灯来说，作为道具具有多重的象征意义。其一，马是古代便捷的交通工具，是武将们的坐骑，因此，马灯是傩神身份与乘骑的象征。其二，马为太阳的象征，所谓"天马行空"，即指太阳运行，因此，马为阳物，马灯也自然就是阳气腾跃的象征，可助神逐除阴气。其三，灯在民俗文化中是星辰的象征，而古人认为"日分为星"，因此，灯又是光明的伴物。马灯于是又有了以光明驱除黑暗的象征意义。其四，马灯的数量往往有吉祥的取义，或用以对应天时，例如，十二匹以象征十二个月份和十二地支，二十四匹象征二十四个节气，等等。溧阳傩舞《竹马灯》原有马灯数为十二，后变为十，前者象征十二个月份，后者表示完满，均寄托一年吉顺的祝福。

（原刊于《民族艺术》2015年第5期）

中华传统节日的演变与传承

中华传统节日自有其文化符号系统,这些符号往往凝聚着远古的文化信息,反映着民族的发展历程和创造精神,成为当今传承节日文化的重要载体。符号作为象征文化现象,不仅构成了传统节日的意义所在,而且也让节日民俗带上了文化哲学的成分。不论是春节、清明,还是端午、中秋,或是其他传统节日,特定的节日文化符号总是触动着民族的情感,在传承中显示出无尽的感召魅力。

一 传统节日符号的释读方式

中华传统节日符号以节物、节俗、节信、节语为形态,林林总总,森罗万象,其意义的释读归结起来说,有形似比拟、传说认定、同理共生、托物联想、象征指事等几种基本方式。

1.形似比拟。即将作为节日符号的自然物和人工物与某种民间耳熟能详的事物因形似而联系起来,认定它们有象征的替代关系,从而由此及彼,进入节日风俗之中。例如,元宵节的灯盏和作为食物的圆子,因肖星而视作星辰的象征,成为以祭星为主旨的元宵节的符号。再如端午节的菖蒲、艾叶,前者形似张天师的宝剑,而后者形似虎爪,被认作有斩退瘟神和吞食疫鬼的神能。这种功能的附会,正是由形似而引发。

2.传说认定。即有些节日符号的隐义与古代的神话、传说联系在一起,其释读需从神话、传说的叙事中得到启发或找到根据。例如,除夕贴门神、挂桃符(春联)以镇辟阴气的风俗,其典就出自度朔山的神话,成为神话事物与意象在节日中的应用。度朔山神话中蟠曲三千里的大桃树和树下审查百鬼的神荼、郁垒,是桃符和门神之制的由来。作为除夕的节日符号,门神、春联在装点门户的同时,延续着辟阴的主题,而这一主题可从古代神话中得到明确的认定。

3.同理共生。即某些节日符号的应用出于对同理现象比附或借用的表达,其释读要经过由此及彼的梳理方能悟察符号存在的意义。例如,在中秋节,苏中地区的农家旧时捉蟾蜍,用红纸包裹扔到不孕妇的床上,以祈孕生子。蟾蜍在那里被当作中秋的节物和象征符号,是作为月亮的化身。蟾蜍的冬眠春苏恰似月亮的圆缺变化,它们都因有"生死往复"的循环变化而呈现同理共生的关系。月亮作为"太阴",是妇女的保护神,也是求子祈嗣的对象,这样,蟾蜍也被赋予了相同的性质,循此其符号意义有关节俗便得到了解释。

4.托物联想。即某些节日符号借助事理或物理的联想而显示其功能意义。例如,除夕年夜饭上的大鱼不吃,留作守岁之用,乃因鱼无眼皮,死不瞑目,双眼圆睁,故信可警戒门户,防阴守岁,不知困倦。所以,鱼用作守岁的节物,本出于托物联想。此外,清明节的杨柳作为寻常而又神秘的节日符号,乃因杨柳的早生早发、易插易活和枝枝相连,由此引发了再生复活、依念不舍的文化联想。

5.象征指事。即某些节日符号的释读建立在象征思维的逻辑之上,对寻常物事做哲学式的概括,以从深层领略符号的意义。例如,端午节的粽子,以菰叶包米和带有尖角的简单形制,却引发"阴阳包裹"的象征意义和及时降雨的功能追求。这种从物象到心象,再从心象到气象的精神跨越,服务于端午节祈雨的农事主题。在端午粽的文化传承中,象征是其符号应用的基础,也是其意义释读的手段。

节日符号一旦无法释读,或因信息错乱而产生歧见,就必然引发节日的演变和衰竭。

二 传统节日的演变

中华传统节日作为中华文化的有机部分,最能体现民族的特色和生活的风韵,其文化的价值和功能超越了人们岁时认知和丰富生活的需要,具有多重的积极意义。首先,中华传统节日既可以帮助人们认识自然规律,又能调节人们的社会生活,在时令、生产、生活的节奏转换中巩固和加强人的主体地位。其次,它有助于地域文化特色的维护,增进民族内部和中华各民族之间的认同感,促进民族团结和国家稳定,并成为文化共同发展、多元一体的媒介。再次,中华传统节日以乐生入世的基调,积极进取的精神,健康向上的活动,在调节人们身心的同时,激励热爱生活、不断进取的壮志。最后,传统节日的文化内涵丰富多彩,作为民俗、艺术、美学、伦理等的结合,它可以让人们在节日氛围中得到美的熏陶和体验,从而实现人伦教化、道德完善和情感陶冶。

1.演变路径

中华传统节日大多伴随农业社会的演进而形成、发展,从历史的线索看,它们一直处在传承与演变的过程之中,并呈现出多条演变路径。概括地说,它围绕中心对象、文化内涵、存在形态和传习空间等方面,表现出由祭神而乐人、由巫仪而民俗、由繁缛而简易、由乡村而城市的演变。

所谓"由祭神而乐人"的演变,反映了节日中心对象的转移,即发生由神界回归人间的演化,并在这一过程中淡化了对岁时的神秘观念和敬畏气氛,变得欢快而谐乐。例如,元宵节祭祀太一星君的燃灯仪式,演变为万人空巷、观灯赏灯、火树银花、彻夜闹春的狂欢,人们参与舞龙灯、打腰鼓、扭秧歌、跑驴儿、荡湖船、打莲湘、出台阁、踩高跷、舞蚌精、挑花篮、提灯彩等活动，以"闹春"取代了"祭星"，使节日的主题与对象发生了明显的改变。再如，端午节原先的祭龙拟龙的祈雨古俗，演变为龙舟竞渡和水上夺标的竞赛和表演，并逐渐在传承中淡化了祭神的色彩，而成为以游乐性为主导的民间节日活动。

所谓"由巫仪而民俗"的演变，指其文化内涵和文化性质的变化，早期节日中的巫风气息随传习而弱化，表达世俗追求的民俗传统逐步形成。例如，三月三日上巳节古代妇女的祓禊活动，以下河沐浴，在水中争食浮枣、素卵以祈孕的巫术活动，就以接触、感应的巫术信仰为支撑。在六朝时期，祓禊活动中增加了男人们的雅会，形成了"曲水流觞"的饮酒赋诗的活动。到了唐代，"三月三日天气新，长安水边多丽人"，妇女们不再下水祈孕，而在水际漫游，形成新的踏青探春的节日民俗。这一演化使上巳节更凸显其岁时特点，由神秘的信仰向实在的生活演进。水边踏春同吃荠菜花煮鸡蛋一样，成为了后世的上巳民俗。再如春节期间在部分省份犹见的傩舞、傩戏，借助稚拙的面具和程式化的动作，表达对不吉因素的逐除。作为巫傩文化，傩舞、傩戏本与傩祭联系在一起，经过功能的演化，当今犹存的傩舞、傩戏大多已改变了原先的巫仪性质，多作为节日民俗和文化遗产而传承。

所谓"由繁缛而简易"的演变，指在长期的传承中，一些节日民俗的复杂程式和观念得到了简化，但仍基本保持着原来的文化功能，呈现出新的形态。例如，除夕年夜饭上的"屠苏酒",原用"八神散"浸泡,并各有重量要求,即大黄、蜀椒、桔梗、桂心、防风各半两,白术、虎杖各一分,乌头半分。此外,还要说"一人饮之,一家无疾;一家饮之,一里无病"的咒语,以及遵循"先少后长,东向进饮"的习惯。当今除夕的年夜饭上,多数人家还会照例饮酒,这年酒已不用中药泡制,或米酒,或红酒,或白酒,没有咒语的念诵,没有朝向的选择,甚至也没有少长次序的讲究,但辞旧迎新的主题、健康欢乐的祝福、团圆太平的祈望和富足幸福的追求仍同这年酒联系在一起。这种存在形态由繁而简的演变,在一定程度上反映着社会的变迁与发展。

所谓"由乡村而城市"的演变,系指节日的传习空间随城市和市民社会的发展而出现的转移,这一演变从中古时期就已开始,在当代城市化推进中更其显著。随着身份从农民向市民的改变,农村习俗,包括其中的节日民俗,也必然随身份和生活空间的转换而演变。例如,南京人正月十六上城头"踏太平"的风俗,就是从农村的正月十五"走三桥"的妇女活动演变而来的。明初定都应天府(南京)之后,大批农民进入京城,他们带来了乡村习俗,却又受到都市的种种制约,不能不发生形态和功能的转化。这样,以田野漫游为方式,以祈子、禳凶为功利的走桥民俗,受到空间、礼教等限制,转变为视城头为桥梁的象征性活动,完成了由乡村而城市的演变。

2. 基本认识

传统节日在历史的长河中不断地传承、发展,并伴随着功能的演进而在形态或内涵上发生着盛衰消长的变化。对当今的节日演变,我们可持以下的基本认识:

(1)节日演变是历史发展的必然。随着时间的推移,传统节日和节日民俗发生渐变是一自然的过程,我们不能想象当代人还像古代人那样去生活、去过节。由于时空的变化,生产的发展,社会的变革,知识的更新,需求的改变,交流的扩大,科技的进步等,人们过节有了新选择和新方式。这种"与时迁化"的演变是正常的历史文化现象。

(2)节日演变是功能调整的结果。我国的传统节日发端于农耕社会,是出于农业生产的需要,伴随着农耕文明而形成的。近代以来,随着工商业的不断发展,农业在社会生产中的比重逐步下降,在农村城镇化、农民市民化的转变突飞猛进的当代,人们对时令的依赖和对节日事象的功能需求已发生了很大的改变,一些节日活动作为文化记忆和乡愁寄托而继续传承,有些则随功能需求的自然调整而趋向弱化。这是人及其社会自身发展的推动,也是面对功能调整所进行的文化判断与文化选择的结果。

(3)节日演变推动着文化整合。传统节日中的节物、节俗、节语、节信等,作为符号往往打上了一定的时空印记,甚至带有明显的地域的或民族的特点。在节日文化变迁的过程中,交流和传播给文化传承带来了新的推力和新的成分。在当代,地区与国别间的空间距离似乎变小,文化传入与走出变得便捷,交流和传播带动着文化的整合,也包括节日文化物象、事象的增繁。单一的地方性、民族性的节日文化仍在传承,同时,跨地域、跨民族的节日文化在传播、接受、改造和整合中得以形成。大中华与地球村的文化交流越来越紧密,在节日的演变中会给新的文化整合留下生长的空间。

(4)节日文化要传承,也要创新。传统节日作为中华文化的重要组成部分,我们有加以传承、保护的义务,但同时也要以开放的心态在节日活动的具体项目方面加以适当的创新。传统节日在发展进程中不能一味地复古和怀旧,必须与时俱进,以开放的视野和心态吸收新生的与外来的文化元素,将传统与时尚结合,将传统文化的优秀成分与更具时代性的社会主义核心价值观结合,创新节日的表现形式,丰富节日的文化内涵,以满足现代人的精神文化生活需求。节日文化的演变为节日的维护与再创提供了契机,传承是当前应坚持的首要任务,但也要努力为传统节日注入新的活力,让它们在当今和未来因依然受到全民的珍视和热爱而永续长存。传承与创新是文化自信与文化自觉的反映,透过对节日文化演变的认识,应看到我们进行文化建设须承担的责任及其远大的目标。

三　传统节日的传承

1.现状

中华传统节日经历了千百年的传承演进过程,呈现出存续与衰亡交并互见的局面。一些节日仍在传承发展,诸如除夕、春节、元宵节、清明节、端午节、中秋节等,它们依然在民间生活中存续,且葆有勃勃生机;另有一些节日则气氛逐渐淡化,并有滑向消亡的危险,诸如七夕节、中元节、重阳节、冬至节等;此外,还有一些节日在当代已基本衰亡或早已湮灭,诸如清明前一日因纪念介子推而禁火冷食的寒食节,正月二十日以红线系煎饼放屋顶纪念女娲补天的天穿节,二月初一用青囊盛五谷瓜果相馈赠以祈稔的中和节,三月三日妇女下河祓禊乞孕的上巳节,六月六日禁屠、晒书、晒衣的天贶节,十月朔烧纸衣为亡亲送"寒衣"的寒衣节,等等。

就已衰亡的节日说,与神话、传说为依据,以纪念、追怀为主题的天穿节、寒食节,以民间信仰为基础,以祈禳功利为前提的中和节、上巳节,以祖先崇拜为精神表达,以思亲悼亡为人伦关怀的寒衣节等,因中心对象的虚无和遥远,或因信仰方式的自然更易,逐步与现代生活越来越隔膜,最终因功能需要的弱化而逐步退出民间生活。

就已淡化的节日说,除了它们自身文化主题的因素,也与其他季节性节日的影响相关。从除夕、春节到清明节、端午节、中秋节已包容了春夏秋冬四季,成为各季节中最具代表性的传统节日。七夕节、重阳节作为秋季里的民俗节日与中秋节前后紧挨,而冬至节又与冬日的压轴者除夕相去不远,这样,在生活节奏加快的现代,也难免在不期而然中被挤占或包容的命运。

就目前存续、传演的传统节日说,除了深厚的文化、丰富的活动、吉祥的主题和生活的气息之外,还有鲜明的岁时季节的特征。春节、端午、中秋、除夕已涵盖了一年四季,从岁时观念看,现存传统节日即使数量减少、事象简约,却并无重大的缺失。民俗的自然选择往往符合生活的逻辑,也在某种意义上也反映了中华文化多元一体、包容共生、生生不息的基本特征。

从总体上说,中华传统节日的传承状况还是健康的、有序的,尽管我们仍面临保护与抢救的任务。所谓"健康",指它符合"与时迁化"的生活发展规律;而所谓"有序",则指基本完整地传承下最重要的传统节日,并且其节日文化在继承中仍不断地演进发展。

目前,中华传统节日在传承发展中已呈现出新的趋向,一是节中新因素、新形态的增多,二是节物、节事的播化更多地扩大到了节外,使节日的时空得到了延展。这种内衍外化的趋势构成传统节日当代传承的一个重要方面。

节日的新因素、新形态包括春节中各级文艺联欢的组办,城乡年货大市场的扩展,灯市、花市与春节书市、艺术市场的兴盛,节日旅游活动的兴旺,社会公益工作和志愿者队伍的壮大,微信、网络等新媒体作为节日文化传播的最快捷工具正获得大面积的应用等,都成为推动传统节日传承、内衍的新趋向。此外,传统节日在传承中也出现了外化的动向,即节日元素与活动向节外延伸,甚至成为新的文化产品。例如,节日食品中的年糕、汤圆、青团、粽子、月饼等早已突破了节日食用的风俗,成为平日常见的寻常食物。又如,傩舞、傩戏的出演本与岁除、新年的驱傩巫仪相联系,如今也已走出节日时空,在地方的文化活动、商贸会节(如茶叶节、螃蟹节等),以及作为旅游项目在景区景点的舞台上时常可见。再如,春节中贴用的年画、元宵节张挂的灯彩,已作为民俗艺术的表现符号,在茶馆、饭店、仿古街区、旅游景点、文博展馆等建筑装饰中普遍运用。

在当代,传统节日的不少节物、节俗仍有存续和承传,而节信、节语的消亡在加速。其中,与巫术、宗教相联系的,以驱鬼禳凶为功利的,或者其他愚昧、粗俗的信仰行为消失得最快。例如,旧时农村新年在田头用木杖捣大粪祈丰稔如愿的"打灰堆"节俗,端午节为避"影蜕"不上屋顶修理房屋的禁忌,中元节在路边倒饭菜斋孤鬼的做法,中秋节夜晚不孕妇到人家菜田偷瓜豆以求得子的俗信等,均已消亡。可见,传承与湮灭是现代人的文化选择,是一自然而然的演进过程。我们强调传统节日的传承,是把节日文化视作民族文化的一个部分,希望不要丢弃或遗忘自己的历史传统,但不是去保护任何一桩陈事和旧物。总之,在当代传统节日有存续,有式微,有衰亡,我们要搜罗它们的元素符号,加以选择与再创,并让它们重返我们的节日生活。

2.意义

推进中华传统节日的传承在当今有着多重的社会与文化的建设意义。

首先,中华传统节日的传承有助于推动文化遗产的保护。传统节日作为民族生活和历史文化的产物,在千百年的传承、演进中总是以艺术创造的方式构建起独特的符号系统,记录着民族的文化精神和发展历史。传统节日,不论是其节俗、节物,还是节信、节语,长传至今都有着文化遗产的性质。节日的当代传承,因文化遗产保护意识的增强而增添了自觉的成分。节日传承与文化遗产保护联动关系的确立,使节日传承凸显了从被动到主动、从自信到自觉的文化意义。

其次,中华传统节日的传承有助于促进民族认同和国家统一。传统节日是历史的文化积淀,也是中华民族间相互传播、磨合的结晶。从小的方面说,它是个人"乡愁"的所在;从大的方面说,则是全民族爱乡爱国情怀的寄托。尽管圣诞节、感恩节、万圣节等洋节纷至沓来,但像春节那样亿万同胞回乡团聚的脚步却未曾停歇,他们从都市归来,从宝岛归来,从域外归来,他们心中有亲人,有家乡,有祖国。传统节日的传承推进了民族的凝聚与认同,并彰显着联结个人、家庭、民族、国家的特殊意义。

再次，中华传统节日的传承有助于拓展对外传播的领域。中华传统节日中的春节、端午、中秋等节日早在古代已播化到日本、朝鲜、越南等域外邻邦，并随华人的迁徙传播到东南亚及其他国家。当今，在伦敦、纽约、横滨等地的中国城、唐人街、中华街，舞龙、舞狮等春节表演已成为当地最热闹的文化庆节项目。此外，中秋月饼也出现在华人社区，营造出天人相感合一的节日气氛。中华传统节日仍有继续传播的活力与空间，节日文化中的宇宙观、岁时观、人伦观、生死观，以及丰富多彩的民俗活动、妙趣横生的民间艺术、特色鲜明的节日食品、古老神秘的口头传说等，都可在文化交流与传播中成为全球共享的文化盛宴。

最后，中华传统节日的传承有助于探索节日文化资源的合理利用。传统节日作为历史的文化创造，也是弥足珍贵的文化资源。地方的与国家的文化建设都离不开当代语境，也离不开历史传统，而通连现代生活的传统节日可以在文化建设中发挥其特殊的作用：它既有历史的纵向传承线索，又有深厚的横向传播基础。传统节日文化作为资源，不仅能在各类新兴会节活动中发挥引领的与支撑的作用，而且它能提供丰富的文化元素，成为一些新项目、新产品的创设基础。在文化产业、创意产业、旅游产业等方面，传统节日文化的深广内涵可成为不断开掘的宝库。节日中的文艺表演、工艺制作、游戏游乐、儿童玩具、特色食品、神话传说、民歌民谣等都能在其传承过程中加以应用与再创。

3.方略

千百年来,中华传统节日的传承基本是取自然传习的方式,在城市和乡村的两大空间分别推进。作为我国都市民俗和乡村民俗中最重要的类型,传统节日曾被地方志、风土志、岁时记、地方录等著作广泛采录。在重视文化遗产保护、大力推进文化发展繁荣的当代,我们需要有主动的举措和有为的方略来传承我们的节日传统,让其文化根系扎入现代生活,并让历史连接着未来。

就传统节日的传承方略说,以下几点值得注意:

(1)加大公益宣传。传统节日的文化需要普及,而传统节日的内涵、历史、价值、意义、符号象征等需要通过公益性的宣传加以强化。春节、清明、端午、中秋等节已成为法定的节假日,放假固然有助于这些传统节日的传承,但仅仅是放假还不足以让全社会领悟传统节日的内涵与意义,我们需要通过平面广告、电视广告、动漫作品、公益讲座、著作文章等来传播节日知识,把传统节日看做中华文化的有机部分。公益宣传本身能表明官方和社会对我们传统节日的重视程度,并客观地为节日文化的传承创造气氛。

(2)注重学校教育。中华传统节日的传承需要对青少年进行普及教育,让他们从学校教育中获得相关的节日知识和文化传统,从小培养起文化传承和开拓创新的志向,避免出现对内漠然、对外热捧的自卑与虚无的倾向。

要组织编纂面向中学生和小学生的中华文化教材,其间不仅要有国学知识,也要涉及民俗文化,包括传统节日的由来、功能、演进、节物与节事,等等。中华文化教科书的编纂和相关课程的设置,不只是中小学生知识系统构建的需要,也关涉民族的复兴和文化的发展。以教育促传承,以传承促发展,是一可靠的方略。

(3)开展联谊交流。"百里不同风,千里不同俗",中华传统节日在全国各地广泛流布和长期传承,往往带上了地方的特色和民族的风韵,呈现出同中有异的情状。中国的传统节日文化早在古代就已传播到日本、朝鲜、越南等周边国家,经过接受与改造已化为域外文化现象,它们与中华传统节日文化的同中之异和异中之同已成为文化的比较研究所关注的方面。可以开展不同地域的节日联谊活动,举行节物的展览、展销,节俗事象的展演、展示,以强化对中华传统节日多样一体的认识。此外,可开展国际间的节日文化交流,如中韩之间的端午节,中日之间的七夕节,中越之间的春节等交流活动,以促进中华传统节日的当代传承与传播。

(4)发展节日经济。传统节日中具有市场与消费的成分,节日经济不仅仅表现为商卖活动,也是渲染节日气氛,扩大文化传承的手段。春节前夕的年货大市场,春节期间的灯市、花市、书市,玩具、美食的市场,以及戏剧、电影等文艺专场,乡村游、边境游、境外游等旅游项目,节中新生的电商活动等,都是节日经济现象。山东省旅游局每年春节期间举办的"好客山东贺年会",就是把节日经济与文化传承联系起来的成功实例。目前,发展节日经济的空间很大,不仅能为第三产业的发展带来机会,也能成为助推节日文化传承的动力。

(5)通连新兴会节。改革开放以来,随着经济与文化的发展,各地先后组办了不少会节活动,它们大多以当地的文化资源为依托,以优势的物产或特色活动为旗号,以经济建设或文化建设为目标。诸如,茶叶节、香包节、螃蟹节、龙虾节、水晶节、艺人节、山歌节、观蝶节等,为传统节日文化元素的应用提供了舞台和契机。传统节日宜向新兴会节渗透,让传统的节物、节俗、节艺突破原有的传习时空,并在与新兴会节的通连中增添它们的文化含量,同时赢得扩大传承的机遇,还可利用网络来扩大传统节日的通连作用,从而让传统节日中的中华文化元素彰显更大的活力。

(原刊于《艺术百家》2017年第3期,《新华文摘》2017年第19期)